データ戦略の策定
データガバナンス確立のために

データマネジメント推進のための、PRAGMATIC（実践的）、AGILE（アジャイル）、COMMUNICABLE（共有可能）な基盤の構築

Marilu Lopez

Technics Publications
SEDONA, ARIZONA

Published by:

TECHNICS PUBLICATIONS
TECHNOLOGY / LEADERSHIP

115 Linda Vista, Sedona, AZ 86336 USA

https://www.TechnicsPub.com

編集者 Laura Sebastian-Coleman

表紙デザイン Christian Inchaustegui

First Printing 2023

ISBN, 印刷版	9781634627719
ISBN, Kindle 版	9781634627818
ISBN, PDF 版	9781634627726

空から私を見守り続けてくれている母へ。あなたは夢のような仲間たちとなる、大切な2人の天使を私に与えてくれた。この旅の水先案内人である Danette McGilvray と、最高の英語教師 Laura Sebastian-Coleman。

素敵なサポートをしてくれた Miguel、Omar、Adrian へ。私たちはいつも一緒に MMOA の力を持つだろう。

この旅の間、励ましの言葉をかけてくれた大切な家族と友人たちへ。

夢を叶える魔法などない。夢を叶えるには汗と決意、そしてたゆまぬ努力が必要だ。

Colin Powell

推薦の言葉

今後のあらゆる業務において、データがますます重要な役割を果たすようになることは周知の事実である。個人として、そして組織として、どのようにデータを業務に活用するかが成功と失敗の分かれ目となる。長年この分野で取り組んできた今、データ戦略の進化における次の一歩を踏み出す時が来た。*Marilu* はその一歩を踏み出した。ビジネスキャンバス・テクニックの熱心な支持者として、彼女がこれをデータ戦略の策定というコンセプトに適用する際に見せた、その勤勉さを心から称賛する。この本には有用なヒント、テクニック、ガイダンスが豊富に取り込まれており、非常に中身の濃いものとなっている。データ戦略策定の最も難しい側面は、おそらくステークホルダーの参加のさせ方という課題であろう。組織のデータを取得しそれを組織戦略のサポートに有効に適用するためには、さまざまなステークホルダーを対話の席上に有意義に参加させる必要がある。この本に書かれたメソッドは、そのために必要となる全てのガイダンスを提供している。

Peter Aiken
President, DAMA International

本書はデータ戦略に関して包括的に書かれているものである。*Marilu Lopez* はデータ戦略を経営陣に繋げる方法を考え出した。これはこれまで欠けていたものであり、データ戦略を実行に移す方法である。彼女はデータ戦略の構築方法を、単にケーキを焼くかのように説明するだけではない。読者にどのようなデータ戦略が必要で、それが組織の課題、狙い、要望にどのように適合するべきかを訴えている。*Marilu Lopez* が一貫して学術研究、文献、専門家の経験を引用し関連付けているため、その内容は非常に信頼できる。したがって彼女の PAC フレームワークは、今日までに蓄積された知識に基づいており、そこからさらに発展させるものとなっている。これからデータ戦略の仕事に取り組もうとする人は、まず *Marilu Lopez* のメッセージをチェックすることから始めるべきだろう。

Håkan Edvinsson
CTO, Principal Consultant, Informed Decisions

Marilu Lopez の本はデータガバナンスにおける重要な文献の 1 つである。多くの書籍は「何（What）」と「なぜ（Why）」を紹介するが、本書は成功するプログラム構築の「どのように（How）」を教えてくれる。最初のセクションはビジネスリーダーを対象としており、技術者以外の人々にデータガバナンス・プログラムの重要性を伝える上で非常に優れた内容になっている。しかし真に価値があるのは、詳細なロードマップを提供していることである。そのために

実務者がプログラムの成果物を提供し、価値を把握し、実証し、伝えるために使用できる実践的なツールを備えている。
強くお勧めする！

Charles Harbour
Data Governance Program Manager at HP

昨今、大学を卒業した者たちは、テクノロジーとは仕事を成し遂げるための技術や技術スタックを選択することだと考えている。それはほんの一部であり、より大きなインフラがあることに彼らは気づいていない。IT 業界を形作るより大きな概念に関する本が必要なのである。私は Marilu Lopez のこの本を、IT が機能する大枠のフレームワークを理解するための出発点として推奨する。

Bill Inmon
Forest Rim Technology, CEO

Pragmatic（実践的）、Agile（アジャイル）、Communicable（共有可能）という点に共感した。データマネジメントは時間がかかり、複雑になりすぎ、難解な用語や考え方を使うというイメージを持たれることもある。しかしこの書籍は経営陣、管理職、知識労働者、開発担当者、データの専門家など、全てのステークホルダーが理解でき、利用できるデータ戦略を定義することが十分に可能であることを示している。Marilu は業界や組織文化に合わせて、組織にデータの価値を与えるために必要なことを全て示している。今後 PAC メソッドを自分のプロジェクトに適用するのが楽しみだ。

Karen Lopez
Sr. Project Manager, InfoAdvisors

Marilu は詳細かつ貴重な力作を生み出した。これは非常に包括的なガイドであり、実践的で、アジャイルで、共有可能な、企業レベルのデータ戦略を策定するためのものだ。データマネジメント、テクノロジー、アーキテクチャ、ガバナンスといった重要な要素をどのように表現し、整合させるかについて、組織全体の合意形成を得ることが必要だ。だがほとんどの組織でそのために必要な関与と協力を得ることができていない。このことを彼女の豊富な経験から彼女自身が認識していることは明らかである。

現在および将来のデータ環境とテクノロジーの可能性を踏まえて、いかにビジネス上の関心を引き出し活用するか、これが彼女が自らに課し、そして成し遂げた課題である。彼女の 10 ステップのデータ戦略サイクルは非常に洗練されており、各アクティビティとサブアクティビティ、それに対応するゴールと目標が余すところなく説明されている。思慮深い読者であれば、

「誰が（who）、なぜ（why）、何を（what）、いつ（when）、どのように（how）」というどの
レベルの手順も漏れなく記述されていることに気づくだろう。各章ともメソッドの説明のため
に図表が効果的に活用されている。私の経験では巨大複合型企業であれ新興企業であれ、あら
ゆる組織がデータマネジメント・アセスメントの実施によりメリットを得られるので、戦略ライ
フサイクルのパート 1 のステップ 2 という初期の段階で、基本的な要件としてデータマネジ
メント・アセスメントが説明されていることを嬉しく思った。

この 10 年間、私が担当したデータマネジメントのコースでは、データマネジメント戦略の策定
を主要なチーム演習の 1 つとしている。なぜならそれらによってデータマネジメントの要素を
まとめ、企業全体の視点で考えることを促すからであり、これはチーフ・データ・オフィサー
にとって欠かせない要素だからである。加えて Marilu の書籍ではビジネス戦略を分解し、それ
をデータドメイン、データアーキテクチャ、データガバナンスに整合させるという重要なタス
クについて説明する。このフェーズの最終段階は重要業績評価指標（KPI）を策定することであ
る。これにより経営幹部はビジネス戦略のゴールに向けた進捗を測定できるようになる。彼女
が説明するデータ戦略策定フェーズには、データ資産を効果的に管理するために必要となる全
ての重要な要素が、一貫して体系的にまとめられている。

データ戦略キャンバスは複雑さを少しずつ解きほぐしながら各段階で合意を得るための有用な
メカニズムであるばかりでなく、オーナーシップとスチュワードシップの役割を試行する概念
実証（POC）としても適している。そしてこれらの役割は、統合されたさまざまなレベルのロー
ドマップを通じて計画され、実行される。

データ戦略策定の参加者は組織全体のデータに対する理解を広げ、深め、その責任を基礎から
学ぶことになる。その過程で Marilu は「データドリブン」、「データリテラシー」、「デジタ
ルトランスフォーメーション」などこの業界の「専門用語」を取り上げ、明確にしていく。ま
た彼女はカンファレンスでしばしば耳にする「データマネジメントとデータガバナンスの違い
は何か」という代表的な質問に対し、論理的で実践的なアプローチで答えている。本書では
フェーズと戦略策定タスクに関連する役割と責任について丁寧に説明しているので、読者は証
拠に基づいた回答を得ることができるだろう。

もしあなたの組織がデータ戦略策定の必要性を認識しているのであれば、本書を強くお勧めす
る！（皆さん、言い訳は無用。あなたならできる）。

Melanie Mecca
CEO & Principal EDM Expert
DataWise, Inc.

データ戦略は進化し成熟したデータマネジメントの実践へと続く道を築くための礎である。その策定プロセスの成熟度も時間と共に発展していく。Marilu はこの進化の過程を捉え、データ戦略をビジネス戦略計画に組み込む実現可能なプロセスとしてまとめている。

Mike Meriton
Enterprise Data Management Council
Co-Founder and COO EDM Council

この魅力的な本には優れたガイダンス、テンプレート、メソッドが収められている。これらは、成熟度も異なっているさまざまなビジネスタイプのデータマネジメント・ケイパビリティを開発し、サポートするのに非常に有用であろう。データマネジメントの専門家がビジネス戦略との整合性を常に意識しながら、データマネジメントの道のりを進むための優れたサンプルや解説が用意されており、「なぜ彼らが関心を持つのか」といった質問に答えるのに役立つ。適切なシナリオが描かれ、成功への道のりで直面する多くの状況に対処するためのアイデアが示されている。全体を通して最も価値の高い資料は、キャンバスのサンプルである。これは使いやすいビジュアル形式で、全体のプロセスとフローをまとめながら、各文書を読みやすく使いやすい形に保っている。PAC の頭文字である Pragmatic（実践的）、Agile（アジャイル）、Communicable（共有可能）は、本書の本質を捉えている。このアプローチは実践的で、使いやすく、適切である。アジャイルであることで柔軟性が組み込まれており、それを使用してビジネスとデータマネジメント・ケイパビリティを共に進化させることができる。最後の共有可能ということを、さまざまなスタイルのキャンバスを使用して効果的に実現している。本書に含まれている各インタビューは、ビジネス戦略と結びつけることの必要性と合致しており、多くの企業においてより実践的なものが必要であることをさらに理解させてくれる。組織の発展のためにデータマネジメント成熟度を活用しようとする全ての人のためのガイドツールとして、この本を強くお勧めする。

Dawn Michels
DAMA International Board
Presidents' Council Chair

データ戦略に関する Marilu Lopez の本の中で、私は PAC メソッドの P（Pragmatic：実践的）が最も気に入った。本書は多くの理論ではなく、企業のデータ戦略を開始または強化する方法についての実践的なアイデアを示している。Marilu の語りかけるような論調は、組織が「データマネジメント」のもとで実施すべき、さまざまなタイプの戦略を理解しやすくする。専門家へのインタビューは多様な組織との長年の経験から得た実践的なアドバイスを読者に提供すると共に、データマネジメントにはデータの収集や整理以上のものがあることを明らかにする。まずは全体的な計画（PAC メソッド）が必要なのである。

Melanie Mecca がインタビューで語っているように、「基本的にデータは永遠であり、それを永遠に効果的に管理する必要がある…」。理解しやすい図表を用いた PAC メソッドは、持続的なデータ構造を実装するという課題に応えている。それは新しいテクノロジーや新しいツールに貢献し、さらには人工知能の波にも耐えるだろう。

Catherine Nolan

Board Member, DAMA International

実践的なステップを満載した直接的なメソッドであり、これはどのような組織においても適切なデータ戦略を設計するために有用である。本書は主要な成果物のセットを活用し、ビジネス目標とデータ戦略を「どのように（HOW）」整合させるかに応えている。データリーダーシップの役割を担うデータの専門家にとっての必読書である。

CDMP Diego Palacios

Founder & President DAMA Perú Chapter

ようやく私たちのデータ、情報、知識には価値があるという合意が得られつつあるようだ。「情報資産」という言葉が浸透しつつある。ある世界的なワイン会社は 2 つの異なる取り組みを通じて、情報資産の価値を実現するための、シンプルなステップを踏んだ。最初の試みではファイリングの計画やネーミングルールなど、いくつかの簡単なツールを開発し実施することで、この組織は 1 人当たり年間 10,800 ドルの生産性の向上を実現し、約 10% の業績向上を達成した。ワイナリーのマネージャーは「我々の投資ポートフォリオの中でこれほどの結果をこのように素早く達成し、しかもスタッフの満足度をより高めたようなプロジェクトは他にない」と語った。2 つ目の試みでは、収穫量と生産量のデータを評価し販売することにより、3 年間で 1,200% の投資利益率を達成し、13 週間で損益分岐点に到達した。私たちデータリーダーがマニフェストで述べているように、「組織が本質的に成長する機会はデータの中に眠っている」。

私たちはまた、データや情報、知識が脆弱であることを繰り返し痛感させられている。好ましくない例では、最近のデータ流出によりオーストラリア第 2 位の電気通信事業者が携帯電話顧客の 10% を失い、「現在の顧客の 56% が通信事業者の変更を検討している」と報じられた。さらに最近ではオーストラリア最大の民間医療保険会社のデータ流出により、時価総額が 20 億ドル近く目減りした。

リスクの管理であれ、ビジネス成果の促進であれ、あるいはその両方であれ、データを上手く管理することは利益につながる。ではどうすればよいのだろうか。まずデータ戦略を策定し、適切に実装することから始めるのだ。これは上辺だけの言葉や漠然とした意味ではない。鳴り物入りの新しいソフトウェアツール以上のものだ。*Marilu* はデータ戦略を定義する方法について、理解しやすく、ステップ・バイ・ステップで、成果物に裏付けされたメソッドを説明する。

これは私たちの最も重要な資産であるデータ、情報、知識をどのように評価し、保護するかを導いてくれる貴重なリソースである。データ戦略について真剣に考えている全ての人に、この「データ戦略PACメソッド」をお勧めしたい。

James Price
CEO and Founder Experience Matters

何十年もの間データの専門家は「ビジネスにもっと近づき」「ビジネスとデータ戦略を繋ぐ」よう忠告されてきた。しかしどうすれば良いのか。ついにこの疑問に答えてくれる本が登場した！ Marilu Lopez よくやった！

Tom Redman
"The Data Doc." Data Quality Solutions

Marilu Lopez は本書で、「データ戦略」を新たなレベルに引き上げている。データガバナンスとデータマネジメントの分野で20年以上の経験を持つ彼女は、**データ戦略**を理想主義的なものから現実的なものへ、曖昧なものから正確なものへ、理論的なものから実践的なものへと導くことができる。**PACメソッド**は、データ戦略（本書を読めば分かるように戦略は複数形）の成功に向けて段階的にあなたを導いてくれる。強固なデータ戦略を持ちそれを実装することによって、企業の「データ資産」管理における「競争優位性」を得られる。それを切望するデータの専門家にとっての必読書である。

Alejandro Rejon
Data Governance Professional ｜ DAMA CDMP ｜ ISO8000 Master Data Quality Manager
Certified ｜ M.Sc. Finance

効果的に堅実なデータ戦略を設計するための、楽しく魅力的なガイド。実現可能で堅実なデータ戦略の構築は、データマネジメントの中でも最も複雑な課題の一つである。本書においてMarilu は、その課題を優雅にそして明快に解きほぐしながら、彼女の豊富な知識、経験、知性を余すことなく披露し、重要なギャップを見事に埋めている。私は既にこのメソッドに詳述された数々のガイドラインを実践しているが、そこで確信したことがある。それは長期的な戦略の定義と実現が困難とされてきた地域、とりわけラテンアメリカの組織にとって本書が大きな助けとなることである。

David Rivera
Academic Development VP, DAMA Ecuador Chapter

Marilu は 2 つの大きなアイデアを融合させた。まずデータ戦略が他の特定の戦略を包含する包括的な枠組みであることを示した。次にキャンバスを活用して、全スタッフが実務に持ち歩ける 1 ページの要約を作成する方法を示した。シンプルだが情報量が豊富で、非常に実践的なアプローチだ。ブラボー！

Gwen Thomas

Founder, The Data Governance Institute and Principal, DGI Consulting

翻訳者序文

DAMA 日本支部に所属し、DMBOK[1] を日本に紹介し、研究する活動を長年続けてきた。最近は「DMBOK を参考にし、データマネジメントの導入を推進しています」とお伺いすることも多くなってきた。嬉しいことである。

しかしデータマネジメントをどのように進めているのだろう。DMBOK はデータマネジメントに関係する領域とトピックスを網羅し、何を（What）、なぜ（Why）取り組むのかについてよく教えてくれるが、どのように（How）取り組むのかのアクティビティについては粗い記述にとどまっている。

この How の部分について、実践を重ねた経験豊かなコンサルタントたちがガイドブックを出している。データ品質プロジェクト実践ガイド[2] についてはDanette McGilvray が 2008 年に初版、2021 年に第 2 版を出している。データスチュワードシップ（データマネジメント＆ガバナンス）の実践ガイド[3] については David Plotkin が 2014 年に初版、2021 年に第 2 版を出している。これらの実践ガイドは初版から高い評価を得ていたが、実践を通したフィードバックを得て第 2版となり、さらに充実したものになっている。

DMBOK にはデータ戦略という言葉があちらこちらに書かれていて、ビジネスと関連させることが強調されている。ただデータ戦略そのものについての記述はほんの数行のみ。ビジネスと連携したデータ戦略とは何で、どのように策定すれば良いのだろうか。その問いに答えてくれるのが本書だ。データ戦略とは複数の戦略で構成される戦略群であり、それらがビジネス戦略とどのように関係し策定され見直されるのかについて、具体的な内容と実践的なステップが示されている。威力を発揮するのがビジネスモデル・キャンバスの応用である。つまり書き込み過ぎないということ。各戦略を 1 枚に、最重要のエッセンスで記述することによって戦略間の関係が明確になり、どの関係者もデータ戦略全体を理解できるものにしている。この理解のもと、最重要で最優先のデータマネジメント領域で戦術を展開していくことになる。

本書も多くの実践からフィードバックを得て進化を続けるだろう。本書が読者のビジネスに貢献し、この進化を進めるコミュニティに一緒に参加できることを願っている。

木山靖史、宮治徹、吉村泰生

1: データマネジメント知識体系ガイド 第二版 改定新版（2024、日経 BP）
2: データ品質プロジェクト実践ガイド：質の高いデータと信頼できる情報を得るための 10 ステップ（2024、日経 BP）
3: データスチュードシップ：データマネジメント＆ガバナンスの実践ガイド（2024 年、日経 BP）

目次

図

表

著者について

Marilu Lopez（María Guadalupe López Flores，カリフォルニア州ロサンゼルス生まれ。4 歳からメキシコシティで育ったメキシコ系米国人）は、金融部門で 30 年以上企業生活に専念したのち、データマネジメント・コンサルタント兼トレーナーとなった。メキシコにおけるエンタープライズアーキテクチャのパイオニアであり、それをきっかけにデータアーキテクチャに注力するようになり、データガバナンス、メタデータマネジメント、データ品質管理を専門とするデータマネジメントへと業務を拡大した。数十年にわたり全体的かつ包括的なデータ戦略の欠如に苦しんだ。データマネジメントへの情熱は、DAMA インターナショナルにボランティア活動を捧げるきっかけとなり、DAMA メキシコ支部長から支部サービス担当理事まで、さまざまな役割を担うようになった。

Marilu は起業家でもあり、SEGDA（Servicios de Estrategia y Gestion de Datos Applicada － 戦略・応用データマネジメントサービス）の創設者兼 CEO である。このメキシコの会社は、データの専門家の教育に貢献し、データマネジメントの旅路において、組織をサポートすることを目標としており、データ戦略の定義とオペレーティングモデルの導入を通じて、データから価値を引き出すことを支援している。

謝辞

この本はある 3 名の重要人物との偶然の出会いなしには実現し得なかった。これは疑いのない事実である。その 3 名とは Danette、Laura と Steve だ。この 3 名には感謝してもしきれない。

サンディエゴで開催された DGIQ2021 での昼食は決して忘れられない。Covid-19 のパンデミックの後、直接会うことのできる喜びの中で Danette McGilvray と共に、良き友人、尊敬する友人たちと会いテーブルを共にした。さまざまな会話が弾む中で、私はいつか本を書きたいという夢を話した。ほんの数分後、彼女はそばに来て本の書き方について助言してくれた。彼女は本の書き方や出版までの道のりを教えてくれた。これ以上感謝することはない。私は彼女からこのような貴重な助言を受けただけでなく、この仕事が無駄だと思った時にも絶えず励ましを受けた。彼女の力強い後押しのおかげで、私はデータコミュニティに私の提案を幅広く共有するようになった。この種が想像もできない場所に届き、より優れたデータのある世界に貢献できるよう育つことを願っている。

アメリカ生まれだが私の母国語は常にスペイン語だ。私の最大の挑戦の 1 つはこの本を英語で書くことであり、それはデータマネジメントの第一人者たちと共有し、フィードバックを得るためだった。2019 年に DAMA メキシコ支部の年次大会に招かれて講演した時に Laura Sebastian-Coleman と出会った。彼女はとても親切で近づきやすかった。私は彼女に私の本の企画書を送り、読者が興味を持ちそうな内容かどうかを探った。彼女が私の企画書を編集してくれた時、その詳細さ、洞察力、フィードバックの価値に感銘を受けた。彼女はとても親切に私の本を編集してくれた。DMBOK 第 2 版のスペイン語訳のコーディネートと編集に携わった時、彼女の編集作業が大変だったと感じたのを覚えている。私には到底真似できない仕事である。この旅で人生が私にくれた 2 つ目のかけがえのない贈り物は、Laura のサポートがあったことだ。彼女は私が想像し得る最高の英語の先生であるだけではない。彼女は英語の専門家でありながら、データマネジメントの第一人者でもあるという稀有な人物なのだ。

Danette と Laura の素晴らしいサポートがあったとしても、Steve Hoberman がこの仕事を信頼してくれなければ、皆さんにこれを読んでいただくことはなかっただろう。DMBOK 第 2 版のスペイン語翻訳に携わった時、私は Steve がいかに実践的であるかを知った。これは私が彼のことを深く尊敬する点である。そのおかげで私の夢は実現できると確信できた。Steve、私と私の仕事を信頼してくれてありがとう。

人生は私にデータマネジメントの豊富な経験を持つ人々や第一人者たちと出会う幸運を与えてくれた。この魅力的なデータの世界で私が知っていることは、ほとんどが彼らから学んだものだ。1990 年代初頭 Bill Inmon に会ったことを覚えている。彼は私が働いていた銀行で、データウェアハウスについてアドバイスをしていた。彼が私に言ったことは忘れられない。「もしあ

なたがレポートを選んでそのデータがどこから来たものか分からないのなら、あなたはデータを管理していない」と。29年後、この思い出が私を動かし、私が主催した最後のDAMAメキシコ支部年次カンファレンスに彼を招待した。ありがたいことに彼はすぐに承諾の返信をしてくれた。その経験は忘れがたいものだった。インタビューに即座に応えてくれたこと、そして全体的な彼の友情に感謝すると共に光栄に思う。

なぜDAMAインターナショナルでのボランティア活動にこれほど多くの時間を割いているのかと、何人かの人から聞かれた。私の答えは、自分が得た全ての経験と素晴らしい人々との出会いという形で、非常に高い見返りが得られるからというものだ。DAMAメキシコ支部の第2回年次カンファレンスではTom RedmanとJames Priceを招き、彼らから多くのことを学んだ。Tomからはデータ品質を教える実践的な方法を、JamesからはExperience Matters社の背景にある素晴らしいストーリーを聞き、大いに刺激を受けた。本書の一部となっている「データ戦略インタビュー」を引き受けてくれた2人に感謝する。

Melanie Meccaを講演者として招いたのは、DAMAメキシコ支部の第1回カンファレンスだった。私が実際に仕事で利用していたデータマネジメント成熟度モデルのディレクターと夕食を共にすることになり、興奮したことを覚えている。データマネジメント成熟度モデルを採用することは「データ戦略PACメソッド」にとって不可欠な要素であるため、Melanieにデータ戦略に関する彼女の経験を聞く必要があった。Melanie、データ戦略の欠如がもたらす影響について、私の調査結果を支持してくれてありがとう。

サンディエゴのDGIQ2021は、私のクラスで度々引き合いに出してきたDavid Plotkinに出会った舞台だった。DAMAインターナショナルのブースの脇で彼と話をしたことを覚えている。私は自分の本のことを話し、データ戦略について彼の見解を聞きたいと言った。David、インタビューに応じ、建設的な意見をくれてありがとう。

データガバナンスに関して私がとても気に入っているアプローチがある。それは Håkan Edvinsson のデータ外交術である。強制的なモデルから原則に基づくデータガバナンスに移行し、この機能の影響力をデータポリシーの枠を超えて拡大するという考え方であり、私はこれにすぐ関心を持った。インタビューの間、Håkan と話をするのがとても楽しかったし、データ戦略に対して私たちの考え方が一致することを確認することができた。ありがとう、Håkan。

この本を書こうと思った最も強い動機は、EDWとDGIQのカンファレンスで「データ戦略PACメソッド」について話した時に、参加者から受けた好意的なフィードバックであった。私のアイデアを共有する機会を与えてくれたTony Shawに特別な感謝を申し上げたい。

この作品はいくつかの作品からインスピレーションを得た。データ戦略フレームワークを参照することを快く許可してくれたDonna Burbankに感謝する。

私が受けた最も強力なインスピレーションは、ビジネスモデル・キャンバスから得たものだ。Alex Osterwalder、ビジネスモデル・キャンバスを生み出し、世界中に広めてくれてありがとう。

私が「データ戦略 PAC メソッド」を生み出すためにまとめた全てのアイデアは、さまざまな組織で実際に適用されなければ、何の価値も持たないだろう。DAMA メキシコ支部を設立した時に出会った同僚、Ramon Hernandez と Christian Vazque には特に感謝している。Ramon、メソッドを適用する機会を見つけてくれてありがとう。

この本を書く旅の途中で、私は偉大な応援者を見つけた。オーストラリア在住のベネズエラ人で、一番初めの読者になってくれた。彼はデータガバナンスの実践者である一般的な読者の視点から、とても良いフィードバックをくれた。ありがとう、Alex Rejon!

DAMA インターナショナルのことを知らなかったら、私はこの道を歩んでいなかっただろう。素晴らしい経験をさせてくれたこの素晴らしい組織と、出会った過去と現在の理事会のメンバーにはこの上なく感謝している。

その他の査読を担当してくれた全ての方々、Gwen Thomas, Cathy Nolan, Karen Lopez, Dawn Michels, Charles Harbour, Diego Palacios, David Rivera, Peter Aiken, Mike Meriton、私の本を読むために時間を割き、また親切に励ましの言葉をかけてくれたことに心から感謝する。全ての努力が報われたと感じている。

幸運なことにこの本のカバーデザインに私の作品のエッセンスを取り込んでくれた、Christian Inchaustegui という人がいた。ありがとう、Peech! この本のサポートウェブサイトを制作してくれた Aaron Torres と Carlos Sanchez も外すことはできない。彼らは皆、Omar Perez 率いる素晴らしい Treehouse Marketing チームの一員だ。ありがとう!

最後になるが、いろいろな意味で私の最愛のパートナーであり、特別な方法で私を応援してくれる Miguel に心から感謝する。

序文

もし Marilu Lopez のことをご存知なければ、私が最初に紹介しよう！ Marilu はメキシコのデータマネジメント・コミュニティではよく知られた存在で、DAMA メキシコの共同設立者であり役員も務めた。また DAMA インターナショナルの理事会（DAMA は Data Management Association の略）での幅広い活動でも国際的に知られている。金融部門で長年働いた後、現在はコンサルタントとして独立したことで、データマネジメントに関する深い専門知識を身に付けた。彼女は基本的なコンセプトを理解し、それらのアイデアを実際に成功裏に実装した経験を持っている。彼女がこの本の著者として相応しいことに疑いはない。

2021 年 12 月に開催された DGIQ（データガバナンス情報品質）会議で昼食を摂りながら、彼女は戦略についての考えを話し、Alex Osterwalder のビジネスモデル・キャンバスをデータにどのように適用するかを説明した。私は興味をそそられた。組織にとって何が重要か優先順位を付け、データマネジメントの旅を導くための戦略の必要性を説く者として、私はもっと知りたいと思った。Marilu は独自のデータ戦略メソッドを開発し、本を執筆することを検討していた。私はすぐに彼女を励ました。彼女には共有するに値するユニークな発想があり、彼女のアプローチはデータマネジメントの分野に大きく貢献するだろうと確信したからだ。

私の最初の直感は正しかった。我々のデータコミュニティはこの本を必要としている。さらには我々がサービスを提供する相手もこの本を必要としている。何を（what）、なぜ（why）、そしてどのように（how）実施するのかが書かれている本書を読めば、データ戦略を使って組織をより成功に導くための十分な準備が整うだろう。

最後にこの本がラテンアメリカ出身の女性による最初のデータマネジメント本の 1 つであることを祝福しよう。このメッセージを発信し世界に広めるのに、Marilu の右に出る者はいないだろう。

準備は OK？ ページをめくって実践に取り掛かろう！

Danette McGilvray
President, Granite Falls Consulting, Inc.
Consultant, Trainer, Speaker, Coach.
Authour of *Executing Data Quality Projects: Ten Steps to Quality Data and Trusted Information*™, *2ⁿᵈ Ed.*
(2021, Elsevier/Academic Press)
「データ品質プロジェクト実践ガイド：質の高いデータと信頼できる情報を得るための 10 ステップ」
(2025、日経 BP)

イントロダクション

「**データ戦略**」をタイトルに掲げている書籍のほとんどは、**データ分析**および**ビッグデータ**に関する戦略に焦点を当てている[1]。市場で入手可能な書籍の概要を確認すると、典型的なパターンがあることに気づいた。それは**データ戦略**について哲学的な観点から語り、それが何であるか（**WHAT**）、なぜそれが重要か（**WHY**）を説明するというものである。**データ戦略**の実行方法について述べている本もある。しかし**データ戦略**をどのように（**HOW**）定義するかについて、段階的かつ成果物ベースでメソッドを提示した本はなかった。それこそがこの本の狙いである。本書では**データ戦略 PAC メソッド**（実践的（Pragmatic）、アジャイル（Agile）、共有可能（Communicable）- 容易に伝えられるという意味で）を紹介する。私は Dataversity EDW 2021、DGIQ 2021、EDW Digital 2022、EDW Digital 2023 といった国際的なフォーラムでこのメソッドの概要を発表し、参加者から素晴らしい好意的なフィードバックを得た。今この方法論をより詳細に、広く**データマネジメント・コミュニティ**と共有したいと考えている。

データ戦略 PAC メソッドは、相互に依存し合う 3 つのコンセプトに焦点を当てている：

- **データ戦略**とは、組織が利用可能な最上位のガイダンスであり、データ関連アクティビティを明確な**データ目標の達成**に集中させ、一連の意思決定や不確実性に直面した時に方向性と具体的なガイダンスを提供することである。（Aiken & Harbour, 2017）

- **データマネジメント**とは、データと情報という資産の価値を提供し、管理し、守り、高めるために、それらのライフサイクルを通して計画、方針、施策、手順などを開発、実施、監督することである。（DAMA International, 2017）

- **データガバナンス**とは、データ資産の管理に関して、権限の行使、統制、および意思決定（計画、監視、遵守の実施）を関係者間で共有して行うことである。（DAMA International, 2017）

---

[1] Modern Data Strategy（Fleckenstein, 2018）；Data Strategy and the Enterprise Data Executive（Aiken & Harbour, 2017）；Data Strategy: from definition to Execution（Wallis, 2021）；Data Strategy: How to Profit from a World of Big Data, Analytics, and the Internet of Things（Marr, 2021）；Driving Data Strategy: The Ultimate Data Marketing Strategy to Rocket Your Global Business（Fawzi, 2021）；AI and Data Strategy: Harnessing the business potential of Artificial Intelligence and Big Data（Marshall, 2019）；Data Strategy（Adelman, 2005）；Data Strategy Canvas for Healthcare Organizations（Walters, 2019）.

データマネジメント・ビルディング（図1）はこれらの概念が互いにどのように関連するかを示す。ビルディングは組織を表す。**データマネジメント**は中核機能である**データガバナンス**に囲まれた全ての機能を持ち、ビルディングの基礎となっている。ビルディングの各階にある、世帯区画は組織の単位を表す。ビルディングの基礎は堅牢である。各階に住むデータスチュワードと各世帯の居住者が従う**データポリシー**を通じて**データガバナンス**が拡張されたことで補完されている。4本の柱がビルディングの構造を支え、倒壊を防いでいる。**データガバナンス・オペレーティングモデル、データアーキテクチャ・オペレーティングモデル、メタデータマネジメント・オペレーティングモデル、データ品質オペレーティングモデル**である。

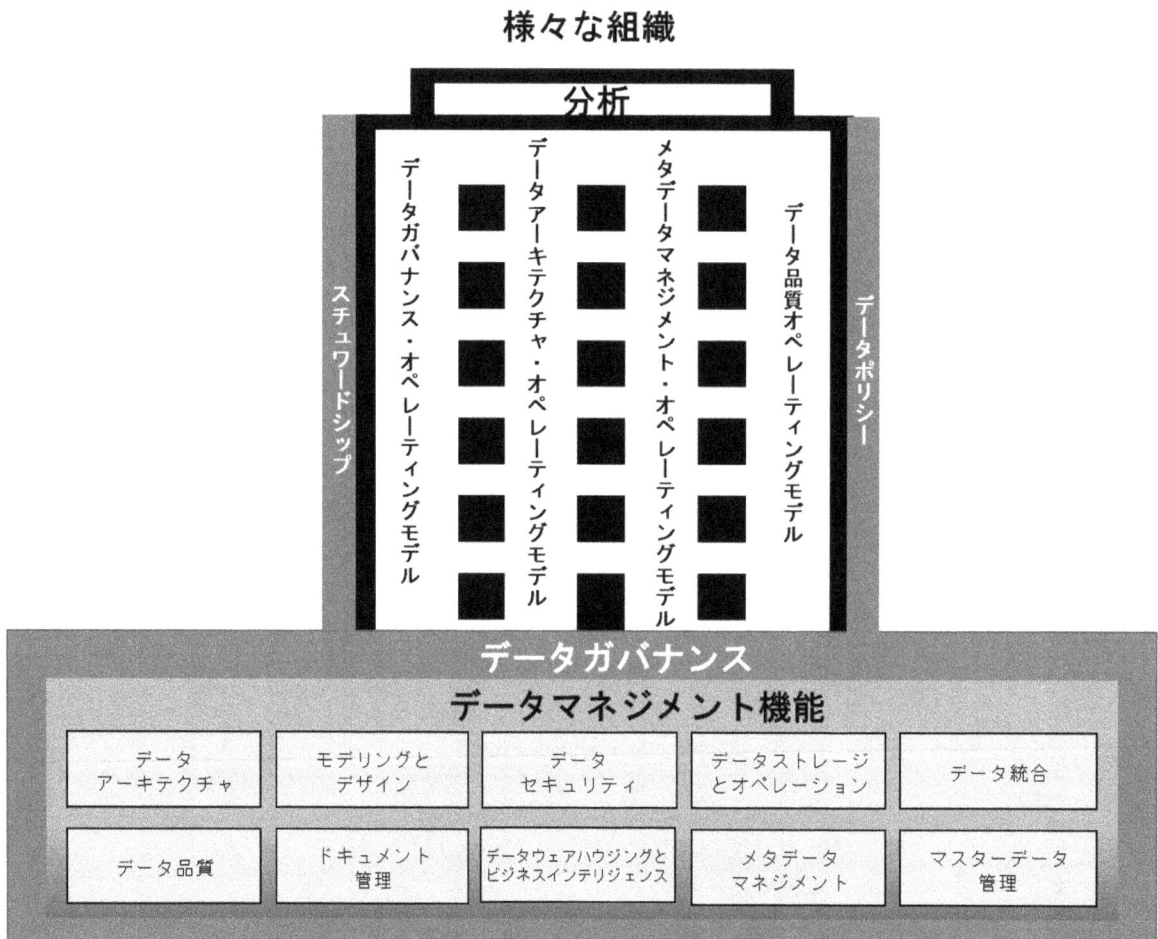

様々な組織

分析

データガバナンス・オペレーティングモデル
データアーキテクチャ・オペレーティングモデル
メタデータマネジメント・オペレーティングモデル
データ品質オペレーティングモデル

スチュワードシップ
データポリシー

データガバナンス

データマネジメント機能

| データアーキテクチャ | モデリングとデザイン | データセキュリティ | データストレージとオペレーション | データ統合 |
| データ品質 | ドキュメント管理 | データウェアハウジングとビジネスインテリジェンス | メタデータマネジメント | マスターデータ管理 |

図1 データマネジメント・ビルディングの例え

データ戦略フレームワーク（図2と図3を参照）に基づくと、**データ戦略**は基礎から屋根までビルディングを建設するためのマスターガイドといえる。**データ戦略キャンバス**はこれを建設作業員に伝えるための設計図となる。**データリーダー**（チーフ・データ・オフィサー、**データガバナンス・リード**など）は建設現場の監督だ。本書では**データ戦略フレームワーク、データ**

戦略を文書化するために使用するキャンバス、**データ戦略**を継続的に策定し維持するための具体的な手順について詳しく説明する。

私は 32 年間の会社人生においてその半分を金融業界で過ごし、**データマネジメント**に関連する分野に取り組んできた。その間、さまざまな**データ戦略**に直面した。私は**データ戦略**に何を含めるべきか知らなかった。しかしそれらが完全なものではなく、ビジネスの優先順位と完全に一致していないことには気づいていた。2019 年に"退職"した時、私は知的好奇心を保ちたかったので、**データマネジメント・コンサルタント兼トレーナー**としての道を歩み始めた。私の最初の仕事は**データ戦略**を定義することだった。どこから手を付ければ良いか分からなかったので、インターネットで具体的な方法を探した。私が望んでいたものは見つからなかったが、新しいアイデアを開発する意欲が湧いてきた。

データ戦略のインスピレーションの 1 つは、Donna Burbank の影響を受けた Global Data Strategy, Ltd. (GDS) のフレームワーク[2]である。そこから**データ戦略**と**企業戦略**の関連付けの方法を学んだ。

さらに DAMA（**データマネジメント協会**）[3]も私にとってのインスピレーションの源となっている。DAMA は非営利団体で、ベンダーやテクノロジーに中立的な専門組織だ。ここで開発された包括的な**データマネジメント・フレームワーク**は 2012 年以来、私を導いてきた[4]（DMBOK 第 2 版（2017）参照）[5]。私は原著のスペイン語への翻訳を進め編集作業を行った際に、DAMA に深く関わるようになった。**データガバナンス**の実践方法を理解するための自己啓発に取り組んでいる時に DAMA という組織のことを知り、長い関係が始まった。

もう 1 つのインスピレーションの源は、DCAM: The Data Management Capability Assessment Model Guide 2.2 (Enterprise Data Management Council, 2021) であった[6]。私はスペイン語版の翻訳者の 1 人として関わったことで、このガイドを深く理解することができた。

それでも最も強力なインスピレーションの源となったのは、Alex Osterwalder の**ビジネスモデル・キャンバス**であった[7]。私は 2006 年、メキシコの大学と共同でデザインした**エンタープラ**

---

[2] Global Data Strategy, Ltd.'s (GDS) Framework https://globaldatastrategy.com/

[3] Data Management Association International https://www.dama.org

[4] DAMA's Framework https://www.dama.org/cpages/dmbok-2-wheel-images

[5] DAMA DMBOK 2nd Edition https://technicspub.com/dmbok/

[6] Enterprise Data Management Council -DCAM Framework https://edmcouncil.org/frameworks/dcam/

[7] Alexander Osterwalder https://www.alexosterwalder.com/ Business Model Canvas https://bit.ly/3LSV4bb

イズアーキテクチャ・コースの中で Osterwalder のアプローチを紹介され、それ以来、活用してきた。Osterwalder は画家がキャンバスを使うように、必要な全てを 1 枚のスライドに描いて、**ビジネスモデル**を一目で理解できるようにする。これは組織の規模や属する分野には関係しない。もしキャンバスを用いることで、あらゆる組織の**ビジネスモデル**を上手く表現できるのであれば、**データ戦略**を書くための強力なツールになるに違いない。

これらの情報源からヒントを得て、私は何をすべきか、どのような組織体制を用いるべきか、どのような種類のデータを含めるべきか、どのような施策を関与させるべきか、そして進捗と効果を示すためにどのような評価尺度を表示すべきか、それぞれの**データ戦略**を書くための方法を考案した。キャンバスを用いて 1 枚のスライドで明確に表現するのだ。**データ戦略 PAC メソッド**は、フレームワーク、キャンバスのセット、戦略サイクルという 3 つのコンポーネントで構成されている（図 2）。

- **データ戦略フレームワーク**は**データ戦略 PAC メソッド**（図 3）の最初のコンポーネントである。これは**データ戦略**は 1 つではなく、複数あるという考え方を前提とする。このフレームワークは、さまざまな**データ戦略**と他の組織戦略との関係を示している。第 3 章でこのフレームワークについて紹介する。

- 会社生活を通じて、ステークホルダーを巻き込むことがいかに難しいかを学んだ。ステークホルダーの関心を引き付け賛同を得るには、実践的で、アジャイルで、かつ明確なアプローチが必要である。これが私が 2 つ目のコンポーネントである**データ戦略キャンバスのセット**を開発した理由であり（図 4）、**データ戦略**の各タイプを説明するために用いることができる。第 5 章ではこのキャンバスについて説明する。

- 第 3 のコンポーネントである**データ戦略サイクル**は、戦略の整合性を保つために毎年行うべき 10 のステップである（図 5）。このサイクルについては第 7 章で説明する。

私は 2019 年以来、異なる業界のいくつかの組織でこの方法を適用してきた。私は SEGDA（Strategy and Applied Data Management Services のスペイン語頭文字）というコンサルタント会社を設立した。メキシコを拠点としながらも遠隔地からさまざまな場所の組織にサービスを提供している。SEGDA は組織が**データ戦略**を定義し、**データマネジメント・オペレーティングモデル**を実装するのを支援することに重点を置いている。このような実際のケースを実践してきたことで、この方法論を洗練させることができた。

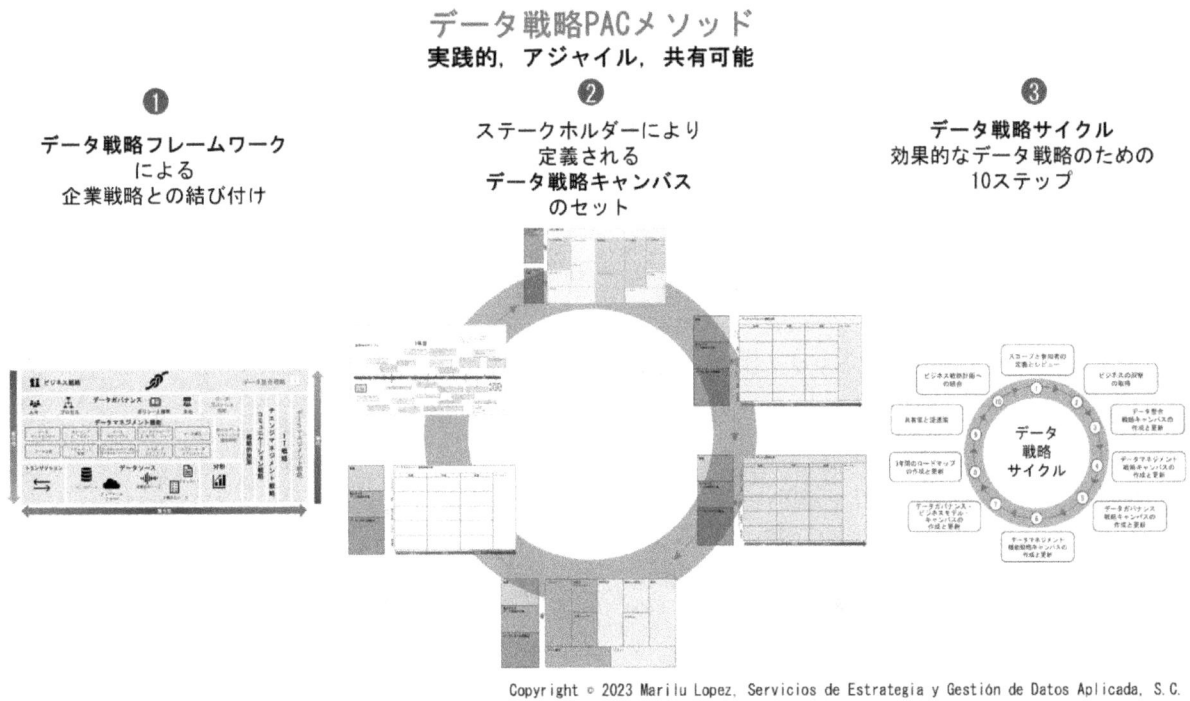

図 2 データ戦略 PAC メソッドのコンポーネント

2021 年、2022 年、2023 年、私は Enterprise Data World (EDW) で**データ戦略 PAC メソッド**について発表した。COVID-19 のパンデミックのため、これら 3 つのカンファレンスはリモート開催だったが、参加者からは非常に前向きなフィードバックをいただいた。Data Governance and Information Quality (DGIQ) 2021 はサンディエゴで開催された現地参加型のカンファレンスで、立ち見が出るほどの聴衆のポジティブな反応を確認することができた。EDW 2022 Digital の後にいただいたコメントは私にとって原動力となり、私が正しい道を歩んでいることを知らせてくれた。40 分間でなんとか説明したストーリーを、十分に詳細化した一冊の本にすることは価値があると思った。メソッドの使い方を知っていただく一方で、長い理論書のような負担のない本にしたい。この本がお役に立てば幸いである。

❶
データ戦略フレームワークによる
企業戦略との結び付け

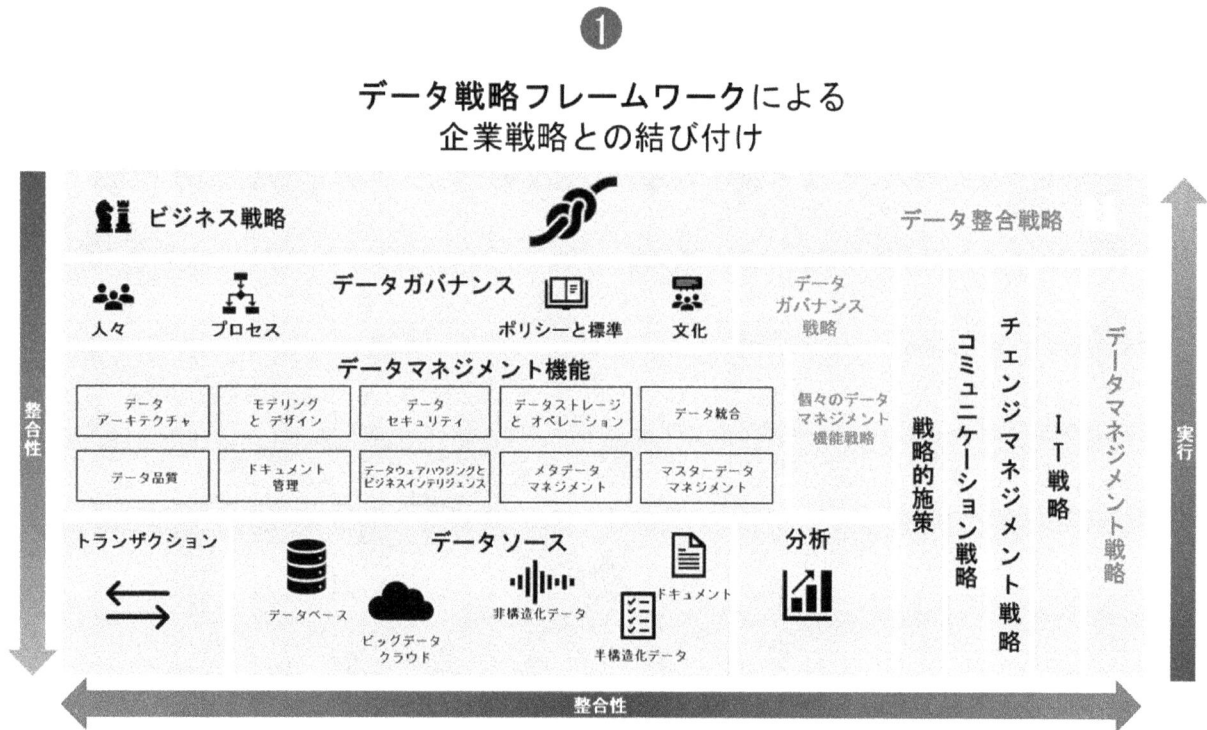

Copyright © 2023 Marilu Lopez, Servicios de Estrategia y Gestión de Datos Aplicada, S.C.

図 3 コンポーネント1:データ戦略フレームワーク

私が一緒に仕事をした組織で見聞きしたことや**データマネジメント**のトレーニングを受けた人たちからのフィードバックによると、データへの取り組みを**ビジネス戦略目標**に整合させる**データ戦略**を見つけるのは難しいようだ。CxO の間では、ビジネス目標と整合性のある**データ戦略**を持つことの重要性があまり認識されていない。また、データを本来あるべき戦略的な企業資産として扱っている組織はほとんどない。

2017 年以来、私は**データマネジメント**という素晴らしい旅において何人かの第一人者に出会ってきた。そのうち、何人かとは親しくなる幸運にも恵まれた。読者の皆さんは**データガバナンス**を成功させるための**データ戦略**の役割について、これらの専門家たちがどのように考えているのか興味があるだろうと思い、彼らに尋ねてみた。Bill Inmon、Melanie Mecca、James Price、Håkan Edvinsson、Tom Redman、David Plotkin、Danette McGilvray にインタビューできたことを光栄に思う。インタビューは本書の各章の最後に1つずつ掲載されている。

②

ステークホルダーにより定義される
データ戦略キャンバスのセット

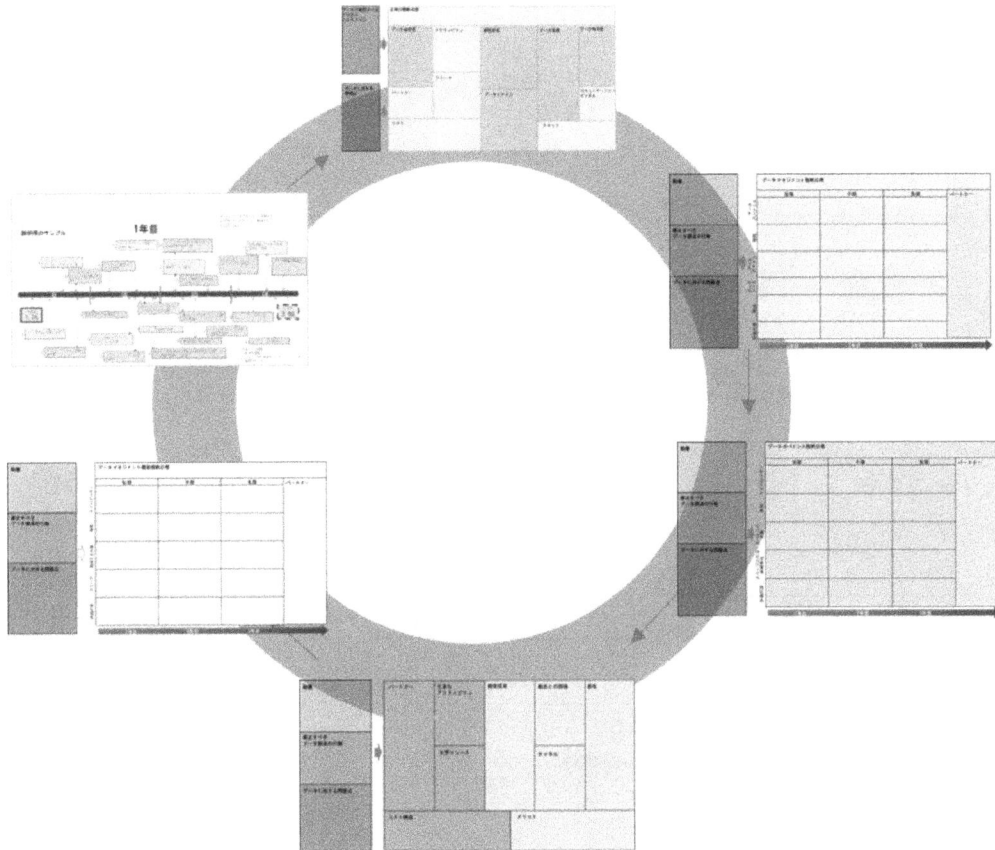

図 4 コンポーネント 2：データ戦略キャンバスのセット

③

データ戦略サイクル
効果的なデータ戦略のための
10ステップ

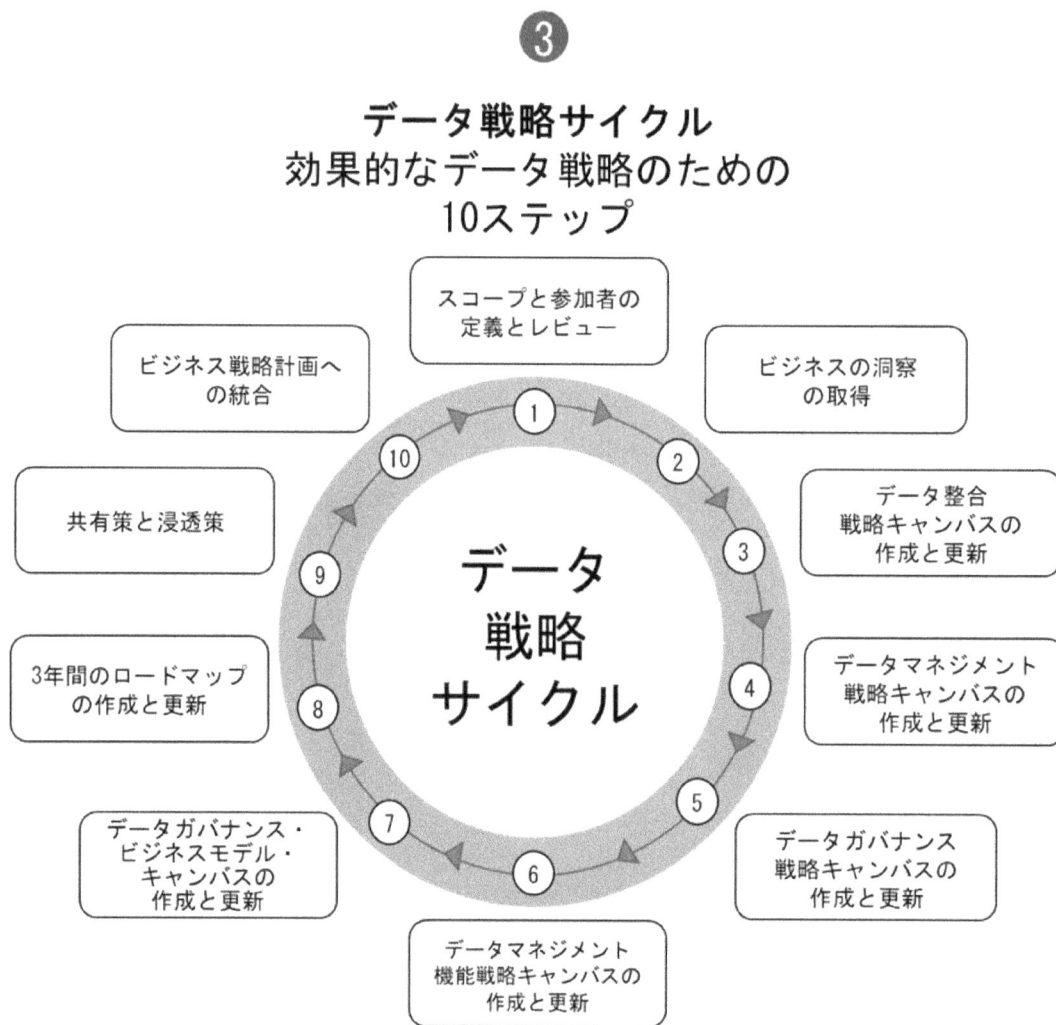

Copyright © 2023 Marilu Lopez, Servicios de Estrategia y Gestión de Datos Aplicada, S.C.

図 5 コンポーネント 3：データ戦略サイクル

本書の使い方

本書は 2 つのパートからなっている（図 6）：

- パート 1 では、**データ戦略 PAC メソッド**の概念とその理論的根拠を理解するための背景を示す。コンポーネント 1「**データ戦略フレームワーク**」とコンポーネント 2「**データ戦略キャンバスのセット**」について説明する。

- パート 2 では、**データ戦略 PAC メソッド**のコンポーネント 3、**データ戦略サイクル**について説明する。

パート 1 を飛ばして**データ戦略サイクル**に直接進むこともできるが、各サイクルのステップの動機と裏付けを理解するために、パート 1 を通読することを強くお勧めする。さらにパート 1 の各章では、具体的な学びや持ち帰るべきポイントが得られる。順を追って読み進めた場合は各章が一貫したストーリーを語るようにデザインした。

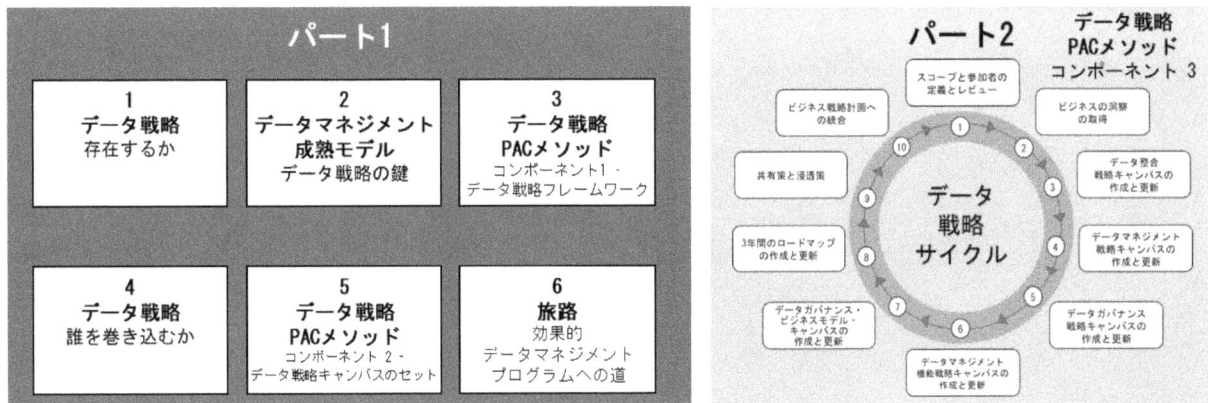

図 6 ブックマップ

各章の冒頭には、あなたが今どの段階にいるのか（現在地）を示す「ブックマップ」がある。パート 2 では、各ステップに「**データ戦略サイクルマップ**」があり、サイクルの各ステップにおける現在地を示す。

大文字と小文字の区別：本書で紹介する考え方に関連する用語は全て大文字にした。**データマネジメント**（Data Management）（これがこのルールの最初の例である）の実践における重要性を示すためである。個々の用語（data, management, strategy）が使われる場合は、大文字にしない。また、本書で扱うトピックに密接に関連するバズワードは大文字で表記した。（訳注：日本語では、大文字の代わりに明朝太字で表現した。原文が太字のものは、ゴシック太字にすることで区別した）

本書にはサポートウェブサイトがある。そこには本書で扱っている成果物のテンプレート、**データ戦略キャンバス**の例、研究事例、その他参考になると思われる文献が掲載されている。またこのメソッドに関するコメントや経験を共有する場でもある。ぜひこの機会にこのメソッドを試してみて、あなたの経験を聞かせてほしい。（訳注：日本語専用サイトも提供されている）

コンテキスト

本書は「**データ戦略**」や「**データマネジメント**」（この 2 つの概念は関連性があるため、大文字で表記する）（訳注：ここでは「」で囲んだが、以降では他と同様に大文字の代わりに明朝太字で表現する）についての論文ではないが、方法論そのものを説明する前にレベルの設定とコンテキストの確立が必要である。

パート 1 では、第 1 章から第 6 章でこのコンテキストを紹介する。より一般的なトピックから始めて、このメソッドで使用される核となるコンポーネントへと話を進める。

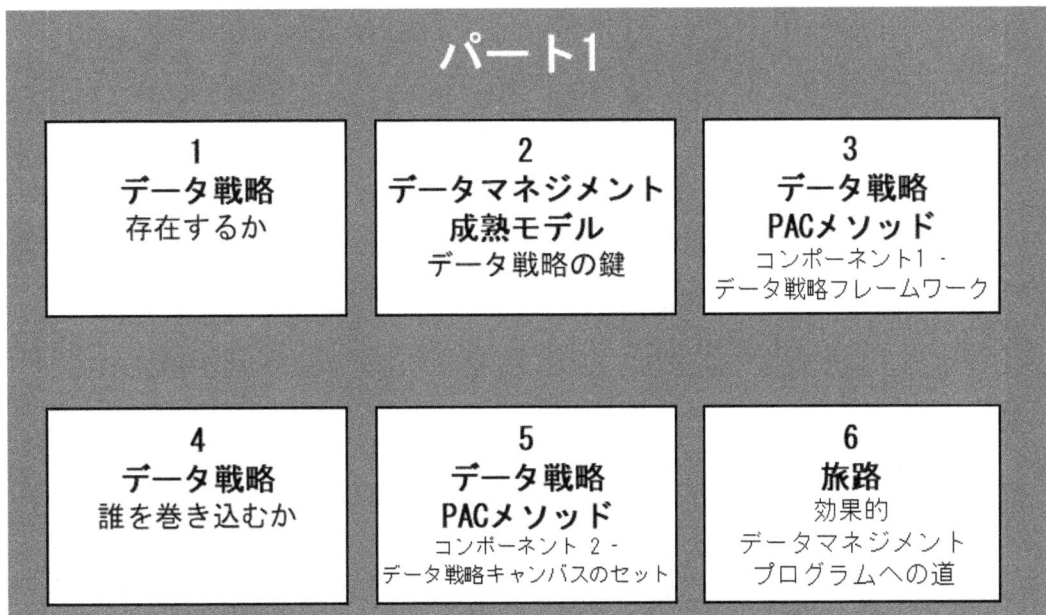

図 7 パート1 ブックマップ

- **第1章：データ戦略：存在するか**
  最初の章では**データ戦略 PAC メソッド**の舞台を整える。この章では本書で説明するメソッドに影響を与えたいくつかの戦略の定義を示し、本書で使用する**データ戦略**の定義についてレベルを揃える。この章では既存の調査結果を参照しながら、組織が持つ**データ戦略**に関する成熟度の認識を考察する。これには著者がメキシコの大学と共同で実施した調査も含まれており、ラテンアメリカにおける**データマネジメント**の現状と**データ戦略**との関連を理解することを目的としている。

- **第2章：データマネジメント成熟度モデル：データ戦略の鍵**

  データ戦略の主な目的は、組織を現在の状態からあるべき姿へと移行させることである。重大な問題は、あるべき姿とは何かということである。ここで重要となるのが**データマネジメント成熟度モデル**の活用である。これにより現在備わっているケイパビリティと、これから整備すべきケイパビリティを把握することができる。この章ではケイパビリティベースの**データマネジメント成熟度モデル**の妥当性と、**データ戦略**を導く上でのその役割を取り上げる。

- **第3章：データ戦略 PAC メソッド：コンポーネント1 – データ戦略フレームワーク**

  本書の本質的なメッセージの1つは、**データ戦略**は単数ではなく複数の概念であるということである。本章では組織がデータからより多くの価値を得るために策定しなければならないさまざまな**データ戦略**について説明する。またこれらの戦略が互いにどのように関連し、組織内の他の**ビジネス戦略**や **IT 戦略**とどのように関連するかも説明する。

- **第4章：データ戦略：誰を巻き込むか**

  データガバナンス・リードの役割はここ数年で進化してきた。この役割の責任は**データガバナンス・ポリシー**の定義、データ標準の設定、データ問題の解決やエスカレーションにとどまらない。現在の**データガバナンス・リード**はデータカルチャーの推進と**データ戦略**の有効性の確保に非常に積極的である。**データガバナンス・リード**は組織全体の主要なステークホルダーの参加を促さなければならない。この章ではこれを無理なく実践する方法を説明する。

- **第5章：データ戦略 PAC メソッド：コンポーネント2 – データ戦略キャンバスのセット**

  2005 年、Alexander Osterwalder は組織のビジネスモデルを1枚のスライドに捉え、共有するメソッドとして**ビジネスモデル・キャンバス**を定義した。このアプローチは**データ戦略 PAC メソッド**の基本的なインスピレーションの源となっている。今回は**データ戦略フレームワーク**の各**データ戦略**のために特別に設計されたキャンバスを提案する。この章ではそれぞれのキャンバスについて説明する。

- **第6章：旅路：効果的データマネジメント・プログラムへの道**

  この章では効果的な**データマネジメント・プログラム**への道筋を説明する。手始めにこの仕事に関わる人々が抱く共通の問い、「どこから始めればよいか」から進める。

各章の最後には、3つの締めくくりの項目がある：

キーコンセプト　　　覚えておくべき3つのこと　　　**データ戦略**に関する
インタビュー

1. データ戦略：存在するか

戦略の本質は、何をやらないかを選択することである

Michael Porter

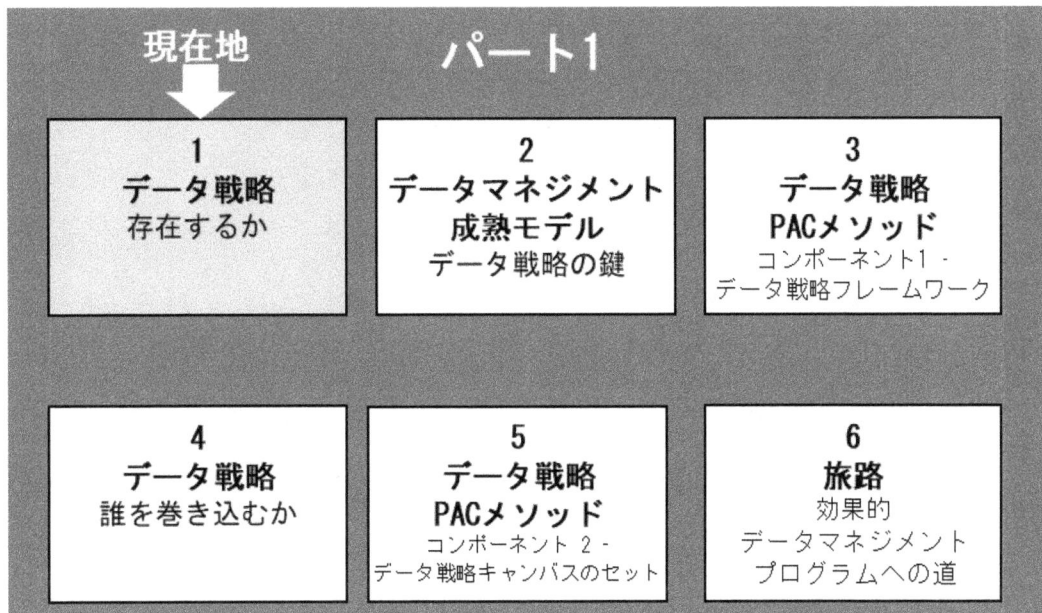

現在地　　　　パート1

1 **データ戦略** 存在するか	**2** **データマネジメント** **成熟モデル** データ戦略の鍵	**3** **データ戦略** **PACメソッド** コンポーネント1 - データ戦略フレームワーク
4 **データ戦略** 誰を巻き込むか	**5** **データ戦略** **PACメソッド** コンポーネント 2 - データ戦略キャンバスのセット	**6** **旅路** 効果的 データマネジメント プログラムへの道

1.1. デジタルトランスフォーメーション時代におけるデータマネジメントの役割

私が**データマネジメント**に深く関わるようになったのは、2012 年に、32 年働き続けた組織で初の**データガバナンス・オフィス**の設立を経営陣から要請されたことがきっかけである。2008 年の金融危機以来、長年にわたり**エンタープライズアーキテクチャ**の推進や**アーキテクチャガバナンス**を実施することに取り組んできた私に、**データマネジメント**の道を歩み始める機会が訪れた[8]。**データガバナンス**導入の準備を進めるため、私は初めて EDW (Enterprise Data World)

---

[8] 2007-2008 金融危機 https://bit.ly/3yUEkNK; 2008 金融危機 https://bit.ly/3ySiiva; リーマン・ブラザーズの崩壊: ケーススタディ https://bit.ly/3NBEyOF

カンファレンスに参加し、そこでDAMA International のことを知った。それ以来、私はボランティアとして**データマネジメント**の重要性を伝えるために多くの時間を費やしてきた。

これは終わることのない継続的な学習の旅路であると確信しており、私はデータ関連のイベントに定期的に参加している。講演者はしばしば、近年の爆発的なデータの増加について言及する。私の初期のプレゼンテーションでは、IDC[9]が 2020 年の世界的なデータ増加量を 44ZB（ゼタバイト）と見積もったという統計を引用した。2021 年 3 月、IDC は年間に作成、利用、保存されたデータの量を測定し、毎年恒例の DataSphere と StorageSphere の予測[10]を発表した。2020 年までに 64.2ZB が作成され、2019 年時点の予測より 45% 上回ったのである。IDC の GlobalDataSphere 担当シニア・バイスプレジデントである Dave Reinsel は「COVID-19 の大流行により、リモートで仕事をしたり、学習したり、娯楽を楽しんだり、オンラインで商品を購入したりする人が増えた。その結果この予想外の増加を引き起こした」と語る。このレポートでは新しいデータのうち、2021 年まで保存、保持されたデータは 2% 未満であることも示されている。膨大な量のデータを生成、収集しても、それを活用できなければ意味がないということは心に留めておくべきだ。

最初の段階からデータを理解し、機微なデータを保護し、データの品質を保証する透明性のあるプロセスが必須である。これが収集したデータから本当のストーリーを語る唯一の方法である。正式な**データマネジメント**の実践によって、これら全てを達成できる。残念ながらデータの増加に対して、**データマネジメント**の実践が進むペースは依然として遅いままである。

2017 年「エコノミスト」誌が「世界で最も価値のある資源はもはや原油ではなくデータだ」と題した記事を掲載し、「Data is the new Oil（データは新しい原油）」というキャッチフレーズがお馴染みになった。それ以来、データが本当に新しい原油なのか、データが増え続ける一方で再生不可能な原油とデータを比較する価値があるのか、を検討する多くの記事や議論が生まれた。

データは企業の戦略的資産であると言う人は多いが、実世界では必ずしもそのように扱われていない。データを戦略的資産として扱わない理由は、The Leader's Data Manifesto （Manifesto, 2016）[11]に非常に明確にまとめられている。データリーダーを含む組織内の全てのリーダーにとって必読の書であり、データの重要性を理解するためにチームと共に読み、議論すべき内容となっている。

---

[9] International Data Corporation https://www.idc.com/

[10] 全世界の DataSphere の予測, 2021-2025 https://qr.paps.jp/S8AY

[11] https://dataleaders.org

この数年間、2 つのバズワードが会議や専門職ネットワークに浸透してきた。**デジタルトランスフォーメーション**と**データドリブン**である。しかしこれらは決して新しい概念ではない。**デジタルトランスフォーメーション**は、1990 年代後半に始まった[12]。プロセスの自動化が始まり、インターネットの利用が拡大した時代だ。**データドリブン**（直感ではなくデータによって裏付けされる活動や決定）という言葉は、過去 15 年間にわたり、良く目にするようになっている。この言葉は学習や特定のプロセスが、データによって推進される場合に適用される。そして最近、多くの組織が**データドリブン**を目標に掲げ、データを活用して意思決定やその他の関連活動をリアルタイムで効率的に行おうとしている[13]。

デジタルトランスフォーメーションに関しては COVID-19 のパンデミックが加速させたが、それが何を意味するのかまだ完全には理解されていない。**デジタルトランスフォーメーション**の基本的な定義は「企業がデジタル技術を導入することであり、その導入の一般的な目標は効率性、価値、イノベーションの改善である」とある（Wikipedia, 2022）。TechTarget のよりわかりやすい定義では「コンピュータベースのテクノロジーを組織の製品、プロセス、戦略に取り入れることである。組織が**デジタルトランスフォーメーション**に取り組むのは、従業員や顧客に、より良い関わりとサービスを提供し、競争力を高めるためである」とある（TechTarget, 2022）。しかし**デジタルトランスフォーメーション**は、製品やサービスをオンラインで販売するために新しいデジタル技術を採用するだけではない。ビジネスモデル、社内プロセス、そして組織文化に関わる調整も含まれる。さらにその下支えとして、**デジタルトランスフォーメーション**を成功させるために、膨大なデータを適切に管理する必要がある。したがって**データマネジメント**は**デジタルトランスフォーメーション**施策を成功させるための基盤であると私は考えている。

私がファシリテーターを務めた**データマネジメント 101** のクラスで、ある学生が私に「**データマネジメント**はビルディングの基礎のようなものだ」と言った。この例えは、私の**エンタープライズアーキテクチャ**の視点や、建物を建てるのに必要なことを考えると理にかなっている。基礎工事は建設工程の中で最も費用のかかる段階の 1 つだ。しかしビルディングが完成した時には基礎部分は覆われているので、認識されることはない。人々は通常、ビルディングの外観やデザイン、機能性、そしてその付加価値を評価する。私が住んでいるメキシコシティは、激しい地震に見舞われることが多い地震帯に位置する。私は新しく近代的なビルが基礎工事部分の欠陥により倒壊したのを目撃してきた。同じことが**データマネジメント**にも起こっている。**データマネジメント**は高額でしかも目立たない。**データマネジメント**の領域は輝きを放つもの

---

[12] デジタルトランスフォーメーションの歴史 https://bit.ly/3cww7q8

[13] データドリブンとは何か https://bit.ly/3cFtKB9

ではないが、組織が健全に成長するか、生き残りをかけて、もがき苦しみながらやがて消滅するかの分かれ道となる。

経済の不確実性と消費者行動の予測できない変化は、組織の戦略目標に**データドリブン**組織になることを含める重要な動機となっている。データサイエンティストは、組織に対し洞察を提供し、提供する製品やサービスに関する顧客の行動を予測するために、情報モデルに取り組む。**データマネジメント**の機能は、**データサイエンス**のように若い人たちが好む派手で魅力的な仕事とはかけ離れているように見える。データサイエンティストはAI（人工知能）やML（機械学習）のような革新的なアルゴリズムや最先端のツールを使ってデータを分析したいと考えている。しかしそれらのツールやアルゴリズムは、信頼できるデータがなければ役に立つことはない。データの信頼性を高める手助けをするのが**データマネジメント**の仕事だ。適切に管理されていないデータはリスクが高く、コストがかかる。例えそのコストが表面化されていないとしてもである。**データマネジメント・プログラム**を存続させるにはコストがかかるが、それがなければ組織が崩壊する可能性すらある。このようにデータの利用を前提にする分析は、供給されるデータの品質に依存するのである。

日々、より多くの組織がデータから価値を得るために、高度な分析に積極的に取り組んでいる。しかし答えるべき問い自体が分からないこともしばしばある。ここ数年、世界中でしばしば目にする一説によると、データサイエンティストは80％以上の時間をデータの収集とクレンジングに費やしており、本来の情報モデルの設計やトレーニング、アルゴリズムの洗練や適用に十分に取り組めていないという[14]。実際のところデータの検索、クリーニング、理解に多くの時間と労力が費やされているのは、**メタデータ**の不備に起因している。

数週間前、**データサイエンス**の学士号を取得した甥と話していた時、**データ品質**コースがプログラムにあると聞いて驚いた。最初は嬉しいと思ったが大学はデータサイエンティストがデータのクリーニングに取り組まなければならないことを標準としており、**データマネジメント**の専門家を養成するプログラムを作ってはいないということに気づいた。ここで重要なのはデータサイエンティストが彼らの本来の仕事を行い真実に基づいたストーリーを語るためには、組織が**データマネジメント**のあらゆる分野を正式に採用する必要があるということだ。組織内のさまざまなステークホルダーの目的に合ったデータを収集し、生成し、保管し、文書化し、保護し、提供しなければならない。これが**デジタルトランスフォーメーション**と**データドリブン**施策の成功において、**データマネジメント**が基盤である理由である。

---

[14] この問題に関する各種の研究結果を分析した興味深い記事を見つけた。初めに、データサイエンティストがデータのクリーニングに80％もの時間を費やすことはない、と書かれている。おそらくこの概念を測定することに関してはデータ品質の問題があるか？データサイエンティストはデータのクリーニングに80％の時間を費やすのか？　結局違うのか？ https://bit.ly/31JBF1H

BARC が 2018 年 11 月に実施したデータ収益化に関する調査によると、調査対象 200 組織の内 40%がデータ収益化プロジェクトを実行しているか、社内プロセスの改善を通じてデータの収益化を既に開始していた[15]。これに対し新たな事業分野への取り組みによるデータの収益化に言及した組織はわずか 6%だった。しかしこの調査で最も際立ったものは、回答者の 56%がデータの収益化を進めていく際に、**データ品質**の欠如が常に課題であると答えたことである。そしてここにもデータ利用と**データマネジメント**の効果的な実践を結びつけるポイントがある。

1.2. 組織はデータ戦略をどのように認識しているか？

データ戦略はデータの世界で独自の地位を確立しつつある。このコンセプトに関連する記事や書籍はいくつも見受けられる。EDW や DGIQ のような国際的な会議でも、**データ戦略**に特化したトラックが設けられている。**データ戦略**に関する文献には**データ戦略**を持つことが**なぜ（WHY）**重要なのかを説明するものもあるが、大半は**データ戦略**とは**何（WHAT）**かという説明を扱ったものである。しかし依然としてビジネスニーズを優先順位に従って満たす**データ戦略**を**どのように（HOW）**策定するかについて説明しているものはほとんどない。

DGIQ 2021 に参加する準備をする間、組織が**データ戦略**をどのように実施しているかという統計を探した。求めていたものそのものは見つからなかったが、BARC によるデータサイロの影響に関する興味深い調査結果を見つけた。情報サイロの存在により影響を受ける文化的、組織的課題についての質問に対して、データサイロを減らすために解決すべき最も重要な課題は回答者の 42%がコミュニケーション不足であると答え、30%が**データ戦略**の欠如であると答えている[16]。

多くの**データマネジメント**研究はヨーロッパ、アジア太平洋地域、北米（カナダと米国）の組織のみを対象とする。ラテンアメリカの組織がどのように**データマネジメント**を採用するかを理解しようとするものはほとんどない。そのためメキシコの UPAEP（Universidad Popular Autonoma del Estado de Puebla）という大学から、ラテンアメリカにおける**データマネジメント**の現状に関する研究の立案と実施を依頼された時、私は快諾した。私はスコープを拡大し、**データマネジメント**が**データ戦略**とどのように関連するかも研究することを提案した。この研究結果は本章の最後に紹介する。

---

[15] Business Application Research Center https://barc-research.com/ . BARC Survey Finds Data Monetization Is in The Early Stages of Adoption But Is Expanding https://bit.ly/3LMyCAv/

[16] BARC: Infografics - "DATA Black Holes" https://bit.ly/3sWK5qm

ラテンアメリカの実際のデータを入手する前から、私はこの地域の**データマネジメント**と**データ戦略**についてイメージを膨らませていた。

ここ数年**データマネジメント**への関心が高まっている。ほとんどの組織はデータにより注目している。規制された分野（金融、保険、医療）で働いているか、品質の低いデータで苦い経験をしたことがあるためだ。彼らはデータに特化した役割のために人材を採用し、最先端のテクノロジーやプロフェッショナル・サービスに莫大な資金を投資している。データレイクや MDM（マスターデータ・マネジメント）プラットフォームを導入し、AI（人工知能）を採用してデータに「語らせ」、ストーリーを伝えようとする。

私はコンサルタントとして、**データガバナンス・**プログラムをリードする人々とよく話をする。私が**データ戦略**の重要性を指摘すると、2 つの一般的な反応が返ってくる：「ああ、**データ戦略**は既にある」あるいは「私はそれに取り組んでいる。それこそ私が雇われた理由だ」。深く掘り下げてみると、通常は組織が**データ戦略**を持っていないこと、少なくとも全体的で効果的な戦略は持っていないことに気づく。**データ戦略**とは、組織全体のニーズをカバーし各組織単位からの要求を考慮した全体的なものである。効果的な戦略には、その定義に組織の代表者を参加させることが必要だ。もし関与がなければ、その戦略はあまり効果的なものにはならないだろう。**データマネジメント**の担当者たちは、効果のない戦略に共通する特徴を私に教えてくれた。以下、例を挙げる。

- **テクノロジー指向**：アーキテクチャ図を含む**データ戦略**のドキュメントが、テクノロジー指向であり、データ関連プラットフォームへの移行に重点を置いている組織。

- **ビジネス目標との整合性の欠如**：ビッグデータを取得、取り込み、利用するための戦略が文書化されているが、中核となるビジネスニーズや優先順位と整合していない組織。

- **ソースデータへの関心の欠如**：データへの関心が、**先進的分析**プラットフォームの採用に集中しているが、データドメイン、ソース、優先順位の明確な定義なしに予測情報モデルを作成している組織。

- **改善計画の欠落**：データガバナンス・リードは、既に数回のアセスメントを実施したので、これ以上のアセスメントは必要ないと報告している。しかしデータ関連のアクティビティを策定するための**データマネジメント成熟度モデル**は、まだ使用していない。

- **技術的設計がビジネス目標を考慮していない**：**データウェアハウス指向**を目指す組織の中には、なぜ自分たちのデータリポジトリがあまり活用されないか理解できないことがある。よく見てみるとその設計が**ビジネス戦略目標**に合致していないことが原因なのだ。

- **ビジネス戦略の知識不足**：**ビジネス戦略**さえも周知されていない。

- ○ 明文化された**データ戦略**はないが、同業他社が既に実施しているため、顧客 MDM（マスターデータ・マネジメント）プロジェクトが進行中である。しかし実際には顧客重複の問題は存在していない。
- ○ 効率のよいメタ**データマネジメント**はあるが、データリードは次に何をすべきか分かっていない組織。
- ○ **データガバナンス**の導入に3～4回の試行錯誤の末、失敗を繰り返している組織。ある用語が禁句となっている：「スチュワードシップについては触れてはいけない」。

- **データ戦略は存在するが活用されていない**：**データ戦略**が存在するとしても、それがデータ関連の行動の指針や優先順位付け、あるいは組織全体の**データマネジメント**に対する期待の管理に活用されていない組織。

思い当たる節はないだろうか。今この瞬間、あなたの組織の中を見てほしい。**データ戦略**は確立されているか。興味を持ちそうな組織の全員がアクセスできるか。読みやすく、理解しやすいか。**データマネジメント**に関する行動を導き、期待値を管理するために活用されているか。必要に応じて更新され有効な文書になっているか。組織全体の主要なステークホルダーが定義しているか。企業の年次**ビジネス戦略計画**の一部とみなされているか。これらの全ての質問に肯定的な答えを返せるのであれば、称賛する。あなたの組織はそのような稀なケースの1つであり、これより先は読む必要がないかもしれない。しかし少なくとも1つの質問に「いいえ」と答えた方は、このまま読み続ける価値があると思われる。そしてそれはあなただけではない。New Vantage Partners が2021年に実施したデータ集約型産業が多数を占める経営者の調査では、明確な**データ戦略**を持っていると回答したのはわずか30%だった[17]。

私がUPAEP大学に提案した研究は、以下の問題提起と仮説に基づいている：

さまざまな**データマネジメント**のフレームワークが存在し、企業においてもデータの管理と保護のために正式な取り組みを導入すべきだという認識が高まりつつある。にもかかわらず、いわゆる「戦略的資産」として期待される価値が真に得られるような成熟度には、依然として達していないようである。この分野の探索的研究に関する文献は通常、ヨーロッパとアングロサクソンの市場に焦点を当てており、ラテンアメリカの現実は考慮されていない。データを管理、活用するための万能薬として提案された技術プラットフォームに投資したにもかかわらず期待した成果が得られないことに対し、企業が**データガバナンス**の取り組みの非効率さに不満を抱くことが、ますます多くなってきている。

---

[17] 10 Reasons Why Your Organization Still Isn't Data Driven https://bit.ly/3wScRcT

仮説：包括的な**データ戦略**の欠如が、**データマネジメント**の導入において効果的な結果を得る妨げになっている。

研究のタイトルは「*Situacion de la Gestion de Datos y su Vinculacion con la Estrategia de Datos en America Latina*（ラテンアメリカにおける**データマネジメント**の現状と**データ戦略**との関係）」である。この研究は UPAEP 大学と、**データ戦略**および**データマネジメント・オペレーティングモデル**に特化したコンサルタント会社である SEGDA 社との共同研究である[18]。

2022 年に初めて実施されたこの調査は、ラテンアメリカにおける**データマネジメント**の成熟度がどのように認識されているかを追跡するもので、毎年繰り返される予定である。もちろん、ラテンアメリカにおける**データ戦略**と**データマネジメント**に関するこの初めての調査は、この地域の国々にとって興味深いものだ。世界の他の地域の人々にとっても、**データ戦略**の指針となるこの調査結果は有益だろう。特に複数の国に事業部門を持つ組織、なかでもこの地域で現在ビジネスを展開している、あるいは今後展開が期待される企業にとってはなおさらである。以下は、調査結果の要旨である：

- この初年度は、回答数が 126 件と良好であった。回答が多かったのは、メキシコ（40%）、コロンビア（14%）、アルゼンチン（8%）、チリ（8%）、ペルー（8%）、エクアドル（7%）。残りの 15%は 7 カ国で構成されている。

- 回答が多かったセクターは、金融（25%）、政府（17%）、情報技術（12%）で、教育、コンサルティング、保険、電気通信、小売、エネルギー、農業がこれに続いた。

- 回答者は主にデータ関連部門のマネージャー（31%）、次いで IT マネージャー（13%）、ビジネス部門（11%）であった。回答者の内、組織の経営層（C レベルの役職）に就いているのは 10%ほどだった。

回答者は**データ戦略**の影響と、**データマネジメント**の実践が部分的または完全に実施された場合の**データ戦略**の利益について、2 つの自由解答式の質問に非常に丁寧に答えてくれた。

このバランスは**データ戦略**を持たないことによる複数のマイナス影響に対して、**データ戦略**を持つことのメリットを強く認識していることを示す。例えば孤立した取り組みや重複した取り組み、十分に活用されていないテクノロジー基盤への投資に伴う高いコストなどである。

---

[18] Situación de la Gestión de Datos y su vinculación con la Estrategia de Datos en América Latina https://bit.ly/3oM7Fnt

表 1 データマネジメントとデータ戦略に関するラテンアメリカの研究結果

ラテンアメリカの研究結果		
データ戦略	**データ戦略**は組織においてどの程度策定され、利用されているか？	**データ戦略**を策定中と答えた回答者が最も多かった（46%）。この数字はこのトピックへの関心の高さと、その重要性への認識を物語っている。この内 12%は、ビジネスとの連携が検討されていると回答しているが、**データマネジメント・アクティビティ**の優先順位付けに**データ戦略**を使用すると回答したのはわずか 9%、**データガバナンス**策定の優先順位付けに**データ戦略**を使用すると回答したのは 8%だった。回答者の 32%は、自組織に承認された**データ戦略**があると回答している。
フレームワーク	既存のリソースはどの程度知られているか？	この結果では DAMA のフレームワークがこの地域で最も広く知られていること（55%）が明確になっており、次いで DCAM が 22%、DMM（**データマネジメント成熟度モデル**[19]）が 11%である。興味深いのは、13%が**データマネジメント**のフレームワークを知らないと回答したことである。これはまだ普及活動が必要であることを示している。
効果的なデータガバナンスの阻害要因	**データガバナンス**を導入する際の主な阻害要因は何か？	多くの回答者が、データ関連の問題を解決するために**データガバナンス**の必要性を認識している。**データガバナンス**の取り組みに投資することに上級管理職の合意を得ることは難しいとの見方が広がっている。しかし**データガバナンス**導入の阻害要因として、**上級管理職**が納得していないことを挙げる回答者は 12%にすぎず、31%は**データガバナンス**に対する理解不足、20%は明確で包括的な**データ戦略**の欠如が主な阻害要因であると回答している。

---

[19] Data Management Maturity Model Introduction https://qr.paps.jp/YhTbk

ラテンアメリカの研究結果		
データマネジメント成熟度	成熟度はどの程度と認識されているか？	**データマネジメント分野**を1つずつ構築し始める組織が多い。しばしば規制上の圧力や情報交換の必要性が動機となっている。そのためセキュリティ、ストレージ、**データアーキテクチャ**は、他の分野よりも成熟していることが多い。しかし全ての分野を明確にする必要性が認識されており、**データガバナンス**の成熟度は4番目に高い。意外なのは**データ品質**の優先順位が8位、**メタデータ**が9位であることだ。
データカルチャー	データマネジメントに対する理解はどの程度広まっているのか？	回答者の44%は組織内でのデータの重要性と、その適切な管理を広めることの重要性を認識している。しかし**データマネジメント**とその重要性を説明する共通言語を持っていると回答したのはわずか8%だった。後者は31%が**データガバナンス**の導入を成功させるための主な阻害要因は、**データガバナンス**に関する知識の欠如であると答えていることを裏付けている。このことはラテンアメリカ地域において、**データマネジメント**の教育プログラムをまだ強化する必要性があることを物語っている。
データ分析	データマネジメントとの関連は？	回答者の32%が、組織内で確立された分析が実践されていると認識していると答えた。しかしその実践が完全に導入され、組織全体で運用されていると回答したのはわずか10%であった（データ指向の組織の指標）。後者の回答者の50%は、情報モデルが戦略目標の達成に貢献することを示す証拠があると答えた。注目すべきは回答者の31%が、組織において**データマネジメント**と**データ分析**がリンクすると回答したことである。8%のケースでは両業務を同じ人物が率いている。

ラテンアメリカの結果は New Vantage Partners が2021年に実施したエグゼクティブ向け調査結果と非常によく似ており、少なくとも**データ戦略**の存在については同様である（ラテンアメリカの32%対 New Vantage Partners のスタジオの30%）。効果的な**データガバナンス**を実施する上での主な障害について尋ねたところ、30%が**データガバナンス**と**データ戦略**の両方に対する理解不足（より多くのトレーニングが必要という意味）と回答した。**データ戦略**の欠如は

回答者の 20%が報告した主な障害であった。これらの結果は、**データマネジメントとデータガバナンス**に携わる人々が**データ戦略**の策定と活用を学ぶことが有益であることを示唆している。

1.3.　良い出発点：戦略とは何か？

まず定義から始めよう：戦略とは何か。それはゲームに勝つために必要なものと言ってもよい。子供の頃の一番の思い出は、父との三目並べ（〇×ゲーム）。好きだったが勝てないのはとても悔しかった。そんなとき、父は私にこれまでとは異なる戦略を教えてくれた。今ではルールさえ知っていれば誰でもゲームをすることはできるが、勝つためには戦略、練習、そして訓練が必要だと気づいた。

私のコンサルタントとしての最初のプロジェクトは、大手の老舗エンターテインメント企業だった。彼らは、**データ戦略**を定義するためにさまざまなコンサルタント会社と仕事をしていたが、その結果は満足できるものではなかった。そこで私の最初の仕事は、彼らの**データ戦略**を定義する手助けをすることだった。その時点で私が目にしたものが**データ戦略**でないかどうかを見分けることはできたが、効果的な**データ戦略**がどのようなものであるべきか分からなかったので、研究を始めた。**データ戦略**とは何か、なぜ**データ戦略**を持つことが重要なのかを教えてくれる興味深いタイトルの本や記事をいくつか見つけた。しかし私が必要としていたのは、自分が**データ戦略**を作成する際に役立つものだった。

*戦略*という言葉は軍事的な起源を持つが、その使われ方は時代と共に拡大してきた。1960 年代半ばに、Igor Ansoff によって初めてビジネスに適用された[20]。ケンブリッジ辞典によると、*戦略*とは「戦争、政治、ビジネス、産業、スポーツなどの状況において成功を収めるための詳細な計画、またはそのような状況を計画するスキル」である。DAMA によれば、戦略とは「問題解決や目標達成のための方向性を定めアプローチを定義する一連の意思決定」である（DAMA International, 2010）。

私は皆さんが自分で見つけることができる定義を紹介するつもりはない。その代わりに私の注意を引いたものや、本書のパート 2「**データ戦略サイクル**」のコンテキストを形作るものに焦点を当てる。なおこのサイクルは、**データ戦略 PAC メソッド**の中で実行に特化したコンポーネントとなっている。

---

[20]ロシア系アメリカ人の数学者 Igor Ansoff がビジネスにおける「戦略」という言葉を生み出した。https://bit.ly/3yXtlDe

私が注目した最初の定義は、Rich Horwath によるものだった：「戦略とは願望ではない。戦略はベストプラクティスではない。戦略とは目標を達成するための独自の活動システムを通じて、**リソースを合理的に割り当てること**である」[21]。この定義はデータの世界にも適用できる。私は最終的にあるべき姿や採用すべき業界標準やベストプラクティスを記述した**データ戦略**を見たことがある。それでもあるべき姿に到達するために、実施すべきことに優先順位を付けたり担当者を決めたりしなければ、それは本当の戦略とは言えない。

Peter Aiken と Todd Harbour が優れた定義を提唱している：「戦略とは、組織にとっての**最上位のガイダンス**であり、**明確な目標達成**のための活動に焦点を当て、一連の決定や不確実性に直面した時に方向性と具体的なガイダンスを与えるものである」。このコンセプトは**データ戦略**の定義にも自然に通じる：「**データ戦略**とは組織にとっての最上位のガイダンスであり、明確な**データ目標の達成**のためのデータ関連活動に焦点を当て、一連の決定や不確実性に直面した時に方向性と具体的なガイダンスを与えるものである」（Aiken & Harbour, 2017）。

著名なデータ戦略家である Donna Burbank は、「**データ戦略**には、**ビジネス戦略に内在するデータのニーズを理解すること**が必要だ」と述べている（DATAVERSITY, 2021）[22]。この見識は**データ戦略**を定義する際にどこから始めるべきかを明らかにする。それは最初にビジネスニーズを理解することだ。これは当たり前のことに聞こえるかもしれないが、多くの組織で**ビジネス戦略**が公表されていなかったり、広く知られていなかったりする。しかし**ビジネス戦略**が存在しないわけではない。どんな組織にも、それがどんなに基本的なものであっても戦略はある。しかし 1 人の人間の頭の中、あるいは限られた人の頭の中にしか存在しないこともある。**データ戦略**を定義するためには、データにおけるビジネスニーズを理解することが不可欠である。そのニーズを表現することは容易ではなく、要件や優先順位の付け方について合意を得ることも容易ではない。

Ian Wallis は、**データ戦略**の守りと攻めの違いについて論じている。例えば多くの組織はコンプライアンス要件を満たすために守りの観点からスタートする。**データマネジメント**の実践が成熟するにつれて攻めの姿勢に転じる組織も現れて、**データマネジメント**を通常業務の一部として扱う。この変化によってデータから価値を得ることができるようになる（Wallis, 2021）。

2022 年 5 月のインタビューで**データマネジメント**の第一人者である Bill Inmon は、戦略と**データアーキテクチャ**の関係についての理解を披露した（インタビューの全文は本章の最後を参照）：

---

[21] Strategic Thinking Institute https://www.strategyskills.com/what-is-strategy/

[22] https://www.linkedin.com/in/donnaburbank/ Global Data Strategy https://globaldatastrategy.com/

「あなたが船に乗っているとしよう。そして太平洋の真ん中にいる。戦略はあなたが船を意味のある方向に導く必要があることを教えてくれる。そうでなければ目的地にたどり着くことはできない。

データアーキテクチャはコンパスや地図のようなものだ。**データアーキテクチャ**があれば、自分がどこに向かっているのかが分かる。

舵を取る戦略と正しい進路を示す地図とコンパスの**両方**が必要だ。地図がなければ自分がどこに向かっているのか分からない。」

データ戦略について議論する際にはまず横断的に考え、組織のユニット（全ての事業部門、全社支援を行う財務、法務、コンプライアンス、人事、IT など）を考慮しなければならない。この水平方向視点はビジネスクエスチョン、データに対する問題点、動機を特定し、優先順位を付けるのに役立つ。次に連携するビジネスユニットを選択する際には、垂直方向の考えとして、関連するビジネスプロセス、データドメイン、データソース、そして関連する戦略的施策を特定する必要がある。これらの異なる視点は組織とそのニーズの地図を提供する。**データ戦略**は**データマネジメント**と**データガバナンス**に関する期待値を管理するための具体的な方法を提供する（これらの概念を理解していない人が多いため）。**データ戦略**は最初に何をすべきか、どの組織単位と連携するか、そしてどのデータ、プロセス、レポートを対象とするのかを明確にするのに役立つ。

組織によって、**データ戦略**を定義するスコープは異なる。新しいテクノロジーの導入に重点を置く組織もあれば、データの取得に重点を置く組織もある。全社的な視点で策定する場合もあれば、特定の部門に焦点を当てる場合もある。私の提案は、組織横断の代表者たちによって定義される**全体的なデータ戦略**から始めることである。このグループは組織の各部分におけるビジネスとデータ関連の問題を理解していなければならない。

全体的なデータ戦略は、組織とそのデータの水平方向の視点を提示する。この視点を確立した上で垂直方向に目を向ける。戦略的ビジネス目標を選び、その目標をサポートするさまざまな**データマネジメント**機能の戦略（**データガバナンス戦略**、**データ品質戦略**、**データアーキテクチャ戦略**、および関連する **IT 戦略**など）をドリルダウンする。このようにして一連の**データ戦略**群が作成される。それぞれが特定の焦点とスコープを持つが、全体的な**ビジネス戦略**や共通の目標とのつながりにより全てが関連を持っている。このアプローチについては第 3 章で説明する。

以上のことを念頭に置いて私は次のような定義にまとめた。今後この本全体を通してこの定義を使用する。

データ戦略とは、組織においてデータ関連のゴールを達成しビジネスの戦略的目標の実現に貢献するために、リソースを合理的かつ統合的に活用する方法を示す最上位のガイダンスである

1.4. データ戦略に何を期待すべきか？

初めて**データ戦略**に取り組んだ時、**データ戦略**には何が含まれるべきかを調べた。合意された標準的なものはなかった。いくつかの文献では**データ戦略**には 5 つ以上の核となる要素があると論じており、これらの要素はデータの取得、統合、保護、保管、処理、分析の方法に関連している。またツールの側面や、データとツールのオーナーシップを含むものもあった。**データ戦略**フレームワークの中にはデータ関連のプラットフォームやソフトウェアツールが起源となっているものもあり、**データ戦略**を非常にテクノロジー指向なものと捉えている。そのため多くの組織でこの種の戦略が見られるのは驚くべきことではない。最近の研究はこのアプローチを明確にするのに役立っている。Peter Aiken と Todd Harbour は、**データ戦略**の 5 つの重要な要素について論じている。それはデータのビジョン、データのゴール、データの目標、支援戦略、重要施策である（Aiken & Harbour, 2017）。Ian Wallis は、**データ戦略**は構造化データと非構造化データの活用を含む**データマネジメント**をカバーすべきであると主張する（Wallis, 2021）。Wallis はまた、データ戦略の一部としてレポーティング、分析、洞察、知識マネジメントも考慮に入れている。Michelle Knight は十分に練られた**データ戦略**のコンポーネントについて述べている（Knight, 2021）：

- 強固な**データマネジメント**ビジョン
- 強力なビジネスケース／理由
- 指針となる原則
- よく考慮されたデータのゴール
- 進捗と成功の評価尺度と測定方法
- 短期および長期の目標
- 適切に設計され理解された役割と責任

これは**データ戦略 PAC メソッド**が**データ戦略**を構築する際に考慮することとよく似ている。**データ戦略**は、ビジネス目標をサポートするためにどのようなデータが必要で、どのような順序で、誰が行動を起こさなければならないかについて、組織内の全てのレベルが理解できるようにするための要素を、組織の最上位層に対して提示しなければならない。**データ戦略 PAC メソッド**では、**データ戦略**の主なコンテンツを以下の 6 つのコンポーネントに分類する：

1. **ビジネス戦略**との整合性
2. 必要なデータ
3. **データマネジメント・プログラム**を持つ根拠

4. データ原則
5. 優先順位付け
    - ***データガバナンス・ケイパビリティ***
    - ***データマネジメント機能***
    - 組織体制
    - 重点分野
    - KPI
6. パートナー

1. **ビジネス戦略との整合性**

   データは戦略目標や**データマネジメント**の動機（ビジネスの洞察や顧客行動の正確な情報を持つことなど）をどのようにサポートするのか。優れた**データ戦略**は**ビジネス戦略目標**の達成に貢献するために、どのような行動を、どのような順序で取るべきか伝える必要がある。なぜ**データガバナンス・チーム**が存在しなければならないのか、なぜ**メタデータマネジメント**のリードが必要なのか。通常これを組織のさまざまな部署の人々が理解することは通常難しい。そのためそれを示す方法があることが重要である。例えば**メタデータマネジメント**がどのように**データ品質**の向上、ひいては顧客体験の向上をサポートするのかなどである。

2. **必要なデータ**

   データ戦略はビジネス目標をサポートするためにどのようなデータが必要か、そのデータが組織内に存在するかどうかを特定しなければならない。例えば経営幹部が日常の業務中に尋ねるようなビジネスクエスチョンに答えるために必要なデータである。収益性の最も低い店舗の場所、収益性の最も高い顧客が利用する銀行商品、顧客がソーシャルメディアで共有した経験、コールセンターの需要と待ち時間などがその例である。最も高いレベルでは、**データ戦略**はガバナンスとマネジメントの対象とするデータドメインやデータエンティティを特定し、優先順位を付ける。具体的なデータセットやデータエレメントの特定は、**データ品質**などの**データマネジメント**の各分野に関する戦略に取り組む際に後から行う。

3. **データマネジメント・プログラムを持つ根拠**

   なぜデータが必要なのか。データは**ビジネス戦略目標**やデータに関連する問題点に対してどのように貢献するのか。**データマネジメント・プログラム**の実行を開始するため、あるいは**データドリブン**組織になるためには、基本的な動機とより良いデータを扱うことのメリットを特定する必要がある。組織全体に広める必要がある望ましいデータ関連の行動（例えば**データ品質**の問題を報告する、機微なデータ項目を使用することの倫理

的影響を考慮する、データを共有する意欲を持つなど）も、データに関する全ての問題点と共に説明する必要がある。

4. **データ原則**

組織が従うべき原則を定義することは、**データ戦略**の中核をなす要素である。Håkan Edvinsson によれば、原則を定義することを怠ると個々のルールへの過度な依存を招き、その結果**データガバナンス・プログラム**が失敗する原因になることが多いという。Håkan Edvinsson は**データガバナンス**に対する非強制的アプローチ（Edvinsson H., 2020）の中で、ルールを強制する代わりに原則によって統制することを推奨している。

5. **優先順位付け**

戦略とは「リソースの合理的な割り当て」であるため、優れた**データ戦略**は**データガバナンス・ケイパビリティ**と**データマネジメント**機能に優先順位を付けなければならない。優先順位の高い要素は正式に取り扱われることになり、体系的に管理される。何を最優先でガバナンス対象とするべきかを理解していないと矛盾を引き起こす恐れがあるため、データ関連のアクションに優先順位を付けることは**データ戦略**の成功に不可欠である。優先順位を付けなければならない主な点は以下の通り：

   a) **データガバナンス・ケイパビリティ：データガバナンス**は**データマネジメント**の中核機能である。**データガバナンス**は他の分野（**データアーキテクチャ、データ統合、データ品質**など）を統括し、組織的なケイパビリティ（原則の設定、用語集の管理、役割の管理、進捗状況の伝達、KPI ダッシュボードの作成など）を強化する役割を果たさなければならない。必要なケイパビリティを理解する最良の方法は、正式な**データマネジメント成熟度モデル**（第 2 章を参照）が推奨するケイパビリティに従うことである。これらのケイパビリティはさまざまな**データ戦略**（**データマネジメント戦略、データガバナンス戦略、データ品質戦略**など）のスコープを結びつけるものだ。（第 3 章と第 5 章を参照）。

   b) **データマネジメント機能：データマネジメント**は、あらゆるデータ関連施策の基礎である。ほとんどの組織が何らかの**データマネジメント**を実践している。もしそうでなければ、組織は運営できない。しかしこのような実践方法は、多くの場合正式に管理されていないか、その管理方法が正式に明文化されていない。したがって**データ戦略**の本質的な要素は、必要な**データマネジメント**機能とその優先順位を正式に明文化することである。

   c) **組織体制：データ戦略**の第一の目的は、リソースの割り当てに優先順位を付けることである。この問題で重要な点は、プロセスを開始するにあたって必要な役割と管理組織を決定することである。組織が**データマネジメント・プログラム**を開始する場合は、スモールスタートが可能だ。リーダー、ポリシー編集者、メ

タデータマネジメント・リーダー、**データ品質**アナリストからなる**データガバ
ナンス**のコアチームから始めることができる。データ関連事項をレビューし議論
するにあたっては、多数の評議会を設置するよりも、当初は既存の統制の仕組み
を利用することの方が効果的だ。その後、成熟度が高まるにつれて、正式な**デー
タガバナンス**評議会を常設機関として立ち上げればよい。データスチュワード
シップについても同様のアプローチを取ることができる。初年度は一部の兼任担
当のデータスチュワードグループから始め、徐々にさまざまなビジネスユニット
の兼任担当のデータスチュワードを増やしていく。最終的には必要に応じて、
データスチュワードまたはスチュワードシップコーディネーターの専任チームへ
と移行する。

d) **重点分野**：データマネジメントの実践は単にケイパビリティを確立し開発すれ
ばよいという問題ではない。**データ戦略**では統制するさまざまな組織単位や事業
部門の優先順位を明確にしなければならない。また何を統制するのか（どのデー
タエンティティやドメイン、レポート、プロセスなど）を具体的にしなければな
らない。理想的にはこれらの重点分野は、データを活用し、ビジネス目標に貢献
する戦略的施策につながる。

e) **KPI**：最後にどの程度上手くいっているのか、どの程度効果的に機能しているの
か知る必要がある。**データ戦略**の各段階と優先順位を付けた各要素について、優
先順位を付けた**データマネジメント**機能の進捗を評価尺度と KPI を用いて報告
する必要がある。KPI のスコープと対象と複雑さは時間と共に変化するので、優
先順位を付けて何を測定するか決定する必要がある。

6. **パートナー**
データガバナンスやその他の**データマネジメント機能**の戦略を説明する際には、他の
チームや組織単位がどのように戦略実行チームと連携できるかを考慮に入れることが重
要だ。**データ戦略**の定義と実行に主要な参加者を関与させることは不可欠である。各
データ戦略において、その関連性を明示的に記述する必要がある。

🔆 1.5. キーコンセプト

データ戦略とは、組織においてデータ関連のゴールを達成しビジネスの戦略的目標の実現に貢
献するために、リソースを合理的かつ統合的に活用する方法を示す最上位のガイダンスである

1.6. 覚えておくべきこと

1. 組織が**デジタルトランスフォーメーション**や**データドリブン・トランスフォーメーション**を成功させるためには、正式かつ明文化された**データマネジメント**の実践が必要である。

2. ルールを説明されれば、誰でもどんなゲームにも挑戦することができる。しかし優れた戦略と継続的な訓練があって初めて成功することができる。**データマネジメント**のゲームも同じである。**データドリブン**として成功するためには、優れた戦略と継続的な訓練が必要である。

3. **データガバナンス**は他の**データマネジメント**機能を明確にするための中核的な**データマネジメント**機能である。**データ戦略**の存在は、効果的で成功する**データガバナンス**の実践につながる。

1.7. データ戦略に関するインタビュー

専門家にインタビュー：Bill Inmon[23]

データウェアハウジングの父と呼ばれる Bill Inmon は、優れたデータアーキテクトであり、30冊以上の著書を持つベストセラー作家であり、世界初のテキスト ETL ソフトウェアを開発した Forest Rim Technology の創設者、会長兼 CEO である。

データインテリジェンス・コンサルタントとして、また最近ではテキスト分析の世界でも豊富な経験をお持ちだと思いますが、担当した顧客組織において、データ関連業務を導き、ビジネス戦略に対応するための横断的なデータ戦略が適切に定義されていることは、どのくらいあるのでしょうか？

残念ながらそう多くはない。ほとんどの組織はベンダーによって技術的に導かれている。ベンダーが良いアドバイスや良い方向性を示してくれる場合もある。しかしほとんどの場合、ベンダーが与えるアドバイスは、単に売上を上げるための仕掛けにすぎない。ベンダーが助言を与えるときは「その助言は誰のためになされているのか？」と、必ず確認すべきだ。ほとんどの場合、ベンダーは単にそのベンダーが売っているものをもっと売ろうとしているにすぎない。

---

[23] https://www.linkedin.com/in/billinmon/ https://en.wikipedia.org/wiki/Bill_Inmon

データドリブン・トランスフォーメーション施策の成否におけるデータ戦略の役割は何だと思いますか？

組織にとっての**データ戦略**は、フットボールチームにとってのクォーターバックのようなものだ。優秀なクォーターバックが指揮を執らなければ、チームは遠くへボールを運ぶことはできない。データアーキテクチャの実装を成功させるには、多くの側面と多くの問題がある。**データ戦略**担当者は幅広い知識を持ち、多様な問題に対応できる必要がある。**データ戦略**が適切に定義されたデータアーキテクチャと結びついた時、組織は進むべき方向を知ることができる。

データ戦略と適切に定義されたデータアーキテクチャは、大海原を進む船のようなものだ。目的地が決まっていないのであれば、どんな舵の切り方でもかまわない。しかし戦略とデータアーキテクチャがあれば、例え太平洋の真ん中であっても、組織にはどう舵を切るべきかが分かっている。

あなたの視点から、誰がデータ戦略の作成と維持を推進すべきであり、どのステークホルダーがこのプロセスに参加する必要があると思いますか？

全ての本質はビジネス価値である。ビジネス価値がなければ、他の全てが崩壊する。したがって戦略プロジェクトに参加させるべき第一の人物は、最終的なエンドユーザーである。多くの場合、**データ戦略**担当者は**データ戦略**とビジネス価値の向上を結びつけるのに苦労する。これは問題があることを示す明確な兆候である。どのような場合でも、**データ戦略**とビジネス価値の向上の間には強い結びつきが必要である。

新たに任命されたデータガバナンス・リードが、成功するデータマネジメント・プログラムの基盤として包括的かつ横断的なデータ戦略を構築することの重要性について、上級管理職に認識を促し賛同を得るためには、どのようなアプローチを推奨しますか？

さまざまな問題点は企業で最もモチベーションを高める要因となる。問題はたくさんある。過去の失敗による問題もある。しかしそれらの全ては、新規顧客の開拓、既存顧客の維持、収益の拡大などの、市場での失敗に起因する問題だ。だからプロジェクトを軌道に乗せるための最善の戦略は問題を見つけ、その問題を軽減する方法に取り組むことなのだ。

2. データマネジメント成熟度モデル：データ戦略の鍵

成熟とは...物事を自然に進行させることだ。

Carolyn Heilbrun

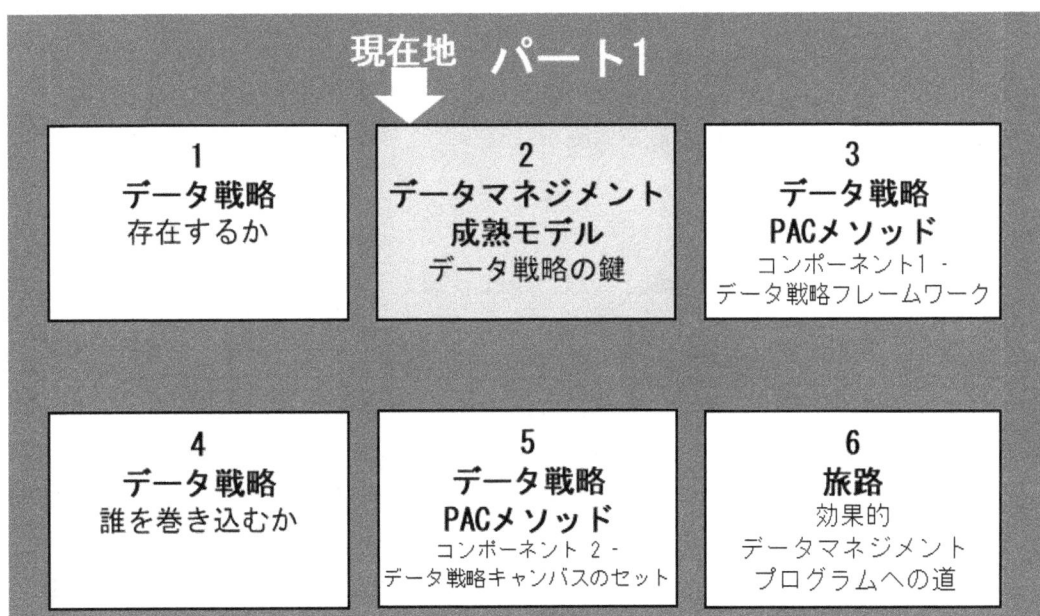

現在地　パート1

1 データ戦略 存在するか	2 データマネジメント 成熟モデル データ戦略の鍵	3 データ戦略 PACメソッド コンポーネント1 - データ戦略フレームワーク
4 データ戦略 誰を巻き込むか	5 データ戦略 PACメソッド コンポーネント 2 - データ戦略キャンバスのセット	6 旅路 効果的 データマネジメント プログラムへの道

2.1. データマネジメント成熟度モデルの利点

データマネジメント成熟度モデルが**データ戦略**にとって重要な理由を説明する前に、まず**成熟度モデル**とは何かを理解する必要がある。**成熟度モデル**は特定の分野のプロセスを実行する人々の能力と有効性を測定するために、1970 年代半ばから存在している。成熟度モデルが最初に定義されたのは、コンピュータの普及に伴って増加したソフトウェア開発の問題を解決するためだった。最初の段階的成熟度モデルは、Richard L. Nolan によって開発され、彼は 1973 年に「**段階的成長モデル**」を発表した。Watts Humphrey は、1986 年にプロセス成熟度モデル概念

の定義を開始し、1988 年に発表した[24]。**ビジネスプロセス・マネジメント**の観点では、成熟度モデルは組織の進化が段階的にケイパビリティを高めながら、論理的な道筋に沿って予測可能なパターンで進行するという前提に立っている[25]。特定の分野が進化する際の段階という概念と、各段階が特定の定性的および定量的な特徴を持つという考え方は、**データマネジメント**にも適用されている。組織が**データマネジメント・ケイパビリティ**を向上させることが何を意味するのか、またこれらのケイパビリティを構築するにあたって、その進捗度合をどのように測定するのかを説明するために、いくつかのモデルが開発されている。

データマネジメント成熟度モデルは**データマネジメント**の各分野（**データガバナンス**、**データ品質**、**データアーキテクチャ**など）において、組織がある時点でどのような状態にあるかを評価するのに役立つだけでない。組織におけるデータの扱い方について、あるべき姿に導くためのロードマップを定義するためのガイドとして使用でき、また使用すべきものである。これらのモデルは次のような目的で使用できる：

- 現状を把握し、組織の成熟度レベルを診断する
- あるべき姿と対比した既存のギャップを特定する
- 成熟度の進捗度を定義する
- 各段階で期待されることを明確にする（後回しにすることも含む）

データマネジメント成熟度を評価するには 2 つの方法がある。現状をどのように認識しているかを尋ねる方法と、成熟度の証拠を収集する方法である。前者は通常、さまざまな組織単位のステークホルダーに対してアンケートに回答してもらうことで行われる。気を付けたいのは、回答者が評価した分野（**データガバナンス**、**データ品質**、**メタデータマネジメント**など）にどの程度関与しているかによって結果が異なるということだ。後者の方法は、どのような**データマネジメント**のプロセスが、どの程度で実行されているかを示す情報（ドキュメント、プロセス、成果物、電子メール、議事録など）を収集することである。この証拠そのものも解釈が必要となる。

データマネジメント成熟度モデルを一貫して継続的に使用することで、多くの利益を得ることができる。**データ戦略**を定義する時、**データマネジメント成熟度モデル**は以下のことに寄与する：

---

[24] Capability Maturity Model の歴史 https://bit.ly/3uHZ6xg. ソフトウェアエンジニアリング協会は 1987 年にソフトウェアの 5 段階能力成熟度モデルを開発した。これは CMM Integration™（CMMI）に進化したが、依然としてソフトウェア開発に重点が置かれている。その後、さまざまな分野に適用されるいくつかのモデルが登場した。

[25] Maturity Models in Business Process Management https://bit.ly/302XuF6

- **共通理解**：第1章では、**データ戦略**は**データマネジメント**に対する期待値を管理するのに役立つと述べた。これには成熟した**データマネジメント**の実践に関する合意の確立が含まれる。**成熟度モデル**はこの理解に寄与する。各成熟度段階を満たすためにはどのような証拠があるべきかを、明確に定義するからである。

- **標準化されたプラクティス**：**データマネジメント成熟度モデル**に従う場合、必要なケイパビリティを新たに考案する必要はない。必要とされるケイパビリティは、さまざまな分野の実務家の経験とベストプラクティスに基づいて定義され、標準化されている。ケイパビリティをサポートするために使用される成果物、テンプレート、ツールをカスタマイズする余地はあるが、必要なもののほとんどをモデル自体が定義している。

- **ロードマップの指針**：**データ戦略**がデータ関連のアクションに優先順位を付ける最上位の定義であるとすれば、必要なケイパビリティを示すガイドも依然として求められる。各成熟度レベルで示されるケイパビリティは、ロードマップや運用計画における組織固有のマイルストーンの基盤となる。

- **期待値管理**：期待値が伝わらなかったり満たされなかったりすると、どのような関係においても対立が生じる可能性がある。**データマネジメント**における典型的なシナリオは、**データマネジメント**の意味を明確に理解していないことである。**データマネジメント成熟度モデル**は、各機能の成熟度レベルにおける期待値を明確に示す。したがって**成熟度モデル**は、**データマネジメント**実装の各段階で何を達成すべきかを示すことによって、期待値を明確にし、管理することに寄与する。

- **チームの調整**：各フェーズでどのようなケイパビリティが確立されるべきかを明確に表現することは期待値の管理に役立つだけでなく、プロセスに関与する多様なチーム間でこれらのアクティビティを整合させ、調整することを可能にする。

- **監査時のサポート**：外部監査は規制の厳しい分野（金融、保険、医療など）では常に実施される。**データガバナンス**は監査における共通のテーマとなりつつある。**データマネジメント成熟度アセスメント**で特定された弱点を認識し、それをいつまでに解決するのかをロードマップで示すことは、一般的に監査において肯定的な評価を得る要因となる。

2.2. 成熟度モデルのオプション

データマネジメントの各側面に適用される成熟度モデルがいくつか開発されている（表 2 参照）。私が最もよく知るモデルは DCAM である。バージョン 2.2 のスペイン語への翻訳を手伝ったこともあり、それについて深く研究した。DCAM は**エンタープライズ・データマネジメント評**

議会のメンバーによって 2014 年に初めて定義された。**EDM 評議会**は 2005 年に設立された非営利団体で、データと分析管理の実践を高め、データの専門家の役割を支援することを目的としている[26]。企業の会員制によって運営されている。**データマネジメント**と分析の研究、ベストプラクティス、標準、トレーニング、教育に関する業界の協業を促進している。当初は金融機関を中心に発足したが、現在では世界中の幅広い業界や規制当局を代表する 300 を超えるメンバーが加盟している。

初版の執筆者はほとんどが金融業に属していた。彼らの目的は**データマネジメント**のベストプラクティスを集めることであり、これは 2008 年の金融危機後にバーゼル銀行監督委員会が発表した BCBS239（実効的なリスクデータ集計とリスク報告に関する原則）の勧告に準拠するためであった[27]。

DCAM は組織における**データマネジメント**の実装をガイドすることができる。DCAM には信頼できるデータを取得し、生成し、取り扱い、維持するために必要なケイパビリティとアクティビティが記載されている。これには強みと弱みの測定と評価も含まれる。最も重要なのは、**データ戦略**の基盤として必要なケイパビリティを確立するために、マイルストーンに基づく導入ロードマップを定義することである。

表 2 利用可能なデータマネジメント成熟度モデル

名称	略語	著者	初版	最新版
エンタープライズ・インフォメーションマネジメント成熟度モデル[28]	EIMM	Gartner グループ	2008	2016
データマネジメント成熟度モデル[29]	DMM	CMMI 研究所	2014	2022 年 1 月 1 日に ISACA により廃止され、CMMI モデルに統合された

---

[26] EDM 評議会 https://edmcouncil.org/

[27] BCBS 239 https://bit.ly/3csR5Gt

[28] Gartner による EIM 成熟度モデルの紹介 https://bit.ly/3zbo4aS

[29] データマネジメント成熟度モデルの紹介 https://qr.paps.jp/YhTbk

名称	略語	著者	初版	最新版
研究データマネジメントのためのケイパビリティ成熟度モデル[30]	CMMRDM	シラキュース大学	2014	
データマネジメント・ケイパビリティ・アセスメントモデル[31]	DCAM	エンタープライズ・データマネジメント評議会	2014	バージョン 2.2 2021年10月リリース
アラルコスデータ改善モデル[32]	MAMD	アラルコス研究グループ、スペイン・カスティーリャ＝ラ・マンチャ大学	2018	バージョン 3.0 2020年5月発行

DCAM2.2（図 8）は 7 つの主要コンポーネントとオプションのコンポーネント（分析管理）から構成される。各コンポーネントにはケイパビリティとサブケイパビリティが含まれる。それぞれには明確な目標と、ケイパビリティまたはサブケイパビリティ達成の証拠となる成果物が提示されている。8 つのコンポーネントには 38 のケイパビリティ、136 のサブケイパビリティ、488 の目標が含まれる。

---

[30] 研究データマネジメントのためのケイパビリティ成熟度モデル https://surface.syr.edu/istpub/184/

[31] EDM 評議会 DCAM https://bit.ly/3PDW5Gw

[32] アラルコスグループ MAMD 3.0 https://bit.ly/3aOucN2

Copyright © 2021 EDM Council

図 8 DCAM 2.2 フレームワーク

ほとんどの成熟度モデルは、測定するプロセスにかかわらず、CMMI によって最初に定義され DMM に含まれる、以下の成熟度レベルを使用している（2.2節参照）：

1. Performed　　実施されている
2. Managed　　　管理されている
3. Defined　　　定義されている
4. Measured　　測定されている
5. Optimized　　最適化されている

DCAM はこの5レベル形式には従っていない。DCAM には6つの成熟度レベルがある（図9）：

1. **開始前**
   ケイパビリティ／サブケイパビリティが確立されておらず、その必要性が認識されていない。見られるのは場当たり的な取り組みのみである。

2. **概念的**
   ケイパビリティ／サブケイパビリティは存在しないが、その必要性は認識されている。これについてはさまざまなフォーラムで議論されている。

3. **開発中**

   ケイパビリティ／サブケイパビリティを開発中である。

4. **定義済**

   ケイパビリティ／サブケイパビリティは直接関係するステークホルダーによって定義され、検証されている。

5. **達成済**

   そのケイパビリティ／サブケイパビリティは組織全体にわたって確立され、理解され、各ステークホルダーがそれに従っている。このレベルでは達成した成熟度レベルを維持するための、さまざまなタイプの証拠となる成果物（プロセス文書、ポリシー、標準、電子メール、会議議事録など）が確認できる。

6. **定着済**

   ケイパビリティ／サブケイパビリティは通常業務の一部として確立され、継続的な改善プロセスが実施されている。

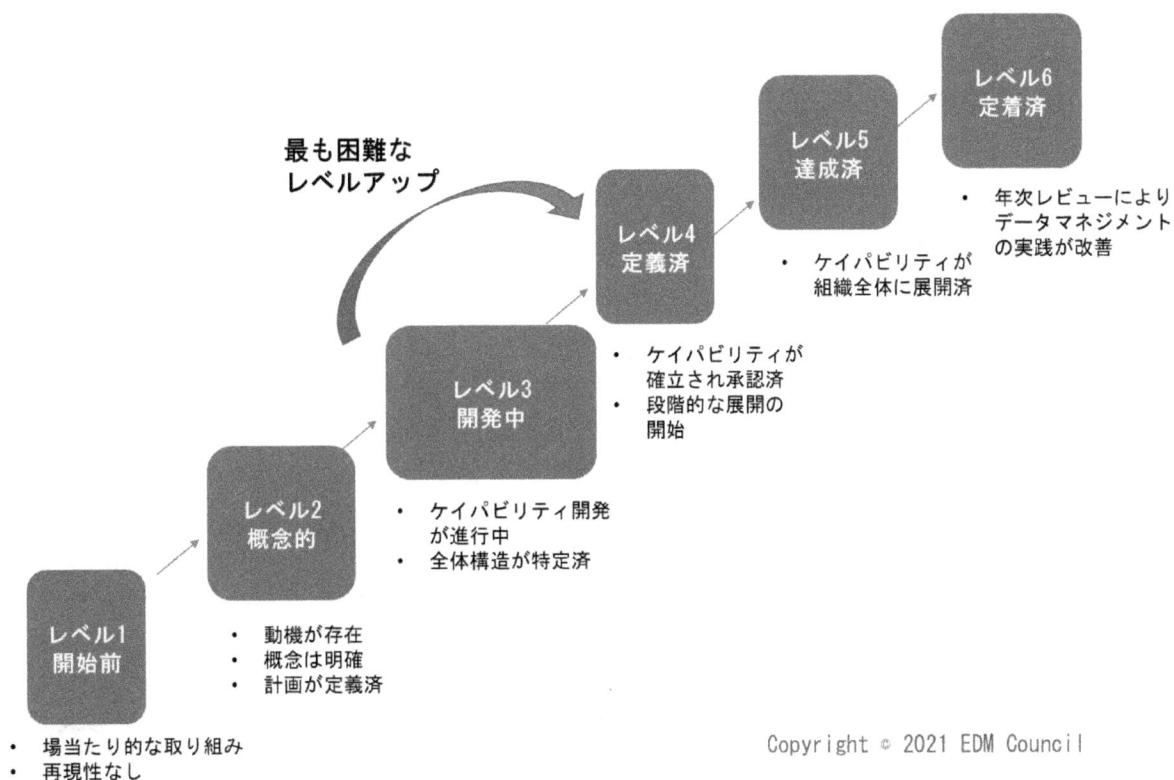

最も困難な
レベルアップ

レベル6
定着済
- 年次レビューにより
  データマネジメント
  の実践が改善

レベル5
達成済
- ケイパビリティが
  組織全体に展開済

レベル4
定義済
- ケイパビリティが
  確立され承認済
- 段階的な展開の
  開始

レベル3
開発中
- ケイパビリティ開発
  が進行中
- 全体構造が特定済

レベル2
概念的
- 動機が存在
- 概念は明確
- 計画が定義済

レベル1
開始前
- 場当たり的な取り組み
- 再現性なし

図 9 DCAM の成熟度レベル

私が DCAM で最も気に入っているのは、コンポーネント 1 の**データ戦略**とビジネスケースである。DCAM にとって**データ戦略**は**データマネジメント**を成功させるための基本である。DCAM では**デー**

タ戦略がなければ、**データマネジメント**の実装方法に関して明確な順序が決まらないことを認識している。DCAM2.2 によると「**データマネジメント戦略**とビジネスケースは、**データマネジメント**（DM）がどのように定義され、組織化され、予算化され、統制され、組織の業務に組み込まれるかを決定する」。**データマネジメント**には費用がかかり、そしてプロジェクトではない。それは確立され、維持されなければならない一連の機能である。それには年次の予算が必要だ。これこそが**データマネジメント**の中核となる基盤として**データ戦略**を持ち、事前にビジネスケースを定義することの重要性である。

データ戦略を定義することが**データマネジメント**の実践を導入するための最初のステップであることを考えると、**データマネジメント成熟度モデル**のケイパビリティは、**データマネジメント戦略**の中で説明される必要がある。**データ戦略 PAC メソッド**のためには、どのような**データマネジメント成熟度モデル**でも使用することができるが、DCAM は包括的でよく考え抜かれており、成熟しているので、本書では DCAM を参照する。

2.3. ケイパビリティベース成熟度モデルの妥当性

第 1 章で**データ戦略**とは、組織においてデータ関連のゴールを達成しビジネスの戦略的目標の実現に貢献するために、リソースを合理的かつ統合的に活用する方法を示す最上位のガイダンスである、と述べた。この定義の背後にある主となる考えは優先順位付けである。データエコシステムにまつわる実施すべきことのリストは非常に膨大であるため、焦点を当てるべき最も重要なことを識別するための手段が必要である。これまで**データマネジメント**が、他の施策の成功の基盤となり得ると述べてきた。大まかに言えば、**データマネジメント**は先進的な分析を成功させるための基盤である。したがって私たちはまず、開発し実装すべき**データマネジメント・ケイパビリティ**に優先順位を付ける必要がある。そのためにはまず、優れた成熟した**データマネジメント**の実践が何を意味するのかを明確にする必要がある。ここでケイパビリティに基づく**データマネジメント成熟度モデル**の参照が最も重要になる。

ケイパビリティとは「何かを行うことができるという性質または状態」（Merrian Webster Dictionary, 2022）であり、ごく簡単に言えば「何かを実行する能力」（Britannica Dictionary, 2022）を意味する。ケイパビリティと関連する成果物（文書、議事録、配布リストなど）が適切に定義されていれば、主観的な認識ではなく証拠に基づいた成熟度のレベルを評価することが容易になる。

ケイパビリティに基づく**データ成熟度モデル**には、次のようなメリットがある：

- 業界のベストプラクティスに基づいた、標準化されたケイパビリティが定義される。

- ケイパビリティで同業他社との比較が可能となる。

- ケイパビリティの定義により、組織内の**データマネジメント**の成熟度レベルの共通理解が可能になる。ある成熟度レベルから次の成熟度レベルへ移行するために何をすべきかが明らかかつ具体的となる。

- ケイパビリティ確立のための核となるマイルストーンにより、ロードマップの骨格を定義しやすくなる。そしてこれらの核となるマイルストーンを基に、ビジネス固有のマイルストーンを設定できる。

- モデルで説明されている証拠に基づき、進捗状況を客観的に測定できる。

- 私たちの目的のために、そして第5章で示されるように、ケイパビリティに基づいた**データマネジメント成熟度モデル**を使用することは、短期、中期、長期にどのケイパビリティを確立するのかの優先順位付けに役立ち、期待値の管理を可能にする。

2.4. キーコンセプト

データマネジメント成熟度モデルは、**データマネジメント**のさまざまな分野の進化を測定するための重要なツールである。

証拠に基づいて客観的に成熟度を測定するには、ケイパビリティに基づく**データマネジメント成熟度モデル**が推奨される。

2.5. 覚えておくべきこと

1. **データマネジメント成熟度モデル**は、データの扱い方についてあるべき姿に組織を導くロードマップを定義するためのガイドとして使用できる。

2. ケイパビリティに基づく**データマネジメント成熟度モデル**は、組織全体の優れた成熟した**データマネジメント**の実践に対する期待値を設定し、管理するのに役立つ。

3. **データマネジメント成熟度モデル**で扱われるケイパビリティは、**データ戦略**における優先順位付けのガイドとして、また**データ戦略**から派生するロードマップの骨格として機能する。

2.6. データ戦略に関するインタビュー

専門家にインタビュー: Melanie Mecca[33]

Melanie Mecca は、**エンタープライズ・データマネジメント・ケイパビリティ**を評価する世界的権威である。

DataWise Inc. の CEO であり、2022 年に「CDO Magazine」誌の「Leading Data Consultant」に認定された。**データマネジメント・アセスメント、データマネジメント・プログラム**のベンチマーキング、戦略的ロードマップを主導する比類ない専門知識と経験を有する。**データマネジメント・プログラム**の評価、設計、実施におけるリーダーシップにより、あらゆる業界のクライアントの成功を加速させている。

DataWise は**エンタープライズ・データマネジメント評議会** (Enterprise Data Management Council) のパートナーであり、**データマネジメント・ケイパビリティ・アセスメントモデル** (DCAM) の認定を受けている。ISACA/CMMI Institute の**データマネジメント**担当ディレクターとして、Melanie は**データマネジメント成熟度 (DMM) モデル**の監修者であり、これまでに 38 件のアセスメントを主導し、迅速なケイパビリティ導入を実現してきた。DataWise はケーススタディや数多くのチーム演習を活用した、詳細なインストラクター主導のコースを提供している。

DataWise はまた、組織向けに一連の e ラーニングコースを提供している。そのコースを通して、幅広いスタッフを対象に重要な概念と実践的なスキルを伝授し、組織の知識を高め、データカルチャーを確立し、協業を促進し、ガバナンスを強化する。ステークホルダーへの教育こそが、**データマネジメント**を卓越させる鍵だ！datawise-inc.com のサイトで"What GOOD Looks Like"をご覧いただきたい。

データマネジメント成熟度モデル（DMM モデル）の監修者であり、データマネジメント・プログラム構築のコンサルタントや実務家としての豊富な経験を踏まえてお聞かせください。ケイパビリティに基づくデータマネジメント成熟度モデル。そしてデータ関連業務の指針となりビジネス戦略に対応する、適切に定義された横断的なデータ戦略。この 2 つの関係をどのように考えますか？このようなタイプのデータ戦略を、あなたがこれまで関わってきた組織で見てきましたか？

データマネジメント・プログラムの確立または強化に着手する組織は、企業全体で包括的な**データマネジメント・アセスメント**を実施することをお勧めする。アセスメントにより現在の

---

[33] Melanie Mecca https://www.linkedin.com/in/melanie-a-mecca-1b9b1b14/

ケイパビリティを正確にベンチマークすることができ、組織の強みとギャップを確認し、進捗を加速することができるカスタマイズされた導入計画を策定することができる。

「**データ戦略**」という用語の使い方は組織によってまちまちだが、一般的にはテクノロジーのトランスフォーメーションを重視することが多い。私の経験では、組織全体の**データ戦略**には3つの主要なコンポーネントがある：

- **データアーキテクチャ** -（WHAT）データ要件を満たすために何を設計し、実装する必要があるのか（データモデル、データコンポーネント計画、移行計画など）。

- **データテクノロジー／プラットフォーム** -（HOW）データを取得、保管、配布するために組織が構築または購入するもの（エンタープライズデータ／共有データに重点を置く）。

- **データマネジメント** -（WHAT）データを構築し、維持し、管理するためにどのようなプロセスを運用する必要があるか。（WHO）そして誰が実施するのか - 人、役割、協業体制（ガバナンス）。

データマネジメントの観点から、私はクライアントに**データマネジメント戦略**を他と切り離した独自の取り組みとして策定するよう助言している。そうでなければ、ほぼ確実に軽視され、いわゆる「きらびやかなもの」（テクノロジー）、そしてある程度は目標とするデータアーキテクチャに埋もれてしまうだろう。

基本的にデータは<u>永遠</u>であり、それを<u>永遠</u>に効果的に管理する必要がある。それは**財務や人事**に似た恒久的な機能の確立を意味し、エグゼクティブのリーダーシップ、方針、プロセス、標準、人員配置、ガバナンスに支えられている。DMM も DCAM も包括的な**データマネジメント戦略**に基づき、横断的で広範かつ持続可能な**データマネジメント・プログラム**の開発を重視する。多くの組織はまだこの大規模な変革に取り組んでいない。そのためデータ中心の取り組みや導入はプロジェクト単位のままとなり、手戻りや重複作業によって非効率かつ高コストになりかねない。

データマネジメント戦略ではどのようなトピックを取り上げるべきか。最低限、以下を含むべきである：

- <u>ビジョン</u>の宣言（上記で説明した、いわば組織にとっての「データの理想郷」）と、それを達成することで可能となるデータ資産に関する全体的な概要とビジネス上の願望

- 中核となる<u>運用原則</u>。冗長データの最小化、データファースト設計、構築開始前の合理化など

- プログラムの<u>ゴール</u>。組織のビジネス上のゴールに沿ったもの

- 定義された<u>目標</u>。EDM プログラムのゴールを達成するため

- <u>データ資産のスコープ</u> - （上記で取り上げた） - **データマネジメント・プログラム**の中心となる上位レベルの<u>データドメイン</u>

- 主な<u>ギャップ</u> - データ資産と現状実践するマネジメントの概要。それに対し、それらがビジネスのゴールと目標を達成する上で引き起こすマイナスの影響の概要

- **データマネジメント**の<u>スコープ</u> - ビジネス目標を達成し、ギャップを是正するために必要な**データマネジメント**のビジネスプロセス（例：ビジネス用語集、データプロファイリング、データカタログなど） [34]

- <u>主要な成果物</u>。作成すべき方針、基準、プロセス定義など

- <u>ビジネス上のメリット</u> - 以下のような記載が必要

    o ユースケースへの対応 - 例：季節、地域、経済的要因、人口統計学的傾向などに基づいた商品の販売予測分析など

    o 改善事項 - 例：顧客サービス、規制遵守、商品開発など

    o 具体的なメリット - 例：保守コストの最小化、帳簿締に遅れる原因となる品質不良の削減、より迅速な開発による ROI 向上など

- <u>優先順位</u> - データドメインと**データマネジメント**・プロセスの優先順位はどのように決定され、どのような要因が関係するのか - 依存関係、ビジネス価値、戦略的施策との整合性、労力の大きさなど

- <u>ガバナンスの体制</u> - ガバナンスの役割、ガバナンス組織、およびそれらがどのように相互作用するかの概要レベルの説明

- <u>ビジネスの関与</u> -データの定義、構築、強化、データ資産の管理を行うために、データの担当者がどのように配置されるか

- <u>スタッフリソース</u> - 必要なリソースの見積もりや、新たに補充すべきポジション - **データマネジメント**組織、**チーフ・データ・オフィサー**など

---

[34] 完全なものを確認するためには、データマネジメント成熟度モデルの 25 のプロセス領域のリストとデータマネジメント知識体系ガイド（DMBOK）の知識領域を参照。DMM は基本的な EDM プラクティスに焦点を当てることに注意が必要。同時に、DMBOK にはソリューション領域（コンテンツ管理など）も含まれている。

- 評価尺度 － プログラム目標が達成されたことをどのように知るか、初期の概要レベルの進捗と構成プロセスの評価尺度を、戦略の中で設定する必要がある

- ベンチマーキング － ケイパビリティ開発と導入の客観的な測定を実施するために、組織がどのようなメソッドと**データマネジメント**のリファレンスモデルを採用するか

- そして最後に、しかし決して軽視できない － 数年単位で実施される主要な施策を示す概要レベルの実行順序計画

重要なのは、どのようなアーキテクチャを目指そうとも、それをサポートするためにどのようなテクノロジーを購入しようとも、常にデータを効果的に管理しなければならないということだ。**データマネジメント戦略**が浸透し承認されれば、アーキテクチャやテクノロジーと組み合わせて全体的な**データ戦略**を策定することができる。

データドリブン・トランスフォーメーション施策の成否におけるデータ戦略の役割は何だと思いますか？

データファーストはあらゆる組織にとって指針となるべき原則である。データ資産を活用してビジネス目標を達成しようとする 100 年以上の歴史を持つ企業であれ、業界制覇を目指す新興企業であれ同じである。データなしには何も起こらない。ビジネスプロセスも実行できないし、ビジネス上の意思決定もできない。

「計画を立てないことは、失敗を計画すること」である。組織は時間をかけて**データドリブン**の将来を計画するのが賢明である。全体的な戦略を持たずに複数の異なるケイパビリティを導入する道を選ぶと取り組みが冗長になり、連携が取れなくなる可能性が高くなる（言うまでもなくコストも高くなる）。戦略は場当たり的な取り組みに対する対抗策である。

私はクライアントに、**データマネジメント**戦略の策定に時間をかけすぎないようアドバイスしている。成功（の可否）を決める本質的な成果というのは、主要な業務部門や組織単位から合意と承認を得ることである。詳細は変革のための全体的な実行順序計画の中で具体化することができ、その後、導入計画の中でケイパビリティ構築に必要な具体的な内容が説明される。

データ戦略の要素の 1 つとして、**データガバナンス**は早い段階にトップダウンで決定し、強調されるべきである。戦略策定の取り組みはガバナンスを構築し実施するための機会であり、それなくして**データマネジメント・プログラム**は成功しない。

あなたの視点から、誰がデータ戦略の策定と維持を推進すべきと考えますか？またどのステークホルダーが、このプロセスに参加する必要があると思いますか？

組織が既に予算を確保し、中央集約型の**データマネジメント**組織（DMO）を立ち上げている場合は、その組織のトップのデータエグゼクティブ（CDO またはそれに相当する者）がそれを主導

すべきである。主要な承認者は、各事業部門／ミッション領域と IT 部門の幹部であるべきである。彼らはこの取り組みに従事する上級代表者を任命すべきである。また**分析、リスク、エンタープライズアーキテクチャ、内部監査**など、企業全体を視野に入れた他の組織も含めるべきである。

DMO は以下のような永続的なデータプロダクトの基盤であり、推進者であり、維持管理者である:

- **データ戦略**（マネジメント、アーキテクチャ、テクノロジー）

- *データ品質戦略*

- **メタデータ戦略**

- **ビジネス用語集**

- **エンタープライズ**（または**ビジネスエリア**）**論理データモデル**

- **データマネジメントのポリシー、プロセス、標準**

CDO は同僚の経営幹部と協力して、さまざまな分野に精通したメンバーで構成されたデータ作業グループを指名する必要がある。例えばデータアーキテクチャを開発する場合、主要な参加者は少なくとも 1 名のエンタープライズ・データアーキテクト、ビジネスおよびテクニカル・データスチュワード、数人のデータアーキテクトである。データアーキテクトは主要なリポジトリや重要な運用システムから集められた経験豊富な者である必要がある。

新たに任命されたデータガバナンス・リードが、成功するデータマネジメント・プログラムの基盤として包括的かつ横断的なデータ戦略を構築することの重要性について、上級管理職に認識を促し賛同を得るためには、どのようなアプローチを推奨しますか？

これは重要な問いではないだろうか。企業全体の取り組みを社内でどう説得し、承認を得るか。

まず組織の**ビジネス戦略**（連邦・州政府機関だと 5 カ年計画）を調査することをお勧めする。主要なビジネスゴールごとに、そのゴールを達成するために必要なデータ資産の将来の状態を分析する。

例えばあるソフトウェア製品会社のゴールの 1 つは、今後 3 年間で顧客維持率を 25%向上させることかもしれない。そのために必要なデータとしてはタイムリーで正確な顧客**マスターデータ**、顧客維持に関連する要因を特定するための分析（例えば顧客別製品売上と顧客維持の相関関係）、顧客のサポートコールの分類と追跡の改善、顧客向けウェブポータルにおけるセルフサービス機能の拡張などが考えられる。これらの例は全て、データの現状を発展させることに依存している。

そして全ての業務部門／ミッション領域の幹部と CIO にインタビューを行い、次のようなことを発見することをお勧めする：

- 適切なデータが適切な時期に適切な状態であれば何ができるか。つまりデータに対する<u>願望</u>だ。可能であればこれらの願望が実現した場合の価値を推定してもらう。

- 現在または想定されるデータに関する主な<u>問題</u>は何か。そしてデータの現状が引き起こしている阻害要因や障害が何であるかを探り、できる限り定量化する。

これらのインタビュー結果から、現状と目指す姿とのギャップ－達成すべきゴール、解決すべき問題が明らかになる。組織全体の戦略に照らして分析することで、将来の状態や、**データマネジメント**、テクノロジー、アーキテクチャが提供すべきものも見えてくる。

最後に調査結果と推奨事項を提示し、統合**データ戦略**が組織を前進させる方法と、永続的な問題を解決する方法を説明する。このアプローチにより全ての重要な意見が聞き入れられ、統合され、**データ戦略**の根拠として反映される。

3. データ戦略 PAC メソッド：
コンポーネント 1 - データ戦略フレームワーク

戦略とは選択すること、トレードオフすること、
意図的に他とは異なる選択をすることだ。

Michael Porter

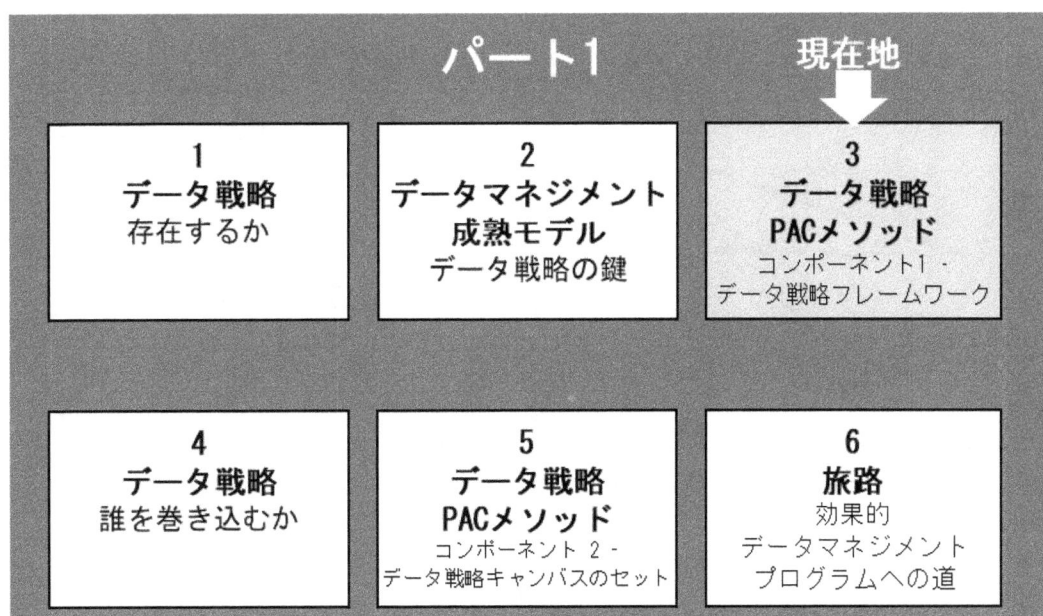

3.1. フレームワーク：インスピレーションの源

メリアム・ウェブスターの辞書によると「フレームワークとは（アイデアのような）基本的な概念構造のこと」。シソーラスによればフレームワークとは「何かに基本的な形を与えるパーツの配置」と定義されている。私がもっと好きな定義はケンブリッジ辞典のものだ：「フレームワークとは何かを構築するための支持構造である」。

特定のサブジェクトエリアにおけるフレームワークの目的は、参照情報、出発点を提供することである。車輪を再発明するのではなく既存の車輪を利用し、付加価値の創造に力を注がなければならない。対象が**データマネジメント**である場合、**DAMA のホイール**（図 10）に勝るものは

ない。**データマネジメント・フレームワーク**では、**データガバナンス**が中央に位置し、周囲の**データマネジメント**の知識領域（または、私は機能と呼ぶことを好む）と相互作用する。

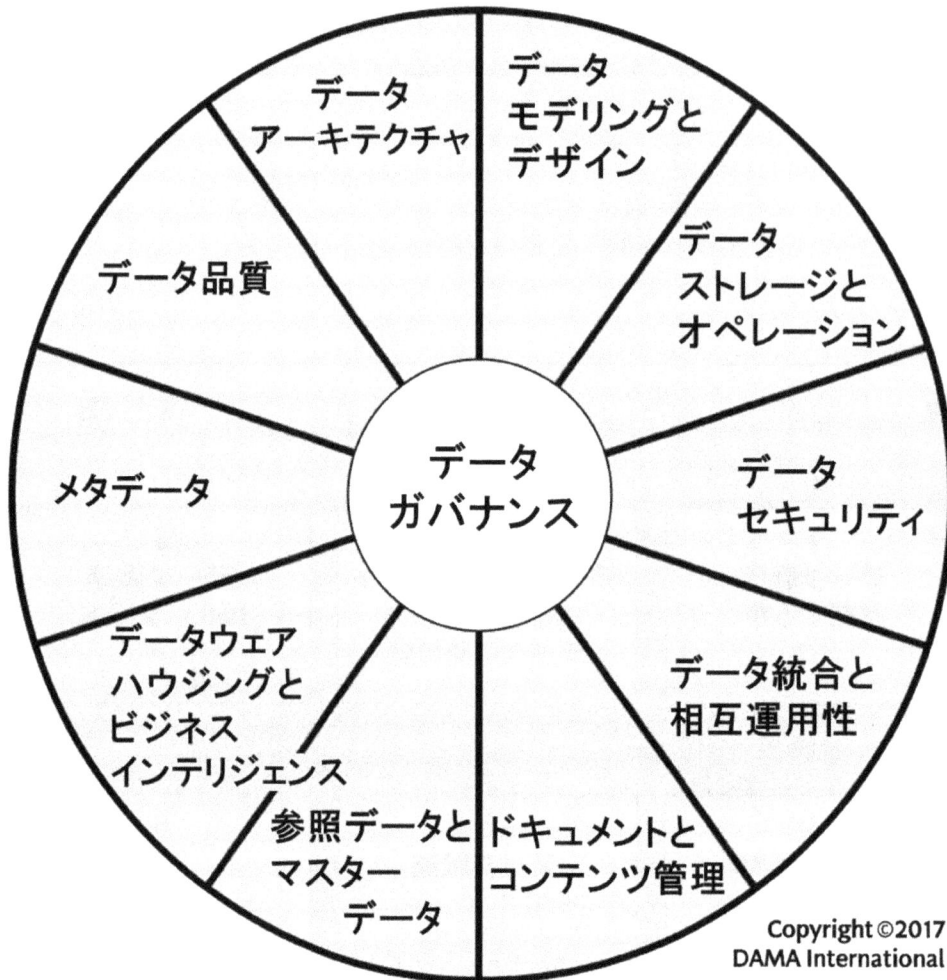

DAMA-DMBOK2 データマネジメント・フレームワーク

図 10 DAMA データマネジメント・ホイール

DMBOK2 には**ホイール**の進化版が含まれている（図 11）。**データガバナンス**はもはや**ホイール**の中心にはない。その代わりに**データマネジメント**の全ての知識領域を取り囲んでいる。このバージョンの**ホイール**では、元の**ホイール**にあった全ての**データマネジメント**の部品が、データライフサイクルのどの段階に関連性が高いかに従って配置されていることが分かる。また**データガバナンス**はもはやポリシーや標準を定義することではなく、この輪の全ての概念を推進することに重点が置かれていることが分かる。私の視点からは戦略が最も関連性があり、**データ戦略**において適切な取り組みが行われれば残りは全て導き出される。

データガバナンス

計画と
設計

・アーキテクチャ
・モデリング
・デザイン

実装と維持　利用と強化

ビッグデータストレージ　データサイエンス
データウェアハウジング　データの視覚化
マスターデータ管理　データ収益化　予測分析
データストレージとオペレーション　マスターデータ利用
参照データ管理　ビジネスインテリジェンス
データ統合と相互運用性　ドキュメントとコンテンツ管理

ライフサイクル管理

基礎的なアクティビティ

データ保護: プライバシー, セキュリティ, リスク管理
メタデータマネジメント
データ品質管理

ポリシー・スチュワード制とオーナー制・文化の変革・戦略・原則と倫理・データの評価・データ成熟度アセスメント・データ分類

Copyright ©2017
DAMA International

図 11 進化した DAMA データマネジメント・ホイール

図 11 の**データマネジメント**の表現に基づけば、**データガバナンス・リード**は**データ戦略**の調整役ではあるが、策定者ではない。第 4 章で議論する。

第 1 章で述べたように私のインスピレーションの源の 1 つは、Donna Burbank にインスパイアされた Global Data Strategy, Ltd.（GDS）のフレームワークであった（図 12）。このフレームワークが明確にしているように、**データ戦略**の原動力は**ビジネス戦略**との整合性である。図の中央に**データマネジメント**機能が配置され、下部にさまざまな種類のデータが示されている。これは**データ戦略**の目的が、ビジネスニーズに基づいて特定のデータソースに適用される**データマネジメント**各分野の優先順位を導くことにある、という考えを示している。

ビジネス戦略　　整合　　データ戦略

データガバナンス および　協業

人々　　プロセス　　ポリシー　　文化

マスターデータマネジメント　データウェアハウジング　ビジネスインテリジェンス　データ分析　データ品質管理　データアーキテクチャ & モデリング

データ資産計画　データセキュリティ　データ統合　メタデータマネジメント

データベース　ビッグデータ　非構造化データ　半構造化データ　ドキュメント & コンテンツ管理

Copyright 2021 Global Data Strategy, Ltd

図 12 Donna Burbank にインスパイアされた Global Data Strategy 社（GDS）のフレームワーク

3.2.　データ戦略フレームワーク

フレームワークを定義する際には、**データ戦略**を構築するための構造を示すことになる。ここで「戦略（strategies）」は複数形である。複数戦略のセットが必要だからである。まずビジネスニーズを解決するために必要なデータを定義する戦略が必要である。こうすることで、**データ**と**ビジネス戦略目標**との整合性を確保することができる。加えて**データマネジメント**成熟度のレベルによって、**データマネジメント**全体の実施方法の優先順位が決まる。包括的な機能として**データガバナンス**にも明確な戦略が必要だ。次に**データマネジメント**の各分野は複雑であるため、それぞれ独自の戦略が必要だ。**データ戦略**のさまざまなレベルには次のようなものがある：

- **データ整合戦略** データドメインが**ビジネス戦略目標**と整合される。

- **データマネジメント戦略** データマネジメント機能の優先順位付けを行う。

- **データガバナンス戦略** データガバナンスのケイパビリティ、体制、統制対象の優先順位付けを行う。

- **個々のデータマネジメント機能戦略** 各**データマネジメント**分野のケイパビリティ、体制、データドメインの優先順位付けを行う。

これらは全て、IT 戦略と密接に関係していなければならず、そこにはあらゆるテクノロジープラットフォームが含まれる。

データ戦略フレームワーク（図 13）はこれらの関係を示している。このフレームワークは、データエコシステムで考慮すべき全ての要素を戦略レベルで示している：

- 上記の 4 種類の**データ戦略（データ整合戦略、データマネジメント戦略、データガバナンス戦略**、個々の**データマネジメント機能戦略**）

- 他の関連戦略（**IT 戦略、チェンジマネジメント戦略、コミュニケーション戦略**）が存在し、**データ戦略**と結びついていること

- さまざまなタイプのデータソース（最下部）

- データ全体像の最も重要な 2 つの要素：
    - トランザクション、構造化データの主要な生成元
    - 分析、主要なデータの利用者

このフレームワークの全ての要素は関連し、整合していなければならない。

- トップダウンによる整合確保により、全てが**ビジネス戦略**にリンクし、そこから派生していることを保証する

- 戦略の実行はボトムアップで行われる

- 横断的な各要素間の整合性は双方向で確保しなければならない

戦略を定義するのは簡単なことではない。手間がかかるからこそ、極めて実践的な方法で完成させる必要がある。組織の人々が理解し使用する戦略を作成することがゴールである。棚やフォルダーに置き去りにするためのものではない。そこで**データ戦略 PAC メソッド**の中核はキャンバスを使用する。キャンバスは図 13 で強調されている各**データ戦略（データ整合戦略、データマネジメント戦略、データガバナンス戦略**、個々の**データマネジメント機能戦略**）ごとに個別にある。これらについては第 5 章で詳しく説明する。ここではそれぞれの**データ戦略**の目的と内容を述べることから始めよう。

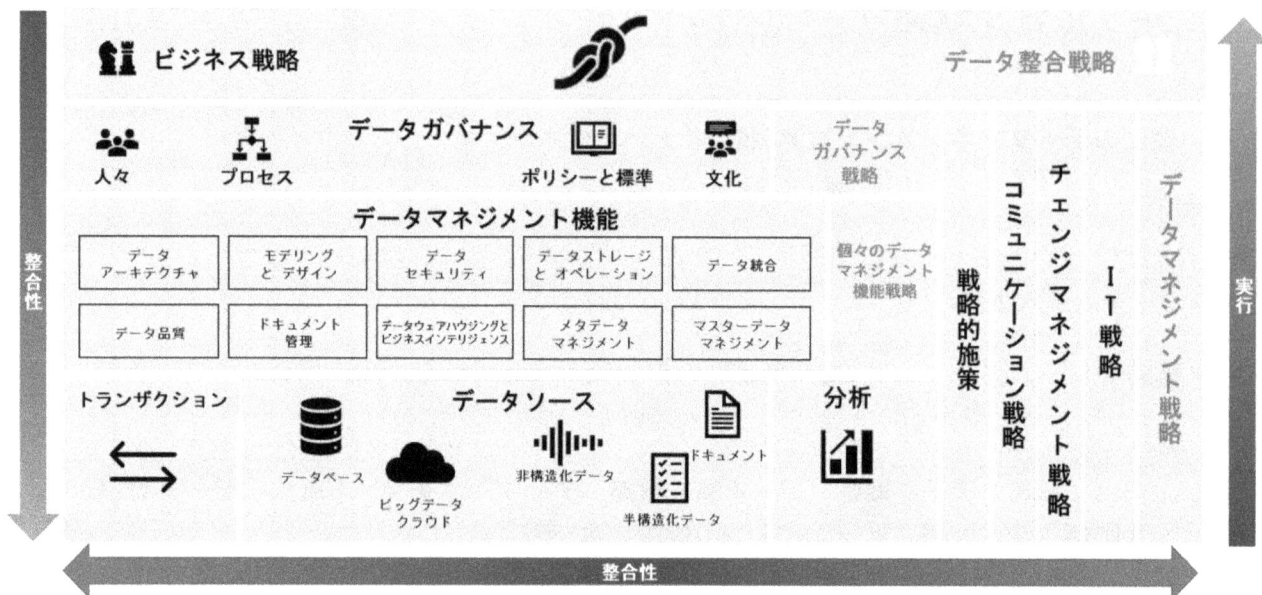

図 13 データ戦略フレームワーク

各**データ戦略**は現在の状態に対応するように定義される。データをより適切に扱うための動機、データに関連する行動、**データに対する問題点**が含まれる。（図 14）：

- **動機：**これらの記述は組織が**データマネジメント・プログラム**を確立または強化したい理由を表している。この動機の例は、以下のようなものがある：
    - 信頼できる洞察と顧客知識を生み出すための正確なデータを持つこと
    - 顧客体験を向上させるための正確なデータを持つこと
    - 現地の規制に準拠していないリスクを軽減すること

- **修正すべきデータ関連の行動：データドリブン**組織になるためには、データカルチャーの構築が不可欠である。効果的な**データマネジメント・プログラム**にはプロセス、テクノロジー、人々が含まれる。多くの場合、プロセスは人々を考慮しないことで失敗する。**データ戦略**ではデータの取り扱いについて語る際に、人々が現在実施していながらも期待された方向に進んでいないような行動に対処しなければならない。このような望ましくない行動の例としては、以下のようなものがある：
    - 使用したデータソースを文書化せずにレポートを作成する
    - 正規のデータソースを使用していない
    - **メタデータ**を文書化していない

- **データに対する問題点：データ戦略**が対応しなければならないインプットの１つは、現在のデータ関連の問題である。いくつかの例を挙げる：
    - 信用情報機関に提供する**データ品質**の低さによる罰金の増加

   o 顧客が重複していることがクロスセルの効果に影響を与えている

   o **営業部門**が作成した報告書と**財務部門**が作成した報告書に不整合がある

データ戦略に記載される行動の優先順位付けの指針となるように、これら全てのインプットは、潜在的な影響（運用上、財務上、法務上）のレベルに基づいて優先順位付けされなければならない。

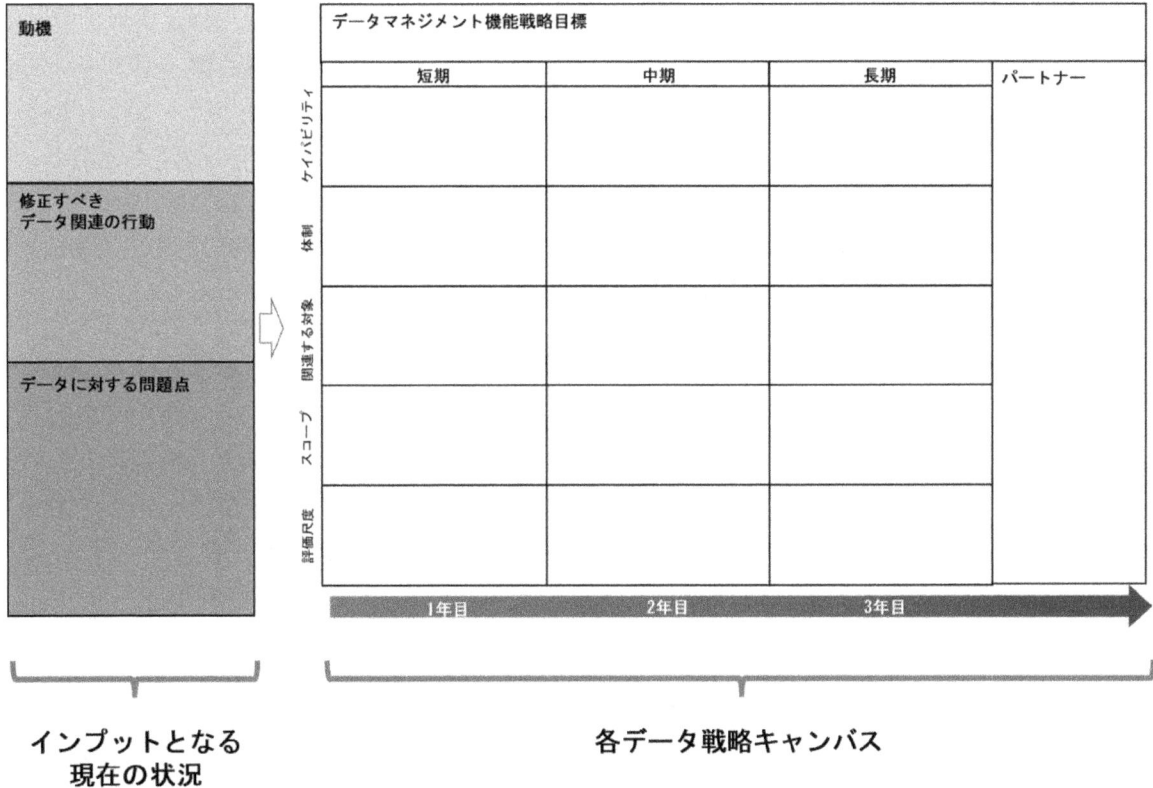

図 14 データ戦略へのインプット

3.3. データ整合戦略

ビジネス戦略目標（例：顧客の 15％増、収益性の 10％増、ネット・プロモータースコア（訳注：商品やサービスを親しい人にどのくらい勧めるかのスコア）の 5％増など）と整合させることから始める。当たり前のことのように聞こえるが、その意味を理解する必要がある。**データ整合戦略**は組織が**ビジネス戦略**を実行するために必要なデータを特定する。

組織が必要としているものと組織の現状との間にギャップがある場合、この戦略の 1 つのゴールはそのギャップに対処することである。戦略自体の目的のためには、データが組織内に存在

するかどうかは問題ではない。もしギャップがあるのであれば、それは解決するために戦略を計画しなければならない問題である。ここには双方向の整合性がある。図 13 の左から右へ、**ビジネス戦略**は組織が進むべき方向を設定しなければならない。これは**データ整合戦略**の基本的なインプットに相当する。右から左へ、新しいデータの要件や現在のデータからビジネスの洞察を特定することは、新しいビジネスチャンスを特定するのに役立つ。

この最初の**データ戦略**では、必要なデータの生成元と利用者も特定する。特定されたデータドメイン（顧客、商品、供給者、従業員、請求書など）は、**ビジネス戦略目標**、ビジネス動機、そしてより重要なビジネスデータに対する問題点に対応する必要がある。チャレンジはここから始まる。図 14 に示したインプットは通常は存在するが、文書化されていないことが多い。**ビジネス戦略**が文書化されていない場合、このチャレンジがより難しくなることもある。ステークホルダーは、自分たちの作業の指針となる上位 3 つのビジネス戦略目標に同意しなければならない。

第 4 章で検討するように、この最初の**データ戦略**を作成するためには、さまざまな組織単位を代表する全てのステークホルダーの参加が必要である。彼らは皆、データの要件やデータに対する問題点を持っている。この**データ整合戦略**は、例えばステークホルダーが合意しなければならない**データマネジメント**の背後にあるデータ原則や価値提案の基礎を設定する。合意に達することは簡単な作業ではないが、機敏に進めればこれを完了できる。第 5 章では、このフレームワークに含まれる各**データ戦略**の具体的なキャンバスについて説明する。

3.4. データマネジメント戦略

データ整合戦略が定義されたら、次にすべきことは**データマネジメント**の観点から何をすべきかの優先順位を付けることである。これには戦略定義に参加したステークホルダーが特定し、優先順位を付けたデータに対する問題点を統合することが含まれる。**データマネジメント・プログラム**または**データドリブン・トランスフォーメーション**施策を実施する際の組織の動機を加える。第 3 のインプットとして、修正すべきデータ関連の行動をリストアップする。第 4 章では、**データマネジメント戦略**を定義するステークホルダーのグループは、**データ整合戦略**を定義するステークホルダーのグループよりも小さくなることを説明する。

優先すべき重要なトピックの 1 つは、正式に取り組むべき**データマネジメント**機能であり、それはフレームワークの中央に位置するものである（図 13 参照）。各ボックスは DAMA ホイールの知識領域の一片を表している。DAMA ホイールに基づいて**データマネジメント**を教えると、どこから手を付ければいいのか分からないと言われることがよくある。**ホイール**の各片が意味することを理解すると、圧倒されてしまうのだ。ここで三脚椅子、もしくはユークリッド幾何学に基づく三脚理論が重要な役割を果たす。

よくできた 3 本脚の椅子は 4 本脚のものより安定するという理論だ。これは三脚の原理でもある。理由は単純だがそれを説明するにはユークリッド幾何学の公理に立ち返る必要がある。平面とは、無数の点からなる二次元の広がりとして定義される幾何学的対象である。ユークリッド幾何学においては、同一直線上にない 3 点があれば、それらを通る平面が一意に定まるとされている。つまり、平面を定めるための最小の構成要素は三角形である。椅子に 4 本の脚がある場合、3 つの点の組み合わせによってさまざまな平面や三角形が形成されるため、表面に何らかの不規則性がある場合は、椅子がぐらついてしまう。

この例えで言えば、**データマネジメント**を成功させ前進させたいのであれば、4 つ以上の**データマネジメント**機能を同時に正式に扱うことはできない。それが椅子の 3 本の脚であり 1 本は常に**データガバナンス**である。残りの 2 本の脚は、データに関連する問題点の内、最優先のものに基づいて定義される。これはどの**データマネジメント**機能を優先して取り組むべきかの実践的なヒントとなる。これは**データマネジメント戦略**に取り込まれ、一般的には 3 年単位で定義される。つまり毎年、椅子の脚を1本か2本替えることができる。もちろんこれは厳格なルールではないが、現実的で実践的な推奨事項だ。

他のいくつかの側面では優先順位付けが必要である。三脚椅子の理論に従って、その 3 本脚の内の 1 本が**データガバナンス**になると述べてきた。したがって　最初に優先すべきは**データガバナンス・ケイパビリティ**の確立である。第 2 章では**データマネジメント戦略**のこの部分を導くために、ケイパビリティに基づいた**データマネジメント成熟度モデル**に従うことの利点について述べた。しかし各段階（短期、中期、長期）において、どのデータドメインに焦点を当てるべきかの優先順位も付ける必要がある。管理すべきデータソースにも優先順位を付けなければならない。

優先順位付けの利点の 1 つは、**データマネジメント・プログラム**で何を達成するかについて、組織全体の期待値を管理することである。そのため選択した**データマネジメント**機能を適用し始めるために活用すべき現在進行中の戦略的施策をリストアップすることも重要である。また**データマネジメント**の取り組みと、それによって何を達成したいかを明確に可視化することも必要だ。さらに最後に、期待通りに進んでいるかどうかを知るための評価尺度も特定する必要がある。

3.5. データガバナンス戦略

データマネジメント戦略の包括的な優先順位付けが完了したら、ここで**データガバナンス戦略**に取り掛かる。私たちが常に取り組む必要がある椅子の脚の 1 本だ。このフレームワークのどの戦略も孤立しておらず、全ての戦略は相互に関連しつつ、異なるトピックに焦点を当てている。**データガバナンス戦略**の中心的な目的は、この機能を担うチームに何を期待するかを明確

にすることである。私は長年にわたり、食い違いのほとんどはコミュニケーション不足と期待値管理の失敗によって発生することを見てきた。そのため**データガバナンス戦略**はそのスコープを定義し、短期、中期、長期の優先順位を正確に設定することを目的とする。**データガバナンス戦略**では、何をすべきで何をすべきでないかを明確にする必要がある。**データ整合戦略**だけはビジネス上の戦略目標を特定することから始める。しかしそれ以外の戦略では、その戦略が対象とするトピック（**データマネジメント**、**データガバナンス**、**データアーキテクチャ**、**データ品質**など）の具体的な戦略目標を特定する。これらの戦略目標、**データマネジメント・プログラム**を実施する動機、修正すべき行動、データ関連の問題点は、**データガバナンス戦略**へのインプットとなる。

優先順位を付けるカテゴリーは以下の通り：

1. **ケイパビリティ**
   組織の**データマネジメント成熟度モデル**（第 2 章参照）に基づき、優先順位を付けた**データガバナンス**のケイパビリティを 3 つのフェーズ（短期、中期、長期）に区分する必要がある。選択した**データマネジメント成熟度モデル**が推奨するケイパビリティがロードマップの軸となる。これらのケイパビリティを軸に、組織固有のケイパビリティを追加する。例えばデータ関連ポリシーの目録の作成、エンタープライズポリシー管理プロセスへのデータポリシーの組み込みなどである。

2. **体制**
   体制とは、短期、中期、長期的に想定されるさまざまな役割のことである。これにはさまざまな役割と予想されるリソースの数が含まれる（例えば、**データガバナンス・リーダー**、**データ品質**リーダー、**メタデータマネジメント・**リーダー、顧客データスチュワード 3 名、データモデラー1 名、アーキテクト 1 名など）。また、統制機関も含まれる（**データガバナンス評議会**、**データスチュワード委員会**、**用語集**ワーキンググループなど）。

3. **ガバナンス対象**
   ガバナンス対象の優先順位付けによって**データガバナンス**のスコープが設定される。ここでデータを統制する（ガバナンス対象にする）意味は、ビジネス目標をサポートする目的に基づかなければならない。対象項目の例は、データドメイン（顧客、製商品、請求書など）、プロセス（販売、口座開設、データ取得、データ提供など）、データソース（データウェアハウス、データレイク、マスターデータなど）、あるいはレポート（収益性、クレームなど）などである。

4. **スコープとなる組織単位**
   通常、最も優先的に関与すべき組織単位は、最も重大なデータ上の問題点を抱えている部門である。すなわち、**データガバナンス**の作業から恩恵を受ける可能性が最も高いと

言える。中期・長期まで対応を待つことになる領域についても、あらかじめ期待値を設定しておく。ガバナンスを一度に導入すること（ビッグバン）は複雑であり、失敗する可能性が高い。

5. **評価尺度**
   データガバナンス作業の進捗と効果をどのように測定するか。評価尺度は指標のスコープや複雑さだけでなく、実装されたケイパビリティに基づいて進化しなければならない。その一例がポリシーの指標だ。おそらく初年度は期待されたポリシーのリストに対し、文書化され承認されたポリシーの進捗状況や完全性を比較して測定することを目指すかもしれない。対称的にポリシーのコンプライアンスの指標は、ポリシーを施行した後、長期的に確認するのが適している。

データガバナンス戦略の実行を前進させるためのパートナーを特定すべきだ。優れたパートナーの例としては、ビジネスユニットのリーダーや、**データガバナンス**の欠如による影響や問題点が最も大きいシニアレベルの人が挙げられる。彼らは最も早くこの実践の恩恵を受ける 1 人となるだろう。**組織内の広報部門**は、緊密なパートナーとして関与させたい組織単位の一例である。

3.6. 個々のデータマネジメント機能戦略

データマネジメントと**データガバナンス**に対する期待値が戦略的に定義されたら、個々の**データマネジメント**機能ごとに戦略を定義する必要がある。まず他の 2 本の椅子の脚から開始する。戦略は動機と問題点に基づき、ビジネス目標に関連付ける必要がある。**データマネジメント機能戦略**のインプットは、**データマネジメント戦略**や**データガバナンス戦略**と同じで、**動機、修正すべきデータ関連の行動**、**データに対する問題点**だ。最初のステップは、やはり機能の戦略目標を定義することである。

優先順位を付けるカテゴリーは以下の通り：

1. **ケイパビリティ**
   ケイパビリティは取り組んでいる各**データマネジメント機能**によって異なり、取り組み中のフェーズによっても異なる。例えば**データ品質**のための**データ戦略**を定義するとしよう。最初に取り組むべきケイパビリティとしては、**データ品質管理**プロセスの確立、**データ品質**プログラムの作成と承認、重要データエレメントを特定するプロセスの作成などが考えられる。これらのケイパビリティは、**データガバナンス成熟度モデル**によって提案される可能性が高いものだ。いくつか追加で具体的なケイパビリティを特定し、

優先順位を付ける必要があるだろう。例えばビジネス上の重要プロセスの棚卸し、プロファイリングの有効化、根本原因の分析などである。

2. **体制**

   このセクションでは、戦略を定義する対象となる**データマネジメント機能**ごとの各フェーズにおいて、必要とされる具体的なリソースを示す。例えば**データ品質**を例にとると、短期的には**データ品質**リードと**データ品質**アナリストのみを想定するかもしれない。しかし中期的には、データプロファイラーが 2 名、**データ品質**アナリストが 3 名、データスチュワードが 5 名必要になると想定する。

3. **関係する対象**

   取り組み中の**データマネジメント機能**のスコープを定義し、何を扱うべきかの期待値を設定する。同じく**データ品質**の例では、重要データエレメントを識別し監視するための、重要なビジネスプロセスの優先順位付けを行う。

4. **スコープ**

   各フェーズのスコープ（短期、中期、長期）について期待値を設定し、明確にする。**データ品質**の例を続けるなら、**データ品質**のスコープを顧客データに限定することが考えられる。

5. **評価尺度**

   評価尺度は戦略とその実行方法を結びつけるものである。ここでは時間の経過と共に得られる指標と測定値に優先順位を付ける。これは対象とする**データマネジメント機能**に応じて変わる可能性がある。

3.7. IT 戦略の役割

データの作成と利用はテクノロジーに依存するため、IT 戦略と**データ戦略**との関連を理解することが重要である。IT 担当者は**データ戦略**を定義するステークホルダーの 1 人である（第 4 章で述べる）。そのうえで**データマネジメント戦略**が定義された後は、IT 戦略が**データ戦略**のゴールを確実にサポートするために、IT チームと議論する必要がある。例えば**データマネジメント戦略**が短期間に**メタデータマネジメント**の実践を確立することが必要だと表明した場合、IT 戦略が短期間に**メタデータマネジメント**のインフラの評価と実装を含むことを確認しなければならない。もちろん IT 戦略は**データガバナンス戦略**とも整合させなければならない。このように、IT 戦略には**データガバナンス戦略**をサポートするために必要なテクノロジープラットフォームの評価、取得、実装を含めるべきである。

3.8. チェンジマネジメント戦略の役割

多くの**データマネジメント**の実践は、少なくとも管理され明確化された方法において、一部の組織にとっては新しいものである。これは人々が仕事のやり方を変える必要があることを意味する。そのため組織内に**チェンジマネジメント**部門がある場合は、その支援を受けることが重要である。**データ戦略**は**チェンジマネジメント・チーム**と共有され、対応する戦略があればそれと整合されなければならない。「チェンジチャンピオン」の特定とトレーニングは、**データ戦略**と**チェンジマネジメント戦略**を結びつける極めて重要な要素である。

3.9. コミュニケーション戦略の役割

私たちが議論してきた全ての**データ戦略**について標準的な推奨事項を挙げろと言われれば、それは 3C の推奨：コミュニケート、コミュニケートそしてコミュニケートである。一般的に戦略というものは、そして特に**データ戦略**は民主的でなければならない。組織の誰もが**データ戦略**とのつながりを感じ、簡単にアクセスできるようにする必要がある。もし企業や組織における**組織内広報部門**が存在するのであれば、その部門と**データ戦略**の周知をはかる。彼らの戦略と合わせ既存のインフラを活用することで、我々のコミュニケーション活動が彼らのコミュニケーションキャンペーンと衝突しないようにする。

3.10. 戦略的施策

ほとんどの組織には戦略的施策がある。組織全体を動かすほどの強力な施策だ。例えば、**デジタルトランスフォーメーション**、**データドリブン組織**への変革、合併、あるいは売却などである。Håkan Edvinsson はこれを「Gravity（重力）」と呼んでいる。その意味は「組織内で何かが動いている。何かが、人々の注意を引くのに十分なエネルギーでビルディングを揺さぶっている」である（Edvinsson H. ，2020）。

これらの施策は最優先事項であるため、データ関連の問題点を防ぐために、**データガバナンス**領域と個々の**データマネジメント**機能の価値を提供し始める上で、通常は適した候補となる。

3.11. データソース

データソースはガバナンスの対象となるオブジェクトである。データソースには、トランザクションデータベース、運用データベース、履歴データリポジトリ、非構造化データソースなど、さまざまな種類がある。非構造化データにはコールセンターの音声記録やインターネット上の顧客の意見、電子メールなどがある。**データガバナンス**のアクションを進めていくためには、データソースに優先順位を付けなければならない。

最終的にはさまざまなデータソース全てをガバナンスの対象にする必要がある。以下は、ガバナンスの優先順位を決めるためのデータソースの分類方法の一案である（注：これらは必ずしも相互に排他的ではない）：

- **データベース**：通常はリレーショナルだが、レガシーシステムに関連した階層型のものもある。これらは主にトランザクションシステムによって入力され、更新される。

- **ビッグデータ・クラウド**：主に運用支援と分析のためのデータリポジトリである。これらは一般的には、構造化データ、非構造化データ、半構造化データが組み合わされたものである。通常これらのリポジトリはクラウドに保存されているが、この分類はテクノロジーと関係が深いため、オンプレミスのリポジトリもここに含めることがある。

- **非構造化データ**：音声、ビデオ、テキストなどの構造化されていないデータソースである。例えばカスタマーサポートのコールセンターで録音された音声など。これらをテキスト化し、分析することで、意味のある構造化データに変換することができる。非構造化データは繰り返しのある非構造化データと繰り返しのない非構造化データに分けられる（Inmon, Lindstedt, & Levins, 2019）。

- **半構造化データ**：データモデルに適合しないが、何らかの構造を持つ。固定的または厳格なスキーマはない。データはリレーショナルデータベースには存在しないが、分析を容易にするある種の構造的な特性を持っている。プロセスによっては、リレーショナルデータベースに格納できるものもある（Geeks for Geeks, 2021）。例えば、電子メール、XML ファイル、TCP/IP パケット、バイナリ実行ファイルなどである。

- **ドキュメント**：データは物理的なドキュメントとしても存在することがあり、文書管理システムを通じてデジタル化、保管、管理することができる。

3.12. トランザクション

データ戦略を定義する際には、データエコシステムの 2 つの主要なコンポーネントを考慮しなければならない：**データ生成元**と**データ利用者**である。**トランザクション**環境は構造化データの大部分を生成する。これはトランザクションシステムによってサポートされるビジネスプロセスと、これらのシステムを使用して日々のビジネスを実行する人々で構成される。トランザクションデータは通常、**オンライントランザクション処理**（OLTP）システム内の正規化されたテーブルに格納され、整合性を保つように設計されている。一般的には分析環境でさらに使用するための準備としてデータリポジトリに統合される。トランザクションデータは組織の外部のソースから提供されることもある。ガバナンス対象を定義する際には、この環境を概要レベルで理解し、さまざまなデータソースがどのように入力されるかを理解することが不可欠である。

3.13. 分析

なぜ**分析**は**データマネジメント機能**の中にないのかと聞かれたら、私は**データマネジメント**の一部ではないからと答える。この 2 つは非常に密接に関連するため、これは哲学的な議論となっている。分析の専門家はデータを見つけ、理解し、整えるために非常に多くの時間を費やしているので、これを**データマネジメント**のもう 1 つの分野だと考える人もいるかもしれない。私はそうではないと断言する。**データマネジメント**とは、データのライフサイクルに沿って、データが健全で良質な状態で利用されるようにするために行わなければならない全てのことを指す。分析とはビジネス上の洞察を得たり、将来を予測したり、さらには何をすべきかを提言したりするためのデータ利用である。分析の専門家はデータの利用者であり、**データマネジメント**の顧客である。

私はそれを高級レストランに例える。シェフは、料理を楽しんだ人々が感動的なストーリーを語れるような素晴らしい食事体験を創造することを目指している。独創的な料理（アーキテクチャとデザイン）、優れた品質の食材（品質）、素晴らしいワインも添えられたユニークでバランスの取れた組み合わせ（統合）が提供されれば、素晴らしい体験ができる。提供された料理が原因で病気になるようなことは決してない（セキュリティ）。全ての体験はサービス（オペレーション）と、どのような料理が提供されるかの説明（**メタデータ**）によって完結する。しかし調理と盛り付け（視覚化）は、食材が消費される状態にするものであり（分析）、その成功は、先に述べた全ての要素（**データマネジメント**）に強く依存している。

3.14. キーコンセプト

　データ戦略フレームワークは、構築されるさまざまな種類の**データ戦略**群を可視化する構造であり、またそれらがお互いにどのように関連するか、さらに組織内の他の既存の戦略とどのように関連するかを示す構造である。

3.15. 覚えておくべきこと

1. **データ戦略**は単数形ではない。複数形である。**データ戦略**は異なった複数のデータ戦略からなるセットであり、それぞれが異なる視点を持つ。

2. 全ての**データ戦略**は組織内の他の既存の戦略（**ビジネス戦略**、**IT 戦略**、**チェンジマネジメント戦略**、**コミュニケーション戦略**）と緊密に関連し、整合していなければならない。

3. **データ戦略**の主なゴールは、限られたリソースの使用を期間ごとに優先順位付けし、明確な期待値を設定することである。**データ戦略**は組織全体で見つけやすく、理解しやすく、利用しやすいように、民主化される必要がある。

3.16. データ戦略に関するインタビュー

専門家にインタビュー: James Price[35]

James Price は、情報産業で 30 年以上の経験を持つ**データマネジメント**の第一人者である。Experience Matters 社の創設者である彼は、著者、講演者としても国際的に知られている。Experience Matters 社は、組織がデータ、情報、知識を保護し、その価値を最大化できるよう支援する会社である。そして情報資産は組織にとって極めて重要であるにもかかわらず、概して統制と管理が不十分であるという状況があるので、この問題に取り組んでいる。南オーストラリア大学での彼の研究に対して、Gartner 社（世界で最も影響力のある IT 産業アドバイザリー会社）は、「驚異的」「画期的」な研究と評している。「リーダーのためのデータ宣言」の共著者であり、Leaders Data Organization (www.dataleaders.org) の会長でもある。

---

[35] https://www.linkedin.com/in/james-price-experiencematters/

あなたはデータマネジメントやデータ関連の世界でコンサルタントとして豊富な経験をお持ちです。担当した顧客組織において、データ関連業務を導き、ビジネス戦略に対応するための横断的なデータ戦略が適切に定義されていることは、どのくらいあるのでしょうか？？

オックスフォード辞典での戦略の定義は「長期的または全体的な狙いを達成するために設計された行動計画」となっている。疑念を避けるために私はデータの最も広い定義を使っている。データには全てのデータ、ドキュメント、記録、公開されたコンテンツ、知識が含まれる。適切に定義された**データ戦略**は、適切な（高品質の）情報を、適切な人（間違った人ではなく）に、適切なタイミングで（タイムリーに、アクセスしやすい方法で）提供することを目指す。

適切に定義された**データ戦略**は、「組織における情報資産管理：包括的モデルの開発」と題された論文で指摘された 10 の領域に取り組むことになる。以下を参照。

https://www.experiencematters.com.au/wp-content/uploads/2022/08/Information-Asset-Maturity-Model-2021.pdf

私たちの世界的な調査によれば、これらの各領域に取り組むことが戦略の成功に不可欠である。

顧客組織において、データ関連業務を導き、**ビジネス戦略**に対応するための横断的な**データ戦略**が適切に定義されているケースは非常に稀である。多くの組織は**データガバナンス**と情報システムの領域を含む、情報資産環境の領域に対応する**データ戦略**を持っている。残りの 8 つの領域に対応する**データ戦略**を持っている組織は非常に少ない。

データドリブン・トランスフォーメーション施策の成否におけるデータ戦略の役割は何だと思いますか？

データ戦略は、**データドリブン・トランスフォーメーション**施策の重要な指針である。それは施策のゴールに到達する方法のロードマップを提供するものだ。

デジタルトランスフォーメーションとは、顧客中心主義と軋轢のないビジネスの実現である。効率的かつ効果的な**データマネジメント**なしには、どちらも実現できない。顧客が何者であるかを理解しなければ、どうやって顧客中心主義を実現できるだろうか。ビジネス上の意思決定や取引処理に必要なデータ、情報、知識に即座にアクセスできなければ、どうやって軋轢のないビジネスができるだろうか。

データ戦略は組織の現在のビジネスとデータの実践を明確にする必要がある。さらにその実践がもたらすビジネスへの影響、組織の将来のビジョン、そして組織の現状からあるべき姿への到達方法を明確にする必要がある。**データ戦略**は**データドリブン・トランスフォーメーション**に不可欠なものである。

あなたの視点から、誰がデータ戦略の作成と維持を推進すべきであり、どのステークホルダーがこのプロセスに参加する必要があると思いますか？

データ戦略の作成と維持のプロセスにどのステークホルダーが参加する必要があるかを判断するには、ビジネスガバナンス、アセットガバナンス、アセットマネジメントの違いを理解することが不可欠だ。ガバナンスとは、監督と統制のことである。ビジネスガバナンスとは、誰がどのような意思決定を行うかということである。アセットガバナンスとは、そのような決定を下し実行することである。アセットマネジメントは日々のオペレーションに関わるものである。

組織を統制する際、役員会と**最高経営責任者**（CEO）は、その組織の金融資産の結果責任を誰に負わせるかを決定し、その人物を**最高財務責任者**（CFO）に任命する。CFO は金融資産に対する真の結果責任を負うことになり、もし CFO が組織の資金管理を誤れば解任され、横領すれば投獄される。真の結果責任があるのだ。

組織の金融資産を統制する場合、CFO は財務戦略と年間予算を策定し、慎重に財務権限を委譲し、収支を確認して報告する。

組織の財務資産を管理する場合、財務権限を委譲された者は、財務戦略と年間予算に従って組織の資金を支出する責任を負う。

このモデルはデータ、情報、知識の資産についても同様である。**役員会**と **CEO** は、組織のデータの品質について責任を負うべき人物を任命すべきである。その人物は**最高財務責任者**に相当するデータ担当者で、おそらく**最高データガバナンス責任者**であり、データを統制する必要がある。**データ戦略**やデータを適切に管理するために必要な手段や権限委譲について責任を負うべきはこの人物である。そしてデータ資産を適切に管理する責任は、組織内の全ての人にある。役割についてはデータオーナー、データカストディアン、データスチュワードなどの違いにこだわるべきではない。そうした議論はかえって状況を曖昧にしてしまう。求められているのは明確な結果責任と実行責任である。

新たに任命されたデータガバナンス・リードが、成功するデータマネジメント・プログラムの基盤として包括的かつ横断的なデータ戦略を構築することの重要性について、上級管理職に認識を促し賛同を得るためには、どのようなアプローチを推奨しますか？

上級管理職の認識と賛同は必須である。ビジネスガバナンスとアセットガバナンス、アセットマネジメントの違い、そして誰が何を行うかについて説明したが、ガバナンスは組織の上級管理職が行うべきである。

しかしそれだけではない。プロジェクト単位で投資しても意味がない。トランスフォーメーションを成功させるにはデータ、情報、知識の管理における継続的な改善が必要なのだ。継続的な改善には継続的な投資が必要である。継続的な投資には**データ品質**とそれに伴うビジネス

上の利益を継続的に測定する必要がある。投資を正当化する際、最高財務責任者はビジネス上の問題を認識しない限りビジネスケースを見ようともしない。問題が特定されれば、CFO は許容できる投資収益率が達成されると確信するに違いない。そして CFO は最初のプロジェクトだけでなく、長期にわたって期待した利益が実現された場合にのみ再投資を行うものだ。

4. データ戦略：誰を巻き込むか

外交術アプローチは、従来のデータガバナンスの形式的な部分を減らし、強制的な部分を省くことに努めている。

Håkan Edvinsson

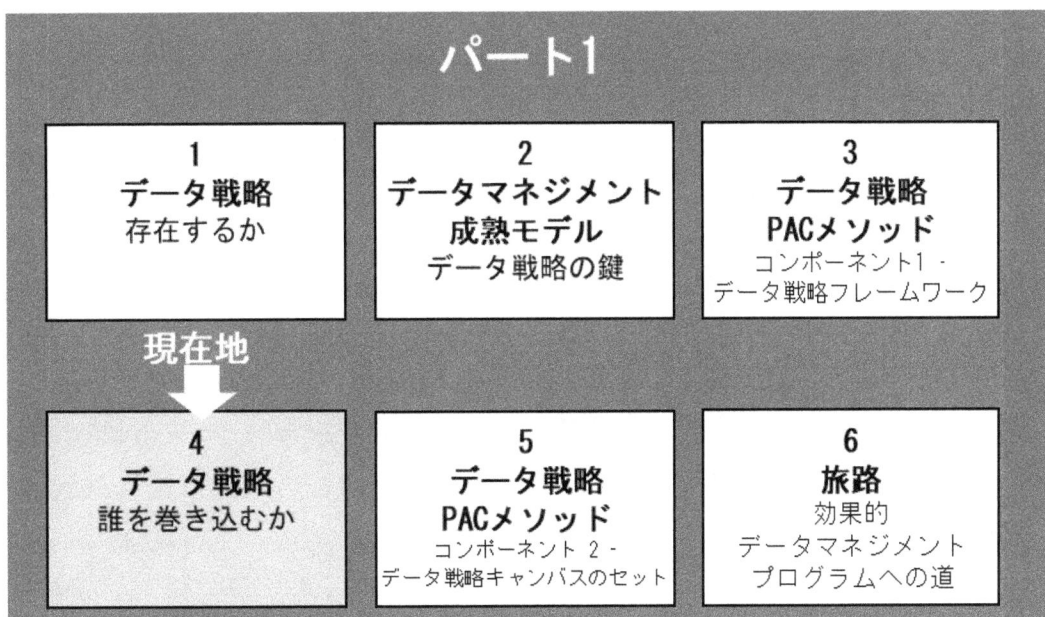

4.1. 誰がデータ戦略を定義すべきか？

一般的にビジネス戦略は限られたトップマネジメントによってのみ決定される。エリートだ。**ビジネス戦略**は秘密のベールに包まれているため、組織全体に広く伝えられることはほとんどない。「**データ戦略**」はそのような名称のものが存在するとしても、多くの場合 IT トップマネジメントによって定義されたテクノロジーに焦点を当てている。「テクノロジー戦略」と呼んだ方がより正確であろう。しかし私たちは**ビジネス戦略**と完全に整合され、統合された**データ戦略**を望んでいる。それは組織全体を考慮し、必要なデータ、原則、価値提案、必要なケイパビリティ、リソースの優先順位付け、戦略的施策、評価尺度を網羅し、全てがビジネスニーズとデータに関連する問題点に対応するものである。では誰がこれを定義すべきだろうか。

私が銀行で IT 部門に配属されて間もない頃、毎年、厳選されたチームがテックツアーに出かけ、**ビジネス戦略**をサポートする新技術を調査する様子を目にした。**ビジネス戦略**はビジネス側で選ばれた別のチームによって定義されていた。その結果は広く伝えられるはずだったが、そうはならなかった。そしてこれは多くの組織である話である。歴史を振り返れば、戦略の核となる考え方はそれを秘密にしておくことだった。紀元前 5 世紀、孫子が忠告したように、「（軍隊の）配置を隠せば軍の状態は隠されたままとなり、勝利につながる。配置を明かせば状態が明かされ、敗北につながる」。

戦略を他の組織との競争という観点から考えることも多い。競争優位に立つということは、手の内を見せないということで、それも重要な観点である。しかし組織が戦略を**実行**できるかどうかも重要である。つまり組織の人々が戦略を理解する必要があるのだ。孫子のアプローチとは異なり、**データ戦略**は一般に広めるものであり隠すものではないと考える。**データ戦略**は明確に定義され、広く伝えられ、それを使う全ての人がアクセスできるものでなければならない。**データ戦略**の民主化にはデータ生成者／提供者、データ利用者を巻き込み、組織の最善の利益に貢献する協力体制を築くことが求められる。**データ戦略フレームワーク**（第 3 章の図 13）は、全ビジネスユニットと全社支援部門の代表者が**データ整合戦略**（データ戦略の最上位レベル）を定義しなければならないことを示している。これらの代表者はデータに関連する問題点を説明できなければならない。図 15 に示すように、他の**データ戦略**（**データマネジメント戦略**、**データガバナンス戦略**、個々の**データマネジメント機能戦略**）の詳細を定義するにつれて、直接的なステークホルダーの種類と数は絞られる。しかし**データ整合戦略**が他の戦略の原動力となるため、横断的な要件との関連は残る。

書籍 *Open Strategy* では、成功を収めた企業がオープン性を通じていかに破壊の時代の先を行っているかが述べられている（Stadler, Hautz, Matzler, & Friedrich von den Eichen, 2021）。最初のケーススタディでは、Ashok Vaswani が 2012 年に英国の小売業 Barclays の指揮を執った時の戦略へのアプローチについて述べている。

Vaswani は戦略を定義するにはもっと良い方法があると考えた。もし一般社員が最初から戦略の策定に関与していれば、その戦略に対する当事者意識が高まり、より深く理解し、実行に全力を尽くすだろう。一方リーダーたちは現場の懸念事項に触れることでよりきめ細やかな計画を立てることができ、戦略をより良く伝えることができるだろう。

これこそが私が**データ戦略**に取り組んだ方法だった！**データ戦略**はオープンで組織全体を象徴するものでなければならない。オープン性を実現するには、各**データ戦略**の定義に誰が参加すべきかを特定することから始まる。第 7 章で説明するように、**データ戦略**を定義するために推奨されるアプローチはワークショップセッションである。

図 15 は**データ戦略**の定義に貢献できるステークホルダーを特定する方法を示している。細かい点は組織によって異なる。このモデルは中規模から大規模の組織向けに開発されたものである

が、小規模から中規模の組織でもこのモデルを使用できる。ステークホルダーを特定する際には運用、財務、ガバナンス、マーケティングなど、組織の運営に関わるさまざまな側面に誰が対応しているかを考慮する。以下に説明するように、**データ戦略**の各タイプを定義するために必要なオープンな感覚をもって、このプロセスに取り組む。

データ整合戦略：第 3 章で述べたように、他の戦略の原動力となるため最初に定義されるべきである。このプロセスにより以下を識別する：

- 組織の動機（ビジネス戦略目標）に対応するために必要なデータドメイン

- 修正または適応されるべきデータに関連する行動

- データに関連する問題点

そのためには組織全体の代表者（さまざまな事業部門、**財務**、**法務**、**人事**、**IT**、**データガバナンス**、あらゆるデータ関連部門、**エンタープライズアーキテクチャ**、または組織を俯瞰する同様の部門など）が必要である。データに対する問題点はどこにでもある。

データ整合戦略を定義するステークホルダーは、最優先の 3〜5 個の**ビジネス戦略目標**について共通の理解を確立する必要がある。戦略的なビジネス目標に合意することで、ステークホルダーは動機、行動、データに対する問題点に優先順位を付けることができる。これらの優先順位は、**データマネジメント戦略**を定義するための主要なインプットとなる。

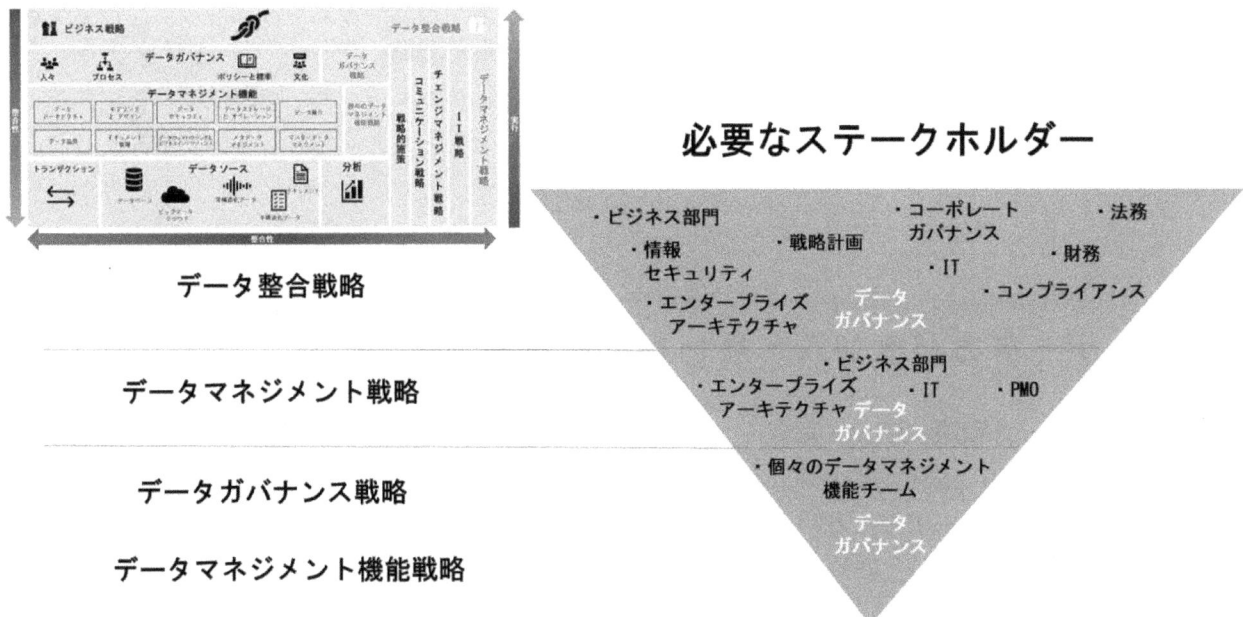

図 15 データ戦略 – 必要なステークホルダー

データマネジメント戦略 : データを管理する動機、修正または適用すべきデータに関する行動、およびデータに対する問題点、これらの 3 種類の優先順位付けされたリストが、**データマネジメント戦略**を定義するための主要なインプットとなる。データ整合性を通して定義された優先順位に基づいて、**データマネジメント**機能の優先順位を決定するビジネスのステークホルダーを特定することができる。このチームを**データガバナンス・チーム**と IT ステークホルダーで補完することが必須である。**データガバナンス・チームはデータ戦略**の実行を監督し、IT チームは効果的かつ効率的な**データマネジメント**に必要なテクノロジーをサポートする必要がある。**エンタープライズアーキテクチャ**は、**データ戦略**の全体的なスコープを説明するエンタープライズ全体の観点を維持する必要がある。

データガバナンス戦略 : データ整合戦略とデータマネジメント戦略は、**データガバナンス戦略**のインプットとなり、そこには動機、行動、データに対する問題点の優先順位のリストも含まれる。**データガバナンス戦略**のゴールの 1 つは、データおよびガバナンス対象（規制報告書、データリポジトリ、ビジネスプロセスなど）を定義すると共に、長期的に管理されるケイパビリティを定義することである。この定義には、ケイパビリティを実行するために必要な役割も含まれる。

データガバナンス・チームのメンバーは**データ戦略**の定義を指揮するので、**データ整合戦略**を理解し、これを**データガバナンス戦略**の定義に利用することができる。オープン戦略アプローチに則り、**データガバナンス・リード**だけでなく、**データガバナンス・チーム**のメンバー全てがこの戦略に貢献する。

データマネジメント機能戦略 : 個々の**データマネジメント機能戦略**（**データアーキテクチャ**、**データモデリング**、**データ統合**、**データ品質**など）のステークホルダーは、**データマネジメント機能**を実行するチームと**データガバナンス・チーム**（少なくともそのリーダー）で構成されるべきである。

4.2. データガバナンス・リード : 首席指揮者

多くの人々が**データ戦略**の定義に関与しているが、この関与が認識されたからといってそのプロセスが魔法のように実現するわけではない。誰かが戦略を明確にし、確実に実行し、長期的に進化させるプロセスを指揮しなければならない。この指揮は**データガバナンス・リード**の責任だ。この役割には以下が含まれる :

- ステークホルダーの巻き込み
- 戦略の文書化の徹底
- **データ戦略**の管理者としての役割

- 浸透策と共有策
- **年次ビジネス戦略計画**への確実な組み込み

これらのアクティビティでは、データを「戦略的資産」として扱うことが求められる。

長年にわたり**データガバナンス・リード**の役割はポリシーや標準を作成し、データエコシステムを監督し、データ問題に取り組むことと密接に結びついてきた。多くの組織では**データガバナンス・チーム**は強制的で、ほとんどの人が理解できず、意味のないような要件を押し付けるものと認識されている。そのため**データガバナンス**の施策や、チームからの指示に従うことにかなりの抵抗がある。Håkan Edvinsson は**データガバナンス**に外交的原則を持ち込むことのメリットを提唱している。彼はこう指摘する。「データエラーに集中することは、**データガバナンス**に対する期待を非常に低くする。それは悪い状態から悪くない状態に移行することを意味する」（Edvinsson H., 2020）。**データガバナンス**の役割はもっと広範であるべきであり、**ビジネス戦略**と**データ戦略**の整合を促進することで、データ環境とデータカルチャーの進化を導くべきである。

図 16 データガバナンス・アクティビティの中核としての戦略

進化した DAMA のホイール（第 3 章の図 11 参照）をもう一度見てみると、外側の円には**データガバナンス**が組織で推進するべき全てのトピックが含まれている。これはポリシーをはるかに超えている。図 16 では、外側の円には戦略というトピックが含まれていることに注目してほしい。これは**データガバナンス・リード**（およびそのチーム）が**データ戦略**を「指揮」するという私の主張を裏付けるものだ。

データ戦略の定義、伝達、維持、実行を指揮する**データガバナンス・リード**の役割は簡単なものではない。効果的で持続可能な**データマネジメント・プログラム**の実施も同様だ。最大の課題は以下の通り：

- 経営トップのリーダーシップとコミットメントの確立

- 明確な**データ戦略**を定義し、広く周知すること

- プログラム予算を確保し続けるためのビジネスケースの説明

- **データ品質**を統制する意味がある重要なデータの特定

- より良いデータのための計画を立て、人々にその計画を実現させること

- **データマネジメント**と同様の注意を払った**メタデータ**マネジメント

- **複数のデータマネジメント機能**のためのビジネスと IT の強固な連携の構築

- ライフサイクルを通しての**データマネジメント**

- 効果的でアジャイルなサポートを可能にするテクノロジーの導入

- 効果的な**コミュニケーション戦略**の導入

データガバナンス・チームは明確な**データ戦略**を定義すること（箇条書きの 2 番目）に大きく貢献する。この点を推進するためにいくつかの具体的な課題にぶつかる：

- **データ戦略**の定義に適切なステークホルダーの参画

- **ビジネス戦略**と整合した**データ戦略**の策定

- **データ戦略**実行の一環として、**ビジネス戦略**と整合したデータ利用の指導と監視

- データを資産として扱うための、**データ戦略**を作成した際に定義された原則に基づいた統制

- **データ戦略**で定義された優先順位に従って、それを定着させる方法も含めたポリシーの定義

- オーナーシップを育成する一方で、強制的なガバナンス構築は回避すること

- 柔軟性を持ちつつ、拒否される恐れのある過度に厳格な統制に陥ることなく、適切な形式性の度合を実現すること

- 組織文化を考慮し、既存の構造とプロセスを活用しながら、人々が使用できるシンプルなガバナンスモデルを採用すること

- アプローチの有効性を示す評価尺度の設定（単に数えやすいものを数えるのではない）

- **データ戦略**の**ビジネス戦略計画**への確実な組み込み

- **データ戦略**実行の徹底

- **データ戦略**、実行状況、価値の効果的な共有

第 7 章では、**データ戦略**を作成し、それを共有し、**ビジネス戦略計画**に組み込むために必要なステップの詳細を説明する。「**データ戦略指揮者**」は、このプロセスを成功させるための基盤となる。

4.3. ステークホルダーの特定

4.1 節で説明したように、**データ整合戦略**の定義に参画すべき担当者を特定することは不可欠だ。これらのステークホルダーの一部は、その後の**データ戦略**の定義にも貢献するからである。その後の戦略とは**データマネジメント戦略**、**データガバナンス戦略**、個々の**データマネジメント機能戦略**などだ。この時点では、ステークホルダーの組織内のレベルに関する厳密な要件はない。最も重要なことは各参加者がある程度の影響力を持ち、ビジネスプロセスに関する深い知識を持ち、データに対する問題点を理解していることである。ほとんどの場合、チームにはリーダーシップとオペレーションの両方から人が参加する。基本要件はこの作業に携わる人々が、自分たちが関心を持っているプロセスと、そのような業務をサポートするために必要なデータを十分に理解していることである。全体として彼らはデータに関して通常直面する問題を理解している必要がある。既存の上級管理職のガバナンス会議で**データ戦略**策定のビジネスケースを提示することで、これらの主要な担当者を特定することができる。予算を獲得し、ステークホルダーがこのプロセスに参加するための優先順位を設定するためには、リーダーシップの賛同とコミットメントを得ることが不可欠である。

第 6 章では**データ戦略**の定義に進む前に、組織全体のデータ概念の基本的な理解を確実にし、**データマネジメント**の実践に関して組織がどのような状況にあるかを評価しなければならないことを説明する。今日ほとんどの組織には、少なくとも何らかの**データマネジメント**機能があ

る。トレーニングや成熟度アセスメントセッションの中で、**データ戦略**を定義するために主要な担当者を招待することができる。彼らがトレーニングやアセスメントセッションに参加することにより、彼ら自身が日常で直面するビジネスプロセスやデータに関する問題についての知識や経験を反映することができる。したがって、これらのトレーニングやアセスメントのステップを省略してはならない。これらのプロセスはデータに関する共通言語の開発にも貢献し、データに基づく文化の基礎となる。重要なことは、これらの現状説明セッションは戦略に貢献できる人材を特定するのに役立つということだ。

4.4. 真のスポンサーは単なる資金提供者ではない

もちろん、**データ戦略**への取り組みを開始するには**上級管理職**の賛同を得る必要があるが、これは簡単なことではない。ほとんどの上級管理者はデータが重要であり、ビジネス上の意思決定をサポートするデータを持つことが優先事項であると言うだろう。しかし主要人物を任命し、会議に出席させ、**データ戦略**を定義させることは、また別の話だ。

では全体的な**データ戦略**に取り組むために、どのようにして**上級管理職**の賛同を得ることができるのだろうか。その手掛かりはデータに関連する問題点にある。Håkan Edvinsson は現在のデータに対する問題点が重要であるだけでなく、優れた**データ戦略**が整備されていない場合、将来的に現れる恐れのある問題点も重要であると指摘している。戦略的な視点は組織がその選択から生じる可能性のある問題の種類を予測し、軽減するのに役立つ。したがって私たちは現在の問題に対処すると同時に、長期的な問題を防ぐことにも注力しなければならない。多くの人が身体的な痛みを語る時と同様に、組織も特定の問題（例えばビジネスインテリジェンスのレポートやダッシュボードにアクセスする際の応答時間が長いといった問題）を解決したいと考えている。組織は将来の問題の予防を常に考えているわけではない。私と接点のあったほとんどの人は、優れた**データ戦略**を持つことが重要であることに同意はするものの、それを作成はしない。それには時間がかかりすぎ、当面の問題を解決できないと考えているからだ。

多くの企業は IT プラットフォームに多額の投資を行っている。データの問題を解決し、組織に関する正しい洞察を得て、より良い意思決定を行うためである。多くの場合こうした投資には失望とフラストレーションが訪れる。ほぼ全ての組織には、テクノロジーへの投資が価値を生み出せなかった失敗談が少なくとも 1 つはある。この経験を活用して、代替アプローチのビジネスケースを文書化することができる。**データ戦略**を策定するためのこのビジネスケースでは、現在のデータ問題のコスト、**データ戦略**を実施しない場合の潜在的なコスト、定義されたアプローチを取ることによる価値を示す必要がある。

人は適切に治療せずに鎮痛剤による対症療法を続け、痛みの根本的な原因を突き止めなければ深刻な事態に直面する恐れがある。これと同じように組織もデータに対し戦略的に取り組まな

ければ、時間と才能を浪費することになりかねない。データに関する戦略的ビジョンの欠如がもたらす長期的な結果について、私たちは説明方法を見つけなければならない。ほとんどの組織は、短期的な救済策と長期的な予防策を組み合わせたアプローチを必要としている。

リードスポンサーを見つけることは不可欠である。リードスポンサーがどこにいるべきか決まりはないが、IT 部門よりもビジネス部門にスポンサーがいる方が良いのが常である。予算確保は重要だが、それが求めているもの全てではない。また次のような人も必要だ。進捗を確認することに純粋に興味があり、完了した作業について深く質問し、さまざまな場で成果と利益を組織と共有できる人物だ。他に必ずしも予算を提供しないスポンサーも戦略的パートナーとなりうる。このような人たちは通常、データに関する問題が多く発生するビジネスユニットの上級管理者だ。彼らは自分たちの問題を軽減する**データガバナンス**や**データマネジメント**の取り組みに参加し、それを支援する。一度そのメリットを感じれば、彼らはデータ関連の取り組みを成功させる上で、優れた**データ戦略**のメリットを最も強く推進する存在となるだろう。

4.5. 主な成功要因

データ戦略 PAC メソッドをさまざまな組織で適用する中で、私は以下のような共通の成功要因を発見した：

- **データ戦略への賛同の取得**：もしトップマネジメントが**データ戦略**の策定に予算と重要な人材の時間を投資することに納得していなければ、少なくとも全体的、横断的、オープンな方法での策定は容易ではない。

- **成功するための計画**：一旦賛同が得られたら、約束を守り、実践的でアジャイルな方法で作業を行うために詳細かつ入念な計画が必要となる。会議の日程を決め、適切な案内状を送り、参加者に会議の目的、プロセス、時間的な制約について十分な情報を提供するよう細心の注意を払わなければならない。トップマネジメントからも出席を促す力強いメッセージを受け取るべきである。計画には結果を浸透させる方法、承認を集める方法、**データ戦略**を組織全体に広める方法を含める必要がある。

- **ステークホルダーからのメッセージの録画**：3 分間のビデオはコミュニケーションのための良い手段であり、再利用も可能となる。これにはデータの関連性と組織全体におけるデータの扱い方を強調する強いメッセージを含めると良い。この方法は新しい参加者と会議を開くための実践的で実現可能な方法であり、組織におけるより良いデータへのコミットメントと励ましのメッセージとして機能する。ステークホルダーからコミットメントを得る上で大きな助けとなるだろう。

- **キックオフミーティングの実施**：データ戦略の定義に取り組むステークホルダーを割り当てる簡単で現実的な方法は、定例の管理者会議でキックオフプレゼンテーションを行うことである。この時間を利用して管理者にステークホルダーを特定させ、その作業を行うことを確約させることができる。

- **データマネジメント概念のレベル設定**：これもステークホルダーの参加を促進するために不可欠な側面である。基本的な**データマネジメント**概念のレベル設定から始める。ステークホルダーが**データ戦略**を定義する能力を高めていき、必要とする時間を短縮する。

- **データマネジメント成熟度モデルの採用**：どのモデルを選択するにしても、推奨される**データマネジメント**のケイパビリティを基準となるマイルストーンとして用いることで、各分野の確立と展開の優先順位をタイムラインに沿って整理しやすくなる。

- **予算提供者以外のスポンサーの巻き込み**：データ整合戦略の定義中に、予算提供はしないが支援してくれるスポンサーを特定することは十分現実的なことである。**データ戦略**の提唱者になってもらうためには、彼らを直接巻き込む必要がある。

- **組織内コミュニケーションの関与**：組織内にコミュニケーション部門がある場合は、可能な限り早い時期に**データ戦略**の取り組みに参加させ、組織全体への**データ戦略**の伝達を支援してもらう。

- **データ戦略の年間サイクルの認識向上**：データ戦略を他の組織戦略と同じように扱うべきである。毎年見直し、調整しなければならない。ステークホルダーはこのプロセスにおける自らの役割と責任を理解する必要がある。

- **戦略計画の関与**：このサイクルを完結させるために、**ビジネス戦略計画**を統括する担当者を関与させ、**データ戦略**が継続的な計画や年次計画に含まれるようにする必要がある。

4.6. キーコンセプト

データ戦略の指揮者は**データ戦略**の定義に参加するステークホルダーを特定し、巻き込む役割を担う。またこの役割にはプロセスの促進、**データ戦略**の結果の伝達、実行の監督も含まれる。この役割は通常、**データガバナンス・リード**が担う。

4.7. 覚えておくべきこと

1. **データ戦略**が定義される際、主要なステークホルダーはインプットとフィードバックを提供しなければならない。

2. **データ戦略**の定義において主要なステークホルダーの参加を指揮し監督するには、**データガバナンス・リード**、または同等の役割が最適である。

3. トレーニングと**データマネジメント成熟度アセスメント**セッションは、**データ戦略**の定義に参加する主要なステークホルダーを特定するための良いフォーラムである。

4.8. データ戦略に関するインタビュー

専門家にインタビュー: Håkan Edvinsson[36]

Håkan Edvinsson は**データガバナンス**と**意思決定モデリング**を専門とする**データマネジメント・コンサルタント**である。彼は「Data Diplomacy」の著者であり、ビジネスイノベーションとビジネストランスフォーメーションが、強制的ではない**データガバナンス**とどのように関係するかについて提案している。外交的なアプローチを用い官僚主義を避け、可能な限りスリムな**データガバナンス**組織を構築することでこれが実現できる、というのが彼の主要なメッセージだ。また彼は著名なトレーナーであり、講演者でもある。

あなたはデータガバナンスやデータアーキテクチャの世界でコンサルタントとして豊富な経験をお持ちですが、担当した顧客組織においてデータ関連業務を導き、ビジネス戦略に対応するための横断的な（組織全体を考慮した）データ戦略が適切に定義されていることは、どのくらいあるのでしょうか？

かつては稀で、存在しないことさえあった。今日、大企業はデータを重要な「天然資源」とし、そこから富を掘り起こすという野望をしばしば口にする。そしてそこに多くの資金と労力が費やされている。私のクライアントの1つである自動車業界は、2030年には収入の50%を自動車からではなく、サービスから得ることになると表明している。他のクライアントも同様の戦略を立てている。しかし全ての業界がそこまで進んでいるわけではない。

---

[36] Håkan Edvinsson. https://www.linkedin.com/in/Hakanedvinsson/

これまでのところ、私が目にした投資は**データアーキテクチャ**のためのものであり、**データガバナンス**については考慮されていない。それは IT 中心なので、その戦略や実装は範囲が狭すぎる。率直に言ってそれを「適切に定義された横断的な**データ戦略**」とは呼べない。

James H. Davenport 教授は、IT プロフェッショナルを配管工（保管場所、パイプ、接続部品に注力する職業）に例えてこう言った：「配管工の会議では誰もきれいな水の話をしない」。

データドリブン・トランスフォーメーション施策の成否におけるデータ戦略の役割は何だと思いますか。

データ戦略を組織の他の戦略と切り離さないことが重要だと考える。「データ」は独立したものではない。企業で起こっていること、組織が扱っていることを反映するものだからだ。データ中心のトランスフォーメーションを成功させるためには、データに対する深い洞察が不可欠であり、それはすなわち、ビジネスの詳細な業務に対する洞察を持つことを意味する。私のレシピはビジネス知識を関与させるというだけでなく、ビジネスに責任を持たせるということだ。これはビジネス戦略であり IT 戦略ではない。これはどのようなビジネストランスフォーメーションにも当てはまる。

究極を言えば**データ戦略**など必要なく、むしろデータを考慮したビジネス戦略が必要なのだ。

電力会社を例に考えてみよう。電力会社はエネルギーを購入して送電網に流して、顧客に供給する。彼らのビジネス全体は、実際にはエネルギーに関するデータである。どれだけ購入し、どれだけ使用したか。何千ものメーターから測定値が収集され、処理され、それが財務取引のベースとなる。このような環境ではどの段階においても、エネルギーとエネルギーに関するデータを切り離すことはできない。

データ中心になりつつある組織は、この点を見逃しがちである。単にこの種のデータをこれまで持っていなかったからだ。

あなたの視点から、誰がデータ戦略の作成と維持を推進すべきであり、どのステークホルダーがこのプロセスに参加する必要があると思いますか。

戦略とは何かということから始めよう。戦略とは、長期的な視野に立って望ましい成果を達成するために表現された手段である。戦略とは常に幹部会議レベルに関わるものであり、したがって幹部会議レベルで決定されるものである。私はデータ品質とデータガバナンスに積極的に取り組む者は、ビジネスと IT 指向の意図を補完する形で、戦略に対して意見を提供する必要があると考える。したがってデータガバナンス・リード、チーフ・エンタープライズアーキテクト、エンタープライズ・データアーキテクトのような役割の者は、**データ戦略**に影響を与えるべきである。

戦略の最も重要な側面はその実行である。**データ戦略**はプロジェクトのガイドライン、職務内容、成果指標などに変換される必要がある。私の経験では全てが整っているように見えても、何も実行していないということは珍しくない。そこで戦略には目標を達成されているかどうか、それが適切な戦略であるかどうかを示す指標を持つだけではなく、実際に戦略が実行されているかどうかを示す指標も必要であると提案する。

私の基本的な考え方はこれらの指標を取り組みの現場に掲げ、維持することである。具体的にはトランスフォーメーションの取り組みが特定され、計画され、策定され、実行され、評価される段階において、それらの近くに指標を配置することが望ましい。これには、スポンサーやプロジェクト・ポートフォリオ・マネージャーのような役割も含まれる。

新たに任命されたデータガバナンス・リードが、成功するデータマネジメント・プログラムの基盤として包括的かつ横断的なデータ戦略を構築することの重要性について、上級管理職に認識を促し賛同を得るためには、どのようなアプローチを推奨しますか？

事前の検討が欠かせない。データ品質に問題がある場合、それはどの程度悪いのか。それがビジネスにどのような影響を与えるのか。データアーキテクチャを改善する通常の方法が役に立っていないとしたら、それはなぜか。これまでビジネスデータの管理が不十分だった中で、トランスフォーメーションの出発点とは何か。

上級管理職にアプローチする前に、彼らがどのような立場にあるのかを理解してほしい。目の前にあるトランスフォーメーションについて、彼らはどのように考えているのか。彼らはこのテーマについて何を知っているのか。彼らの現在地から始め、既にそこにあるものを利用する。例えば彼らの懸念、課題、彼らを突き動かすものなどだ。彼らの言葉で話してほしい。提案していることを理解させるために彼らを教育する必要があるとするなら、それは間違った方向に進んでいる。

5.　データ戦略 PAC メソッド：
コンポーネント 2 - キャンバスのセット

効果的なコミュニケーションは、適切なプロジェクトに適切な姿勢で取り組むチームの維持に有効である。

Alex Langer

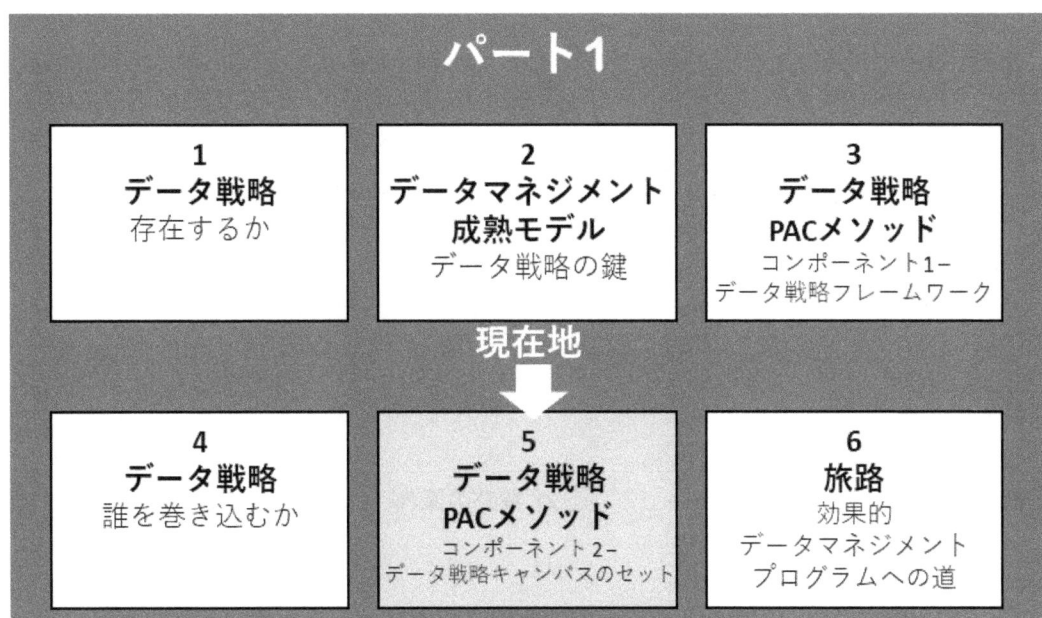

5.1.　ビジネスモデル・キャンバス、インスピレーションの源

第 4 章ではオープンな**データ戦略**、つまり多くの人々が貢献し、理解し、利害関係を持つ、民主化された**データ戦略**の重要性について議論した。**データ戦略**を定義したら、次の課題は**データ戦略**について、特にそれを実行しなければならない人々に効果的に伝えることである。私たちの生活が情報で満たされている一方で、読む機会は減る傾向にある。少なくとも 1 つの文書を読むのに費やす時間は減っている。ほんの数分のうちに話題が次から次へと移り変わる。したがって関連性のある統合された情報を 1 枚のスライドで共有することは効果的である。この統合された情報の必要性は、**ビジネスモデル・キャンバス**（*The Business Model Canvas*）

（Alexander Osterwalder, 2005）で取り組まれており、ビジネスに関する重要な情報を 1 枚の
スライドに「描く」方法が説明されている（図 17）。

私は 2006 年から**ビジネスモデル・キャンバス**を利用している。まず会社生活で新しい職務を始
める時、あるいは起業家的プロジェクトを始める時に、何をするべきかを理解するために利用
できる。このテクニックを利用すると私の顧客が誰なのか、彼らにどのような価値提案をでき
るのか、そしてどのようなリソースやアクティビティを通じて提供できるのかを明確に理解す
ることができる。そこから私はそれを他の人に分かりやすく説明することができる。

パートナー	主要活動	価値提案	顧客との関係	顧客セグメント
	リソース		チャネル	
コスト構造		収益の流れ		

The Business Model Canvas CC License A. Osterwalder, Strategyzer.com www.strategyzer.com

図 17 Alexander Osterwalder のビジネスモデル・キャンバス

Osterwalder が最初に**ビジネスモデル・キャンバス**について発表して以来、キャンバスのコン
セプトは大きく発展してきた。MBA マネジメントモデルにはビジネスケースモデル・キャンバ
スが含まれる[37]。**プロジェクトマネジメント**の専門家は**プロジェクトキャンバス**を使用する[38]。

---

[37] https://www.mbamanagementmodels.com/business-case-canvas/

[38] https://bit.ly/3dbW4Md

インターネットを検索して見つけることができるキャンバスのトピックは非常に多様である。全ての**キャンバス・モデル**に共通の考えがある。それは「モデルのコミュニケーションを単純化し、共通の理解を持つ可能性を高める」というものである。

中には団結して協力することができないチームもある。それは自分たちが誰にサービスを提供し、どのように顧客にサービスを提供するのかという、自分たちの中核的な目的を理解していないためである。キャンバスを活用することで、活動に携わる人々とその活動の顧客との間の期待値を共有することができる。

この章では**データ戦略キャンバス**が、第 3 章で説明した**データ戦略**のさまざまなレベルをどのように伝えられるかを紹介し、説明する。各戦略を 1 枚のスライドで説明することがゴールである。効果的なキャンバスを作成するには、多くの下準備作業が必要である。意味を明確にしながら、複数のインプットを統合する必要がある（導入手法については第 7 章で説明する）。

5.2. データ戦略へのインプット

データ戦略は**ビジネス戦略**と整合していなければならない。その整合性を確保するには、**ビジネス戦略目標**を特定することから始める。これらの目標は必ずしも文書化されているとは限らない。社内で公表されている場合もあるが、一般的にはそのようなことはない。むしろ（第 4 章で論じたように）秘密のベールに包まれていることも多いため、それについて尋ねる必要がある。**ビジネス戦略目標**は**データ整合戦略キャンバス**（5.3 節参照）にとって重要である。第 3 章（**データ戦略フレームワーク**）で説明されている**データ戦略**を定義する際に、それらを参照する必要がある。

ビジネス戦略目標は不可欠であるものの、それだけが**データ戦略**の推進要因ではない。その他の要素としては以下が含まれる：

- ビジネスクエスチョン

- **データに関連する問題点**

- 動機

- 修正すべき行動

これらはどこにも書かれておらず、主要なステークホルダーとのセッションでのガイド役を通じて明らかにしていく必要がある。（第 4 章参照）。

5.2.1 ビジネスクエスチョン

組織内のリーダークラスの人々は毎日質問をしている。これらはそれぞれの責任範囲に関連するビジネスクエスチョンである。ほとんどの場合これらの質問には、レポート、ダッシュボード、対話型アプリケーションなど、現在の情報資産で答えることができる。しかしそれらに答えるには長い時間がかかることがある（例えば、顧客セグメンテーションレポートは月末から2週間後に利用可能になるなど）。また質問に答えるために必要なデータが組織にない場合もある。

そのような質問の例をいくつか挙げよう：

- 製品 X の現在の収益性は 2 年前の収益性と比べてどうか。

- 治安リスク指数が最も高い地域にある支店の収益性はどうか。

- 1 人の顧客が平均していくつの製品を購入しているか。

- 最も収益性の高い顧客が利用するチャネルは何か。

- 生徒の欠席数とテストの点数に関係はあるのか。

- 最近 1 ヶ月の間にアクティブでない顧客の何人が再度アクティブになったか。

- 最も収益性の高い支店ではどのようなインフラが使われていたのか。

- 最も頻繁に来店する顧客の郵便番号は何か。

企業全体のリーダーからの質問をリストアップして優先順位を付けるということは、それらの質問に答えるために必要なデータの種類を特定するための第一歩であり、組織内にまだデータが存在しない場合でも同様だ。**データ戦略**を定義する際は、データエレメントのレベルまでは求めない。その代わりにビジネスクエスチョンに答えるために必要なデータの大まかな分類（顧客、口座、注文、供給者、商品、支店などのドメイン）から始める。質問の優先順位は、**データマネジメント**と**データガバナンスの戦略**において、どのデータドメインを優先するかに影響する。

5.2.2 データに関連する問題点

データに関連する問題点は**データ戦略**へのもう 1 つの重要なインプットである。現時点で組織に直接影響を及ぼしている問題から始める。例えば、

- **営業部門、財務部門、業務部門から**から提示される一貫性のない報告書

- **信用情報機関**に低品質なデータを提出した銀行に対する罰金の増加

- 保険会社による顧客接触率の低さ

- 限られたクロスセリング能力

- 一貫性のない製品識別方法による不正確な棚卸在庫

組織内の各部門にはそれぞれの問題点があり、それらに対処する際には慎重に選別する必要がある。影響が最も大きいものを最優先する。影響を理解しアクションアイテムの優先順位を付けるためには、**ビジネスクエスチョン**に優先順位を付けたのと同じ重要なステークホルダーの参加が必要となる。

現在の問題点から始めるべきだが、このプロセスではリスクも特定する必要がある。リスクとは、現時点では明らかになっていないが深刻なものに変わる恐れのある問題のことである。**データ戦略**を通じて軽減されなければ、重大な影響を及ぼす可能性もある。例えば、

- 新たに生まれた、もしくは生まれそうなコンプライアンス要件

- まだ取り組みができていない規制

- 他国市場の規制を考慮できていないグローバル化への取り組み

- 顧客中心主義の欠如

- 製品カタログの分散管理

5.2.3 動機

データマネジメント戦略を定義する際には、さらに 2 つのインプットが必要となる。1 つ目は動機である。組織が**データマネジメント**に投資する原動力は何かを認識し、表現することが重要である。組織が**データドリブン**になりたいのか、顧客の行動への洞察から市場での地位を回復したいのか。これらの動機は戦略として、どの**データマネジメント**の側面に優先的に取り組むべきかの判断に役立つ。

5.2.4 修正すべき行動

データ戦略に必要な最後のインプットは、組織内の人々がデータに関してどのように行動するかを理解することである。これらの行動とは、人々がどのようにデータと関わり、どのようにデータを使用し、どのように自身が関わるデータに対する責任を理解しているかを示すものである。**データ戦略**では、データ指向の文化を改善するために行動に対する取り組みが必要となる。この種のインプットの例には以下のようなものがある：

- レポート設計者がレポートで使用するデータソースを文書化していない。

- データ要件が正しく登録されていない（すなわちビジネス要件が機能レベルで定義され、データが含まれていない）。

- プロジェクトマネージャーがプロジェクトの予算を作成する際に、**メタデータ**の作成や**データ品質**の管理を考慮していない。

- ソリューション設計者が**エンタープライズ・データモデル**（それが存在する場合）を参照せずに、プロジェクトレベルでデータモデルを定義し更新する。

- 開発者が使用目的の変更を文書化することなく、データ構造の既存のフィールドを再利用する。

上記の例が示すように、これらの行動は**データ品質**問題の直接的な原因となり得る。

5.3. データ整合戦略キャンバス

図 18 は最初の**データ戦略**である「**データ整合戦略**」を定義するために使用するキャンバスを示している。これは重要な戦略である。この戦略を通じて、ビジネスニーズと戦略目標を他の**データ戦略**と整合させる。

左側は戦略を定義するためのインプットである。戦略が何に対応しているのかを忘れないようにするために、常にこのインプットを目に入るところに置いておく。**データ整合戦略**へのインプットには、優先順位付けされた企業の戦略目標、ビジネスクエスチョン、データに対する問題点が含まれる。

データドメイン：この最初のキャンバスの主な目的は、論理的にグループ化されたデータの概要レベルのカテゴリー（顧客、商品、サプライヤー、口座などのデータドメイン）を識別することである。それはビジネスクエスチョンに回答し、企業の戦略的目標やデータに対する問題点をサポートするために必要なものである。特定のドメインのデータがまだ組織にない場合でも、識別された全てのドメインを列挙しなければならない。

データ提供者：ここでは特定されたデータドメインに関連する組織単位や外部ソースとして理解されたエンティティをリストアップする。データが生成されるビジネスプロセスの概要レベルを特定したい。これは**データ戦略**の最上位レベルであるため、通常データソースとして認識しているものにはまだ触れない。それらは他の**データ戦略**で登場することになる。

データ利用者： 同様に、リストアップされたドメインに関連するデータを利用する組織（内部または外部）または個人を特定する必要がある。

データ原則： Håkan Edvinsson は、**データガバナンス**の基礎としてルールではなく原則を用いることの利点について述べている。原則は信頼に依存し、共通の目的につながることで信頼を築く（Edvinsson H.，2020）。Edvinsson の原則の例には以下が含まれる：

- 人々を信じる

- 常に正しいデータを提供する

- 発生元の近くでデータを取得する

- チャンスは力なり

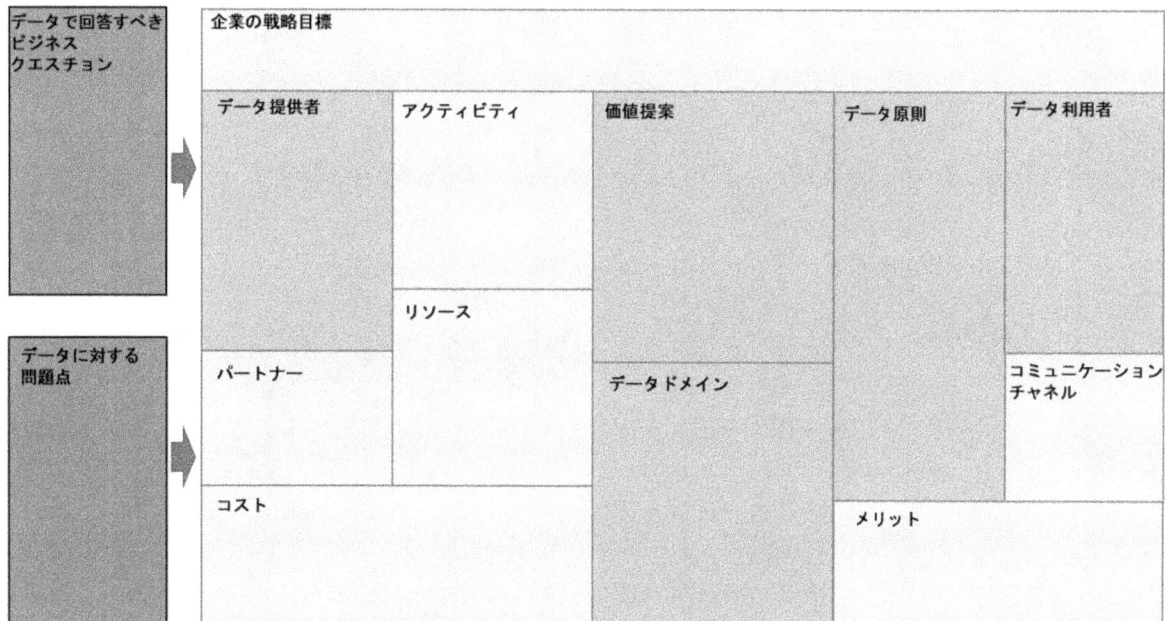

Copyright © 2023 Marilu Lopez, Servicios de Estrategia y Gestión de Datos Aplicada, S.C.

図 18 データ整合戦略キャンバス

この最初の**データ戦略**には、データに関係する行動を導くための原則が含まれていなければならない。全員がそれに従うべきである。例えば

- 各個別データの正式な発生元を尊重する。

- 当社は自分達のデータに対して期待するものと同じ基準に従い、他者のデータの機密性、安全性、完全性を確保することを約束する。

- 当社のデータ取り扱いにおいては人々を尊重し、利益を最大化し、損害の恐れを最小限に抑えるよう配慮する必要がある。

価値提案： これは最上位の**データ戦略**であり、キャンバスはデータ分野で何をすべきかを物語るものである。したがって**データ戦略**の価値提案を定義することが不可欠である。この価値提案は、組織全体でより良いデータを扱う価値を主張することで、**データ戦略**全般をサポートする。

アクティビティ：データ戦略では**データマネジメント**に対する期待、リソース要件、優先順位を設定する。データを管理するために何を、いつ、どのリソースで、どの順番で行うか。**データマネジメント・プログラム**を成功に導くためのアクティビティを明確にすることは不可欠である。このセクションでは概要レベルのアクティビティをリストアップする。そこには**データ戦略フレームワーク**における追加戦略の策定も含まれる。

リソース：データ戦略は実装と具体的なアクションを結びつける必要がある。そのためには必要な人的、物的リソースを特定することから始める。これは価値提案を実現するために必要なアクティビティを実行するためである。**データマネジメント**には人材が必要である。戦略の一部として明示的にリソースの要件を表現しない場合、プロセスの後半でリソースを確保することは難しい。

パートナー： ステークホルダーとのオープンで協力的な関係は、より良い**データ戦略**をもたらす。**データガバナンス・チーム**がこのプロセスを主導するが、それは**データマネジメント**のゴールを追求する組織部門とのパートナーシップのもとで行わなければならない。このセクションではこれらのパートナーをリストアップし、**データマネジメント**の成功に不可欠な貢献者として特定する。

コミュニケーションチャネル： キャンバスのコンセプトは、アイデアを伝える上で効果的である。しかしこれを使うには、戦略や関連情報（原則、基準、ポリシー、ロードマップ、成功事例、ダッシュボード、評価尺度など）を伝えるための適切なコミュニケーションチャネルを組織内で特定する必要がある。代表的なチャネルとしては社内電子メール、イントラネット、雑誌、ソーシャルメディア、常設フォーラムなどがある。

コスト： キャンバスのコストセクションは、**データマネジメント**を実践する場合としない場合の期待値を設定するのに役立つ。この情報が入手できない場合は、コストを表現するために正確な経済用語を使用する必要はない。戦略を実行可能な段階まで進めるために必要なコスト項目を表すことがゴールである。

メリット： コストに対する項目がメリットである。メリットのセクションには質的メリットと量的メリットの両方を記載する。コスト同様、正確な数値が入手できない場合は記載することは必須ではないが、メリットのカテゴリーを特定することが重要である。

5.4. データマネジメント戦略キャンバス

データ整合戦略が定義され文書化されたら、**データマネジメント戦略**キャンバスを作成するためのアクションとリソースの優先順位を決める番である。この段階で 2 つのインプットが追加される：**データマネジメント・プログラム**を確立する動機と、修正すべきデータ関連の行動である（図 19）。**データ整合戦略**のインプットとしても使用されたデータに対する問題点は**データマネジメント戦略**にとっても重要であるため、このキャンバスの左側に再び現れる。

ステークホルダーによって定義され、優先順位付けされた**データマネジメント戦略**目標は、このキャンバスのヘッダーに位置する。

列（短期、中期、長期）：このキャンバスには短期、中期、長期の 3 つの列があり、リソースの割り当てに役立つ。これらの列は年単位で表すことが一般的ではあるが、これは厳格なルールではない。時間の経過に伴う目標の論理的な進行を考慮することは、「データに関連するゴールを達成し**ビジネス戦略目標**の達成に貢献するために、リソースを統合された方法で合理的に割り当てること」を意味する。

パートナー：このセクションでは、**データマネジメント・プログラム**の成功にとって中核的な重要性を持つ組織単位や役割をリストアップする。これには**データ整合戦略キャンバス**に記載されているパートナーの全て、またはその一部を含めることができる。例えば**コーポレートコミュニケーション、PMO、コンプライアンス、エンタープライズアーキテクチャ**などだ。

データガバナンス：全ての**データ戦略**は関連している必要がある。このキャンバスから**データガバナンス戦略キャンバス**につながるのは、「**データガバナンス**」と書かれた行である。ここでは、短期、中期、長期的に確立する必要のある**データガバナンス・ケイパビリティ**をリストアップする。これらのケイパビリティは、組織の**データガバナンス成熟度モデル**に基づいている。また組織固有の要件も含まれる。**データガバナンス**は優先すべき要素の最初の行に表示されている。それは他の**データマネジメント**分野を監督する重要な役割を担っているからだ。

機能：このセクションはDAMA の**データマネジメント知識領域**を参照する：**データガバナンス、データアーキテクチャ、データモデリングとデザイン、データストレージとオペレーション、データセキュリティ、データ統合と相互運用性、ドキュメントとコンテンツ管理、参照データとマスターデータ、データウェアハウジング、メタデータ、データ品質**（図 10）（DAMA International, 2017）。このキャンバスは最終的に「通常業務」となるための行動とその目標を伝えるために、それらを「機能」と呼んでいる。

データドメイン：データ整合戦略キャンバスでデータドメインを特定した。このセクションではこれらのドメインに対して、**データマネジメント機能**と**データガバナンス・ケイパビリティ**を適用する優先順位付けを短期、中期、長期のそれぞれについて行う。

データソース：取り組みの優先順位付けと期待値の設定に不可欠なのは、**データガバナンス・ケイパビリティ**や**データマネジメント機能**を導入する際に、どのデータソースを対象とするか示すことである。例えばデータドメインの行は、顧客が最優先事項であることを示すだけでなく、信頼できるデータソースとして管理すべき顧客データが、**データウェアハウス**、CRM、**マスターデータベース**にあることも示す。

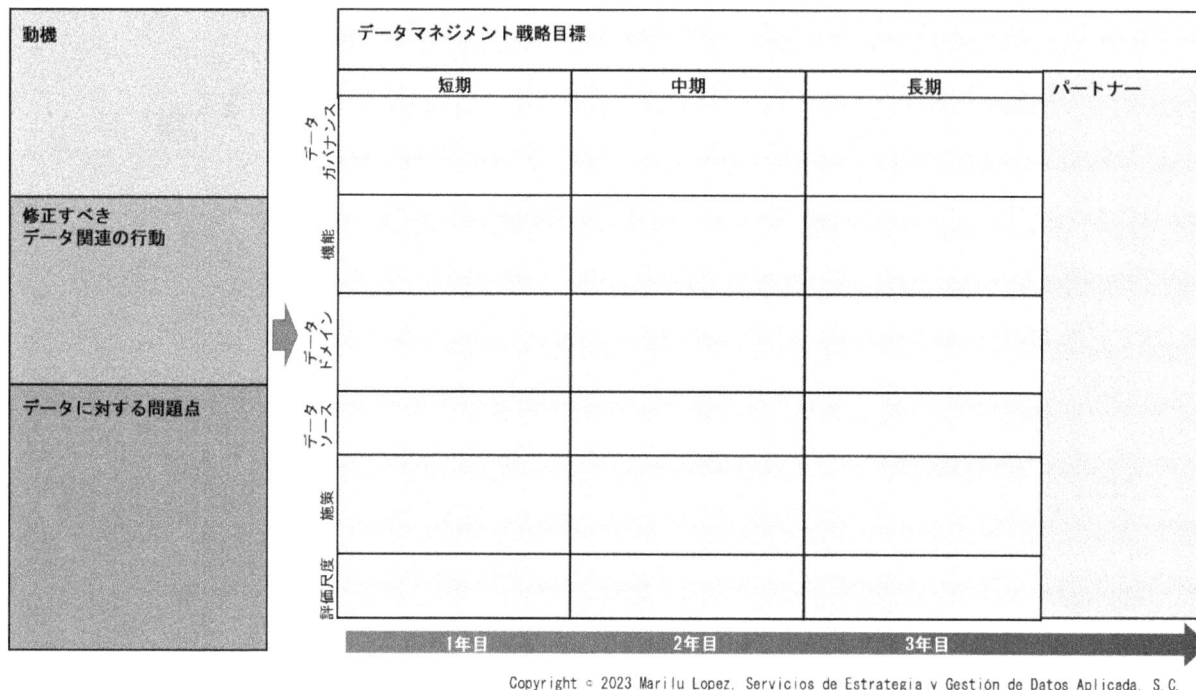

動機	データマネジメント戦略目標			
	短期	中期	長期	パートナー
	データ ガバナンス			
修正すべき データ関連の行動	機能			
	データ ドメイン			
データに対する問題点	データ ソース			
	施策			
	評価尺度			
	1年目 2年目 3年目			

Copyright © 2023 Marilu Lopez, Servicios de Estrategia y Gestión de Datos Aplicada, S.C.

図 19 データマネジメント戦略キャンバス

施策：**データマネジメント**導入の道を開く最善の方法は、既に優先度が高いと認識されている進行中の戦略的施策を活用することである。これらの施策は一般的に予算が承認され、主要なステークホルダーが注目している。ここに挙げることで、**データマネジメント**戦略をビジネス戦略と関連付けることができる。**データマネジメント**戦略が承認されることで、これらの施策に関わる人々の関与が促進され、短期、中期、長期にわたる**データマネジメント**の実践を定着させるようになる。

評価尺度：行動なき戦略に価値はない。理解されるためには行動を測定しなければならない。戦略にはそれが実行されていることを示す明確な KPI が含まれていなければならない。この最後の行は、**データガバナンス・ケイパビリティ**と**データマネジメント機能**の導入状況をどのように測定するかを示している。この行は**データマネジメント機能**が進化するにつれて、評価尺度がどのように進化していくかを示すことができる。

5.5. データガバナンス戦略キャンバス

データガバナンスへのアプローチの方法を詳しく説明する時が来た。**データマネジメント戦略キャンバス**（図 19）の**データガバナンス**の行をドリルダウンすることで見ることができる。このキャンバスには、**データガバナンス**をサポートするための組織体制、どのような要素を統制するか、組織内のどの部署が行うかが記述される（図 20）。

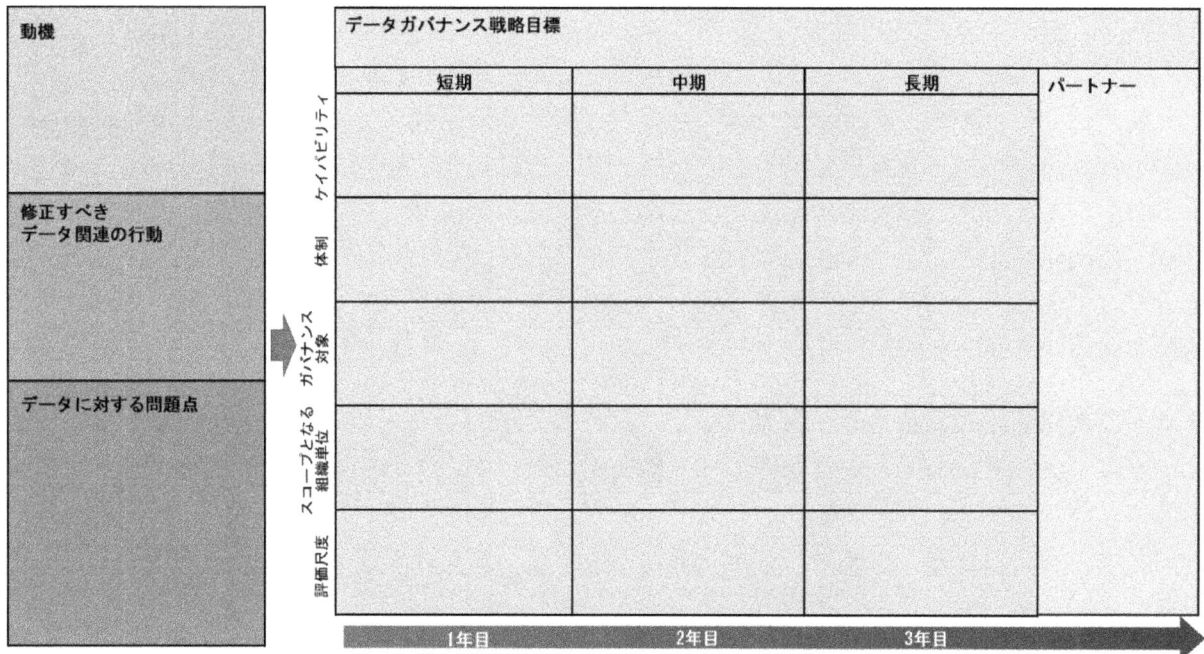

Copyright © 2023 Marilu Lopez, Servicios de Estrategia y Gestión de Datos Aplicada, S.C.

図 20 データガバナンス戦略キャンバス

データマネジメント戦略キャンバスで使用したのと同じインプットを、このキャンバスの内容を記述する際にも使用することができる。**データマネジメント戦略**の場合と同様に、**データガバナンス戦略目標**はこの戦略に取り組むステークホルダーによって最初に定義されなければならない。

ケイパビリティ：これは**データマネジメント戦略**へ直接つながるものである。両キャンバスの1行目には同じケイパビリティが現れる。

体制：体制とは、**データガバナンス**機能の組織に対応する。ここではプログラムの運営に必要な役割と人数を明確にしなければならない。当初は**データガバナンス・リード**、2名の**データガバナンス・アシスタント**、短期的に選ばれた組織単位のデータスチュワード数名で開始することになるだろう。**データガバナンス**が他の分野に展開し拡大するにつれて、データスチュワードやその他のスタッフの数が増えるかもしれない。体制セクションはガバナンス組織を示す場所でもある。短期的には特定の**データガバナンス**組織は作らない。その代わりに既存のガ

バナンス組織を活用して、**データガバナンス・**プログラムを推進する。例えば**ガバナンス・**リードは、リーダーシップチームの議題の一部の時間を確保することで、データ問題についての議論、**データガバナンス**施策の進捗状況報告や上級管理職からの意見を求めたりすることができる。

ガバナンス対象：このセクションは**データガバナンス・**チームが行うことに対する期待値を設定する上で非常に重要である。多くの人にとって、**データガバナンス**はまだ非常に抽象的な概念である。**データガバナンス**はデータポリシーを定義し、その遵守状況を監督するという程度が一般的な理解であろう。**データガバナンス**の実践を組織全体に一度に導入しようとすると通常は失敗に終わり、**データガバナンス**の考え方に対する抵抗感を高めることにもなりかねない。展開は計画的かつ意図を持って行う必要がある。それは短期、中期、長期的にどのような対象をガバナンスすべきかを特定することから始まる。対象とはビジネスプロセス、データリポジトリ、規制レポート、データ統合プロセス、データ移行プロセス、データソース、データドメインなどである。短期、中期、長期の列には、異なるガバナンス対象を記載する。これは段階的な展開という概念を伝えるものである。

スコープとなる組織単位：データガバナンス実践の段階的な導入の考え方を継続し、この行は**データガバナンス**が対象とする組織領域の優先順位を示す。ある組織単位を統制する際に関連するアクションには、データスチュワードの特定、トレーニング、ポリシーの徹底、用語集へのビジネス用語の登録、重要データエレメントの特定、ビジネス**メタデータ**の文書化などが含まれる。

パートナー：データマネジメント戦略キャンバスで述べたように、**データガバナンス**実践の導入と展開を支援する組織単位や役割をリストアップする必要がある。**データガバナンス**の典型的なパートナーとしては、組織の**ポリシーユニット**、**コンプライアンス**ユニット、**内部監査**が挙げられる。

評価尺度：この行は時間の経過に伴う評価尺度の進化と成熟度を示す。短期的にはほとんどのKPI は、組織の**データマネジメント成熟度モデル**に基づいた、**データガバナンス・**プロセスの実装と展開に関連する。

5.6.　個々のデータマネジメント機能戦略キャンバス

3 本脚の椅子の理論（3.4 節）に従い**データガバナンス**に続く残り 2 つの**データマネジメント機能**を選択したら、それぞれの戦略を文書化しなければならない（図 21）。**データ整合戦略**を文書化する際に特定したインプット（動機、修正すべきデータ関連の行動、データに対する問題

点）はそのまま維持する。ただし、個々の**データマネジメント機能**に影響を与えるものについては強調する。

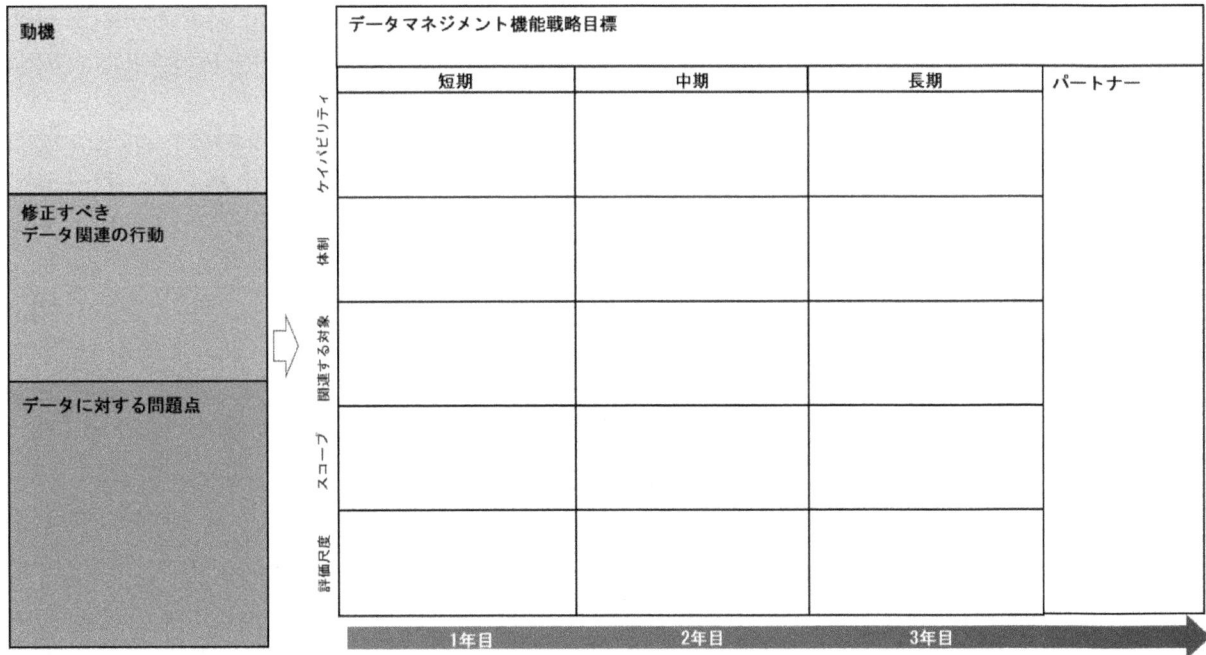

動機	データマネジメント機能戦略目標			
	短期	中期	長期	パートナー
修正すべき データ関連の行動	ケイパビリティ			
	体制			
データに対する問題点	関連する対象			
	スコープ			
	評価尺度			

1年目　　　2年目　　　3年目

図 21 データマネジメント機能戦略キャンバス

ケイパビリティ：組織の**データマネジメント成熟度モデル**のケイパビリティは、このキャンバスのセクションに現れ、導入ロードマップの軸となる。組織固有のケイパビリティでこれらを補完することができる。例えば**成熟度モデル**に個々の**データマネジメント機能**が含まれていない場合（例えば DCAM に**データ統合**が含まれていない場合）、その機能を実行するために必要なプロセスと成功要因に基づいて、ケイパビリティを定義する必要がある。

体制：各**データマネジメント**分野では、異なる役割の参加が必要である。そのうちのいくつかは他の分野と共通するデータスチュワードなどの役割であり、ここで重複して表現する必要はない。それらは**データガバナンス戦略キャンバス**に含めるべきである。この行には、キャンバスに記載したその**データマネジメント**機能に特有の役割とガバナンス組織のみを含める。

関連する対象：**データガバナンス戦略キャンバス**で行ったように、**データマネジメント**機能が適用される対象を特定する。例えば機能が**データアーキテクチャ**であり、対象が顧客データドメインの場合、組織にとって顧客は**エンタープライズデータモデル**（EDM）の一部として文書化すべき「もの」であることを意味する。

スコープ：スコープの定義は期待値を設定する上で非常に重要である。この行は**データマネジメント機能**の短期、中期、長期のスコープを示す。例えば「**データ品質**」の場合、「関連する

対象」として「顧客データドメイン」に焦点を当てると、短期的なスコープを「顧客連絡先データエレメント」に限定することもできる。

パートナー：これまでのキャンバスで説明したように、このセクションには個々の**データマネジメント機能**の実行における、中核的パートナーとして特定された役割または組織単位を列挙する。

評価尺度：評価尺度にはある**データマネジメント機能**に特有の KPI を記述する。**データマネジメント成熟度モデル**に含まれる場合、短期、中期、長期の期待スコアが適切な列に記載されるべきである。

5.7.　データガバナンス・ビジネスモデル・キャンバス

ガバナンスチームを始めとする組織の人々が、**データガバナンス**が組織にとって何を意味するのか、共通理解を深めることは極めて重要である。**ビジネスモデル・キャンバス**はこれを伝える最良の方法である。各**データマネジメント機能**を、組織内の個々のビジネスとして捉えてほしい。自分たちの（内部）顧客、主要なアクティビティ、価値提案を知ることはチームメンバーにとっての基本である。

データガバナンス・ビジネスモデル（図 22）におけるインプット情報は、**データマネジメント戦略キャンバス**および**データガバナンス戦略キャンバス**と同じものである。

顧客：**データガバナンス・チーム**は顧客を明確に理解しなければならない。顧客にはその組織のビジネス部門、IT 開発部門、データベース管理者、CDO などが含まれる。顧客を決めてかかってはいけない。顧客を明確に特定することで、その業務やその方向性に集中することができる。

価値提案：顧客を特定した後、各グループの価値提案を検討する。価値提案のメッセージは顧客の心に響くものでなければならず、それにより顧客が**データガバナンス・チーム**の支援や参加を求めるような行動を起こす必要がある。このセクションは価値提案を実現するために必要な**データガバナンス**のサービスリスト（**データガバナンス**は顧客に何を売り込み／提供するのか）を記載する。このように関連付けることで、**データガバナンス**という抽象的な概念を非常に具体的にすることができる。

チャネル：このセクションでは顧客とのコミュニケーション手段を列挙する。**データガバナンス**のビジネスモデルと体制、サービスとその要求方法、ポリシー、標準、成功事例、ダッシュボードなどを理解してもらうためである。このチャネルの例としてはイントラネットポータル、電子メール、雑誌、ニュースレターなどがある。

顧客との関係：多くの企業では新規顧客を作るのは簡単なことだ。難しいのは既存顧客との関係を維持し、ロイヤルティを高めることである。**データガバナンス**の導入が成功すると、**データガバナンス・チーム**の価値が人々に認識されるようになる。素晴らしい経験と目に見えるメリットを得た顧客は、このチームの仕事を推薦してくれるだろう。キャンバスの顧客との関係のセクションでは、顧客の関心を維持するための手段を特定する。例えばデータソースの更新に関する通知、ビジネス用語の特定と文書化のサポート、トレーニングなどである。

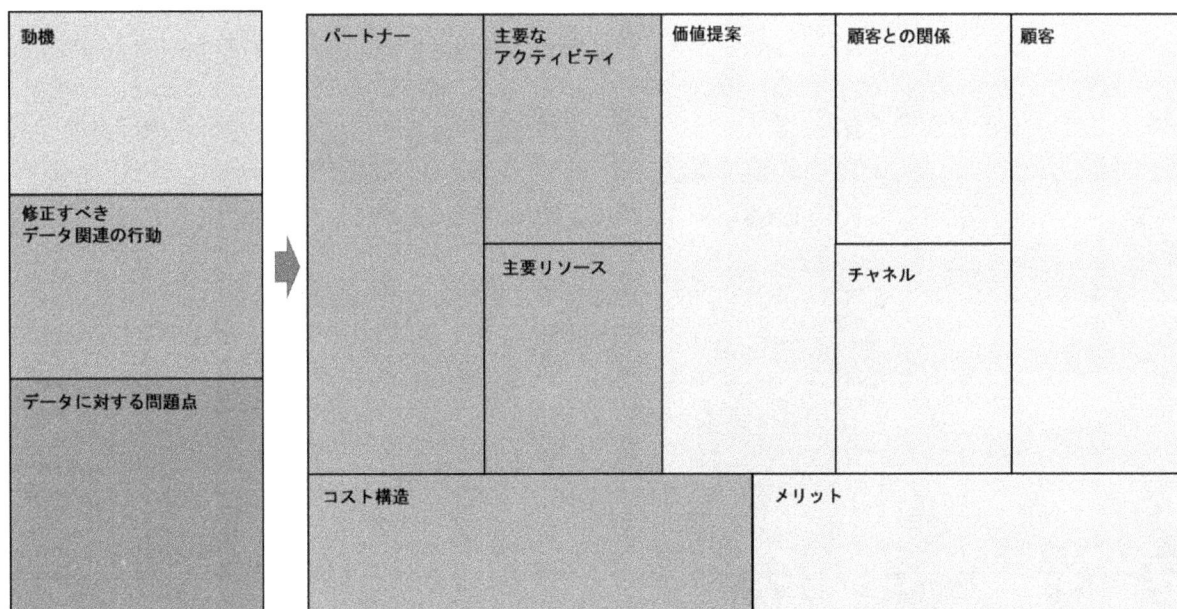

The Business Model Canvas CC License A. Osterwalder. Strategyzer.com www.strategyzer.com

図 22 データガバナンス・ビジネスモデル・キャンバス

メリット：**データガバナンス**が組織にもたらすメリットをビジネス用語で表現することが不可欠である。可能であれば、定量的な要素を加えることが理想だが必須ではない。運用が成熟してきたら、このキャンバスの更新版にメリットの定量的な数値を記載する。

パートナー：**データガバナンス**の導入と実行には、組織内のさまざまな分野からのサポートと協力が必要だ。わかりやすい例として PMO（**プロジェクトマネジメント・オフィス**）が挙げられる。全てのプロジェクトはこのオフィスを経由する。そのため**メタデータ**の文書化やプロジェクト予算による要件の強制など、**データマネジメント**を改善するためのアクティビティを義務付けることができる。もう 1 つの重要なパートナーは、IT ソリューション設計チームまたはアーキテクチャチームだ。ソリューションアーキテクトはデータ標準の欠如を特定するトレーニングや、プロジェクトリードが標準を遵守するよう指導するためのトレーニングを受けることができる。

主要なアクティビティ：**データガバナンス・チーム**が、さまざまなデータ関連の業務をこなしているものの肝心の**データガバナンス**自体ができていないと不満を漏らすのは珍しいことでは

ない。これは主に**データガバナンス**に対する理解不足に起因している。そしてこれがまさにこのキャンバスの目的だ。したがってこのキャンバスは、**データガバナンス・チーム**がフォーカスする中核的なアクティビティをリストアップするのに適した場所だ。ここに記載することで組織が全てのデータアクティビティを**データガバナンス・チーム**に丸投げすることを防ぐことができる。例えばポリシーの作成、データソースの目録管理、ビジネス用語集、データ品質プロセス（多くの場合**データ品質**のための独立したチームを設置することができないため、**データガバナンス・チーム**が最初に立ち上げる必要がある）などが挙げられる。主要なアクティビティに正解はない。このキャンバスはチームに期待する行動を伝えることを目的としている。

主要リソース：主要なアクティビティをリストアップしたら、それを実行するために必要なリソースを特定する。ここでは人的資源だけでなく、インフラストラクチャー、ライセンス、プラットフォーム、設備などの物的資源も記録する必要がある。

コスト構造：このセクションは**データガバナンス**を実現するために必要なコストを認識させるのに役立つ。コスト構造セクションの情報は主要リソースから導き出す。一時的なコストだけでなく、定常的に発生するコストも示すことが重要だ。定量的な情報が得られない場合は、このリストに計上すべきトピックを含めることができる。

5.8.　キーコンセプト

データ戦略キャンバスは各**データ戦略**を 1 枚のスライドで説明できるように、**データ戦略**のさまざまなレベルを総合的に伝える手段である。

5.9.　覚えておくべきこと

1. キャンバスの強みは 1 枚のスライドで複数の関連するアイデアを伝え、さまざまな対象者に明確に理解してもらえる点にある。

2. 各**データ戦略キャンバス**には特定の目的があり、他の**データ戦略キャンバス**と関連している。これらを統合すると、**データマネジメント**で何が起こるかを包括的に示すストーリーとなる。

3. **データ戦略キャンバス**は**データマネジメント**が組織にどのような価値をもたらすかについて、組織全体の期待値を設定するのに役立つ。

5.10. データ戦略に関するインタビュー

専門家にインタビュー：Tom Redman[39]

「データ博士」として知られる Tom Redman は**データ品質**の専門家として国際的に認められており、この分野でいくつかの著書がある。また「リーダーのためのデータ宣言」の共著者でもある。彼はリーダーや企業がデータ分野における最も重要な問題や機会を理解し、方向性を示し、実行に必要な組織能力を構築できるよう支援してきた。新興企業から巨大多国籍企業まで、上級幹部や**チーフ・データ・オフィサー**から何かを始めようと奮闘している中堅社員まで、彼はデータ主導の未来の構築を支援している。そのために彼はデータの全体像に対する先見的な視点と、分析や**データ品質**に関する深い専門知識を組み合わせている。

データ品質のコンサルタントとして豊富な経験をお持ちだと思いますが、担当した顧客組織において、データ関連業務を導き、ビジネス戦略に対応するための横断的なデータ戦略が適切に定義されていることは、どのくらいあるのでしょうか？？

これまでのところ、指摘されたような条件を満たす**データ戦略**には出会ったことがない。少し背景を説明しよう。私の考えでは根本的な「戦略」の問いは、「市場でどのように競争することを目指すのか」である。この質問に答える上では「**データ戦略**」と「**ビジネス戦略**」が切り離せないものに違いない。

次に、企業は基本が整うまでは戦略についてあまり考えすぎるべきではないと考える。優れた戦略とは達成可能なものでなければならず、基本が整うまでは企業は何を達成できるかを推測する術を持たない。私は「達成可能度テスト」に合格できない、夢のような計画を非常に多く見てきた。

最後に、多くのデータ担当者が自分の仕事を**ビジネス戦略**に合わせようとしていることは知っている。素晴らしいことだが十分ではない。ビジネス担当者はデータからどのように競争優位性を生み出すことができるかを自問すべきなのだ。

データドリブン・トランスフォーメーション施策の成否におけるデータ戦略の役割は何だと思いますか？

しっかりしたデータ計画がなければトランスフォーメーションを実現できるとは思えない。

しかしはっきりさせておきたい、私は「トランスフォーメーション」と銘打たれた多くの施策に大きな可能性があるということについては懐疑的だ。トランスフォーメーションは困難であ

---

[39] Tom Redman https://www.linkedin.com/in/tomredman/

る。さまざまな才能、危機感、非常に説得力のあるビジョン、そして勇気を必要とする。これらを実際にまとめている企業を見たことがない。話ばかりが多く、努力が不足しているのだ。

あなたの視点から、誰がデータ戦略の作成と維持を推進すべきであり、どのステークホルダーがこのプロセスに参加する必要があると思いますか？

最も多くの利益を得ることのできる人々が**データ戦略**の策定を推進すべきである。データの専門家も得るものが多いが、通常はビジネス担当者ほどではない。私が知っている CDO の 1 人は主導的な役割を担っているが、基本的な部分を整えている段階である。おそらく同社は戦略の準備が整うのにあと 1 年はかかるだろう。

つまり一般的にはビジネスが主導権を握るべきなのだ。データ担当者は舞台裏で、おそらくはパートナーシップを組んで働くこともできるが、多くの場合、ビジネスリーダーシップがなければならない。

もう 2 つある：実行について尋ねられなかったがそれが重要だ。そしてリソースのほとんどはビジネスにある。ビジネスリーダーシップの必要性はさらに高まる。次に全社的な**データ戦略**の準備が整っている企業はほとんどないことは既に述べた。しかし今のところ、私は個々の部門、さらにはチームレベルに至るまで非常に積極的な戦略を設定し、追求することを奨励している。企業はやってみることで学ぶ。

新たに任命されたデータガバナンス・リードが、成功するデータマネジメント・プログラムの基盤として包括的かつ横断的なデータ戦略を構築することの重要性について、上級管理職に認識を促し賛同を得るためには、どのようなアプローチを推奨しますか？

ここでは少し慎重になりたい。多くのデータの専門家が上級リーダーに「データを理解すること」を求めている。そうなれば彼ら（上級管理職）は本当に助けになるだろう。しかしそれは無駄な努力である。私は長年あらゆるデータにどっぷりと関わってきたが、それでもようやくデータを理解し始めたばかりだと感じている。上級幹部がほんの数分この話題に費やしただけで、データを本当に理解できるのだろうか？

その代わりにデータの専門家は、本当に必要な上級リーダーからの支援についてもっと考える必要がある。私はデータの専門家が難解なビジネスルールについて、上級リーダーの署名を得ようとするのを見てきた。上級リーダーはこれらについて何も分からず、本当の助けにはなれず、すぐにそっぽを向いてしまう。さらにこれはデータプログラムに必要なことではない。

ほとんどの上級管理職は手助けをしたがっている。そして単にそうすることが自分の仕事だと考えている。本当に必要なことを彼らに頼むのが一番だ。例えば私のあるクライアントは各組織の内部にデータマネージャーを任命し、そのネットワークを構築する必要があった。そこで彼女は何が欲しいのか、なぜ欲しいのかを明確にして具体的な要求をした。もちろんそれは認

められた。またある上級リーダーには、タウンホールミーティングでデータのために 15 分の時間を作るように頼み、部門のミッションにデータをどのように位置付けているか、心から話してほしいと依頼した。このリーダーは、予想していた以上に良い仕事をしてくれた。

要約するとデータの専門家は自分たちの業務を上級リーダーに代わりにやってもらおうとしてはならない。しかし支援が必要な場面では、その業務や組織としてのケイパビリティに関して、上級リーダーに助けを求めるべきである。要求はできるだけ具体的にすべきである。

6. 旅路：効果的な**データマネジメント・プログラムへの道**

旅路はゴールと同じくらい重要だ。

Kalpana Chawla

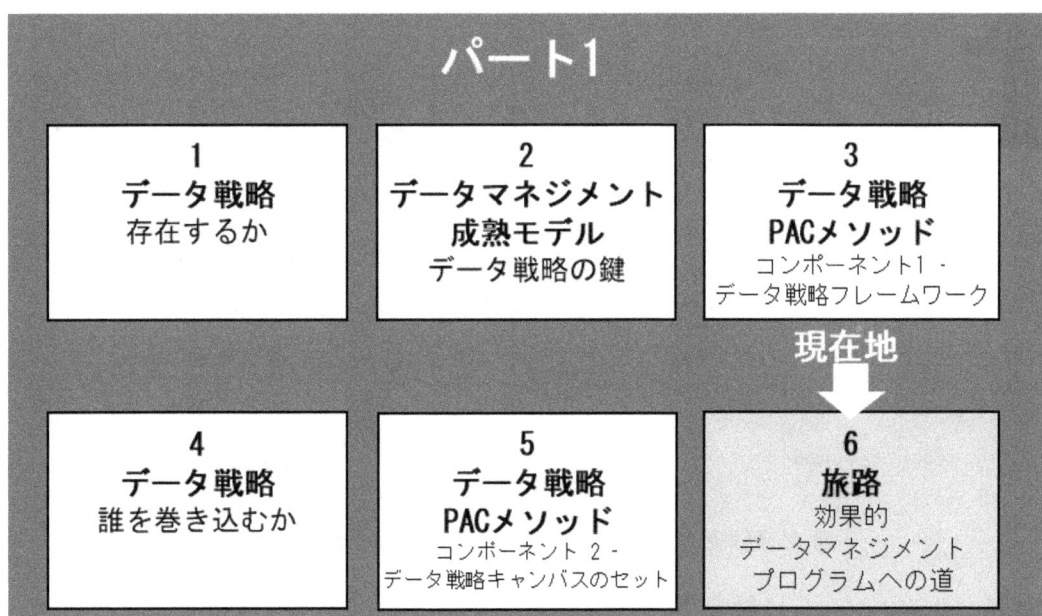

パート1

1 **データ戦略** 存在するか	**2** **データマネジメント** **成熟モデル** **データ戦略の鍵**	**3** **データ戦略** **PACメソッド** コンポーネント1 - データ戦略フレームワーク
4 **データ戦略** 誰を巻き込むか	**5** **データ戦略** **PACメソッド** コンポーネント 2 - データ戦略キャンバスのセット	現在地 **6** **旅路** 効果的 データマネジメント プログラムへの道

データマネジメント 101 の講義を終えると、いつも同じ質問を受ける：「何から始めるべきか」「**データマネジメント**機能の全てを同時に取り組むべきか」「**データマネジメント・プログラム**の成功要因は何か」。私はいつも、効果的な**データマネジメント・プログラム**を作成するために通過すべき 4 つのゾーンを示した図 23 の地図を見せて答える。これは以下を含む：

1. 組織における**データマネジメント**の基礎についての教育と、定期的なトレーニングプログラムの定義

2. **データマネジメント**成熟度の評価

3. データ作業の優先順位を付けるための**データ戦略**の策定

4. **データガバナンス**と**データ品質**から始まる**オペレーティングモデル**の設計

この章ではこれら4つのトピックを通して描かれる旅路について説明する（再度 図23）。

地図アプリケーションを使って目的地までの行き方を調べる時のことを思い起こしてほしい。アプリケーションは1つの目的にたどり着くためのさまざまな選択肢を表示する。選択肢の中には有料道路が含まれている場合もある。また通行料はかからないが、時間がかかる選択肢もある。図23の地図は目的地である**データマネジメント・プログラム**に行くために通らなければならない4つのエリアまたはゾーンを示している。

図 23 効果的なデータマネジメント・プログラムへの道筋

- **教育**：最初のゾーンは**教育**で、基本的なデータの概念を組織全体に広めることから始める。これは共通のデータ言語を構築し、**データマネジメント**概念、役割、テクニック、評価尺度を理解することに貢献する。このゾーンを通過するにはウェビナー、正式なトレーニング、短いビデオなど、さまざまな方法が考えられる。

- **アセスメント**：2番目のゾーンは**データマネジメント成熟度アセスメント**である。ここでは組織がこのエリアのどこに当てはまるかを理解することができる。予算に応じていくつかのルートがある。私がよく知っている**成熟度モデル**はDCAMで、ケイパビリティに基づいた堅実なアプローチだと考える。

- **データ戦略**：組織の現状とあるべき姿とのギャップが分かれば、3番目のゾーンである**データ戦略**に入ることができる。ここでは第3章で説明した戦略が定義される。

- **オペレーション**：データ戦略ゾーンを出ると**オペレーティングモデル・ゾーン**に入る。ここでは**データマネジメント戦略**で優先付けされた**データマネジメント**機能をどのよう

に運用するかを掘り下げる。このゾーンでは、**データマネジメント・プログラム**の運用計画や一連のアクティビティを作成することができる。

6.1. 教育

データリテラシーはここ数年で最も重要なバズワードの 1 つとなった。**データリテラシー**はデータカルチャーを発展させるための絶対的な基盤である。

データリテラシーとはデータを読み、分析し、作業し、コミュニケーションする能力のことである（Data Literacy Project, 2021）。現在それは企業にとって非常に重要であり、ビジネスの第 2 言語として歓迎されている。データがますます浸透しているため、全ての従業員が「データを話す」ことを学ぶことが極めて重要になっている（Gartner Group, 2018）。

Laura Sebastian-Coleman は、**データ品質管理**の 5 つの課題の 1 つである**人材教育**の一環として、**データリテラシー**の構築について説明している。彼女は**データリテラシー**をあらゆるリテラシーと比較している：

あらゆる種類のリテラシーは知識、スキル、経験の組み合わせとして理解することができる。識字能力（リテラシー）はアルファベットを学び、単語がどのように文字で表されるかを認識することから始まる。識字能力は文章、段落、章など、書かれた言語の構造に関する明確な知識を通して発達する。さらに重要なのは読書量が増えるにつれて、文章のニュアンスを理解できるようになることだ。文学作品を読む経験は関連性を見抜き、構造を理解し、著者が情報を明らかにする際にどのような選択をしたかを認識し、物語の体験を豊かにするスキルを磨く。ノンフィクション、科学、歴史、さらには技術情報を読んだ経験も同様の効果がある。これら全てにおいて情報を抽象化し、さまざまな視点から理解する必要があるからだ。データを読むにも同様の知識とスキルが必要だ。データを使いそれを解釈するという経験を通して、知識は得られ、スキルは磨かれる（Sebastian-Coleman, 2022）。

このように、組織全体で**データリテラシー**を向上させることは継続的なプロセスである。データに関する知識からデータを扱うことで得られる経験に至るまで、多くの側面を考慮しなければならない。Laura Sebastian-Coleman は全ての**データリテラシー**のコンポーネントを、主に 3 つの一般的な**リテラシーコンポーネント**に分類している：**知識**、**スキル**、**経験**である。

アルファベットを教えるように**データマネジメント**の基本を教育することで、どの**データマネジメント**機能においても経験を積むことにより応用するスキルを身に付けることができる。それはデータカルチャーを構築し、**データリテラシー**を身に付けるための基礎となるブロックのようなものである。

データを統制し管理するためには、データ教育プログラムが必要である。これは組織内の人々がそれぞれの役割やデータに接する機会に応じて、教育やトレーニングの必要性を認識するものである。誰もが同じレベルのトレーニングを必要とするわけではないが、誰もがアルファベット、すなわち**データマネジメント**の基本的なコアコンセプトを知る必要がある。データに関する業務経験のある受講者が多い場合でも、クラスを始めるたびに**データマネジメント**に関する誤解が多いことに驚かされる。少数の専門家は、その知識と経験を認定するためのトレーニングを必要とする。

この最初のゾーンを通過するには、さまざまなメディアの組み合わせを定義することから始める。組織内の最も幅広い対象者に**データマネジメント**の本質的な概念を伝えるためである。これにはさまざまな時間帯で行われるエグゼクティブ・トークや、それを録画してイントラネットで公開することなどが考えられる。データ教育を企業の教育プログラムに組み込んで義務化することもできる。そして組織内コミュニケーションチームと調整した明確なプログラムの一部として放送される「データカプセル」でこれらを補完する。

データマネジメントの基礎に関する次のレベルのトレーニングでは、**データマネジメント**について教える。例えば各**データマネジメント**機能がどのようなもので、他の機能やビジネスゴールとどのように関連しているかなどだ。**データ統合**や**データオペレーション**のような特定の機能に数年間従事してきた人であっても、データを効果的に管理するために他の分野がどのように相互作用しなければならないかを理解することは不可欠となっている。**データマネジメント**の基本を学ぶことは、通常より多くのことを学んだり、特定の機能に深く関わってスキルを身に付けたり、経験を積んだりする動機付けになる。

教育やトレーニングのイベントは、ビジネスと IT の参加者が混在している場合にも互いの視点から学ぶことができるので有益である。さらにトレーニングセッションは、**データマネジメント成熟度アセスメント**と**データ戦略**の定義に参加するために必要となる、主要なステークホルダーを特定することに役立つという利点もある。

6.2. アセスメント

第 2 章では、**データマネジメント戦略**を定義する際に、ケイパビリティベースの**データマネジメント成熟度モデル**を使用するメリットについて議論した。また最もよく知られているモデルについても検討した。今、このトピックは私たちの旅路の 2 番目のゾーンとして再び登場する。ここで**データマネジメント**機能に関する組織の立ち位置を理解する必要がある。

組織のリーダーから、**データマネジメント・プログラム**を始めたばかりだからアセスメントは必要ないと考えているという話をよく聞く。彼らは組織が成熟度レベルの第一段階にあると思

い込んでいる。とはいえ組織のさまざまな部分のステークホルダーが、組織をどのように見ているかを理解する必要がある。またこの認識を参照モデルと比較することは、**データ戦略**のインプットとなる「動機」を特定するのに役立つ。特定されたギャップは戦略定義の各フェーズにおける優先順位付けに役立つ。

どのような**成熟度モデル**を採用するにせよ、成功の鍵となるのは組織全体から中心的なステークホルダーをアセスメントに参加させることである。協業が鍵である。また成熟度アセスメントは、**データ戦略**を定義するための参加者を特定するための絶好の機会である。

6.3.　データ戦略

データマネジメント成熟度アセスメントを実施した後、**データ戦略**ゾーンに到達する。第 3 章では**データ戦略フレームワーク**について説明し、必要とされる**データ戦略**のタイプを特定した。第一段階で定義すべき基本的な**データ戦略**は**データ整合戦略**、**データマネジメント戦略**、**データガバナンス戦略**である。**データマネジメント機能戦略**を策定する順番とペースは、**データマネジメント戦略**における優先順位に依存する。

第 4 章では、**データ戦略**の定義にステークホルダーを関与させることの重要性を強調した。組織単位のリーダーは、教育セッションとアセスメントセッションの中でこれらの個人名を特定する。

第 7 章「**データ戦略 PAC メソッド：コンポーネント 3 − データ戦略サイクル**」で、この旅路の第 3 のゾーンで何が起こるかを説明しているので、ここではこれ以上深入りしない。**データマネジメント**と**データガバナンス戦略**（第 3 章）を通じてゴールに優先順位を付けると、期待値の管理に使用する年間ロードマップを簡単に導き出すことができる。これら 3 つを合わせて、**オペレーティングモデル**への重要なインプットとなる。

6.4.　オペレーティングモデル

包括的な**データマネジメント・プログラム**に向けた旅路の最後のゾーンでは、（**データマネジメント戦略**で特定された）最優先の**データマネジメント機能**の**オペレーティングモデル**の概念設計を行う。**データガバナンス**は常に優先する機能だ。このようなモデルの設計にはさまざまな考慮事項がある。例えば：

- David Plotkin はデータスチュワードシップの包括的な研究を発表している。そこではデータスチュワードシップを、「全体的な**データガバナンス・**プログラムの運用面、つ

まり企業のデータを統制する実際の日常業務が行われる場所」と定義している（Plotkin, 2021）。

- Robert Seiner は非侵襲的**データガバナンス**を提唱している。「これは過度に介入せず、しかしより効果的な**データガバナンス**を実現することで非常に役立つ。組織内に既に存在する他のガバナンス構造を活用することで、**データガバナンス・**モデルを強化することもできる」と述べている。（Seiner, 2014）。

- このアプローチを、Håkan Edvinsson の外交的で強制的でないアプローチで補完することができる：「外交的アプローチは従来の**データガバナンス**の形式的な部分を減らし、強制的な部分を取り除くよう努める」（Edvinsson H., 2020）。

これらを参考にどのようなコンポーネント（スチュワードシップ、常設委員会、ワーキンググループ、ポリシーなど）をモデルの一部とし、それらをどのように連携させるか（協業の原則、意思決定、形式的なレベルなど）を決定することができる。ゴールは組織にとって最良の**データガバナンス・オペレーティングモデル**を設計することであることを忘れてはならない。組織文化（新しいアイデアやプロセスの受け入れ方、意思決定の方法、変更管理の方法など）を考慮することが基本だ。またモデルを運用するために利用可能なリソースを考慮することも不可欠だ。概念設計は現在および将来のニーズに対応するものでなければならず、組織全体に段階的に展開できるものでなければならない。

データガバナンス・オペレーティングモデルと優先順位の高い**データマネジメント機能**（**データ品質**、**データアーキテクチャ**、**データセキュリティ**など）が定義されたら、運用計画を策定する番だ。この詳細な計画は概要レベルのロードマップから導き出される。この旅路の目的地である**データマネジメント・プログラム**は、複数年にわたるプログラムだ。各年度の運用計画が必要となる。計画が定義されるとモデルを実装し、計画を実行するための実行と統制のサイクルに入る。

チームが明確な方向性を持たないまま**データガバナンス**を立ち上げる組織が多い。そして組織内の全てのデータをガバナンスしているふりをする。言い換えれば近道を見つけてこれまで説明したゾーンを通らずに、プロセスの最後までスキップしようとするのだ。ほとんどの場合、**データガバナンス・チーム**は迷子になる。一度道に迷うと、どの道をたどればいいのか分からなくなる。

🔅 6.5. キーコンセプト

データマネジメントの旅路は組織が**データマネジメント・プログラム**を構築するために取るべき道筋を説明している。組織を教育し、データに関する共通言語を育成することから始まる。

続いて**データマネジメント**の成熟度を評価し、**データ戦略**を定義し、**データガバナンス・オペ**
レーティングモデルと**運用計画**を実装する。

6.6. 覚えておくべきこと

1. データ教育プログラムは、組織内でデータに接する各役割に必要なレベルのトレーニングを提供するために実施されなければならない。

2. **データマネジメント**の ABC に関するトレーニングや**データマネジメント成熟度アセスメント**セッションは、**データ戦略**を定義するための主要なステークホルダーを特定するための良いフォーラムとなる。

3. 年次ロードマップは**データマネジメント戦略**および**データガバナンス戦略**から導き出され、**データマネジメント・プログラム**の**運用計画**のインプットとなる。

6.7. データ戦略に関するインタビュー

専門家にインタビュー: David Plotkin[40]

David Plotkin は、データガバナンスおよび**データ品質**マネージャーであり、**データアーキテクチャ**、データマート、論理・物理**データモデリング**、データベース設計、ビジネス要件とビジネスルール、**メタデータマネジメント**、**データ品質**、プロファイリング、データ統合、**データスチュワードシップ**の専門家でもある。**金融サービス**（大手銀行、資産管理会社）、**エネルギー／エンジニアリング**、**ヘルスケア**、**人事**、**保険**、**教育**（幼稚園から高校まで）、**小売**の分野で経験を積んできた。DAMA、**データガバナンス**、**大学**カンファレンスでの人気の講演者でもある。複雑なプロセスを伴う大規模システムの実装において IT チームと連携するエキスパートである。書籍「データスチュワードシップ（Data Stewardship）」の著者であり、データスチュワードシップの導入に関する 2 日間のコースの講演者でもある。

データマネジメントの専門家として、特に企業におけるスチュワードシップとメタデータマネジメントの推進者としての豊富な経験を踏まえて、これまで協業してきた組織において、デー

---

[40] David Plotkin https://www.linkedin.com/in/davidnplotkin/

タ関連業務を導き、ビジネス戦略に対応するための横断的なデータ戦略が適切に定義されており、上級管理職がコミットしていたことは、どのくらいあるのでしょうか？？

上級管理職は、データ関連業務を導き**ビジネス戦略**に対応する適切に定義された**データ戦略**を実行することに、抵抗を感じることが多いようだ。緊急に必要となるデータ関連の具体的な「ソリューション」（マスターデータ・マネジメント、リファレンスデータ、**データガバナンス**、**データ品質**向上など）がある場合、最初に**データ戦略**を策定することは時間の無駄と見なされがちだ。もちろん**データ戦略**は時間の無駄ではない。戦術的な意思決定を行うためのガイダンスとインフラを提供するものである。また堅牢な戦略を得るには何ヶ月もかかり、その間他の緊急の作業は保留となってしまうという認識がある。この認識が最初のステップとして**データ戦略**を作成しようとする意欲に影響を与えている。

この抵抗を克服する鍵は、上級管理職に**データ戦略**はすぐにできるということを納得させることである。戦略が最初は単なるフレームワークであっても、それは他の作業のガイダンスとなる。そして他の作業が進み、さらに学習を重ねることで完成する。**データ戦略**を「固定された」不変のものと考えるのは誤りである。そうではなく**ビジネス戦略**がよりよく理解されるにつれて、**データ戦略**を変更できるように柔軟であるべきである。

データドリブン・トランスフォーメーション施策の成否におけるデータ戦略の役割は何だと思いますか？

データ戦略は**データドリブン・トランスフォーメーション**施策の重要な部分であり、このような取り組みの成功に直接貢献する。**データドリブン・トランスフォーメーション**はビジネスモデル、プロセス、組織文化にまでに影響を及ぼす。こうした変化の根底にあるのは、膨大な量のデータである。実際**データドリブン・トランスフォーメーション**の核心は（その名前から分かるように！）、ビジネスが下す意思決定が**データドリブン**であるということだ。変化する状況、競合他社や規制機関の動き、プロセスの変更に対応しての意思決定だ。したがってデータの適切な管理は重要である。**データ戦略**は企業がデータと**メタデータ**をどのように管理するかをガイドする。例えばデータをどのように統制するか、使用すべきデータをどのように決定するか、データを使用できるようにデータの品質を向上させるかどうか（するのであれば、どのようにやるか）、ビジネス目標を達成するためにデータをどのように変換し、データの使用をどのように合理化するか、といったものである。**データ戦略**がなければ**デジタルトランスフォーメーション**の効果は低くなり、完全に失敗する可能性さえある。

あなたの視点から、データ戦略の策定と維持は誰が推進すべきであり、どのステークホルダーがこのプロセスに参加する必要があると思いますか？

「**データ戦略**の策定と維持は誰が推進すべきか」に対する明白な答えの 1 つは、**エンタープライズアーキテクチャ**だろう。しかしそれが良い選択であるかどうかは、その企業の文化に依存

する。**エンタープライズアーキテクチャ**は戦略を**策定すること**でよく知られているが、その戦略をビジネス上の優位性のために実行することはあまり得意ではないことが多い（常にではないが）。つまり作成された戦略が実用的でなかったり、ビジネス上の必須事項を考慮していなかったり、エンタープライズアーキテクトに欠けているリーダーシップや専門知識が必要であったりする場合、その戦略が役に立たない恐れがある。私は戦略を策定するだけでなく実行することにも優れた**エンタープライズアーキテクト**を見つけるのが難しいと感じている。これにはビジネス側のステークホルダー特定や経営陣の支援の確保、付加価値のためにビジネス担当を巻き込む説得、さらには戦略を実行するために必要な戦術の策定を含め、最終的な成果物へと導くことが含まれる。

もう 1 つの可能性は経験豊富な**データマネジメント**専門家の組み合わせである。例えば**データガバナンス、マスターデータ・マネジメント、データウェアハウス／データレイク、メタデータマネジメント、データ品質**といった主要なデータ施策のリーダーなどである。**データ戦略**の構築方法を熟知している担当者の指導のもと、これらの対象領域の専門家が協力して、**データ戦略**にこれらの重要な領域を実行するために必要な全てのコンポーネントが含まれていることを確認できる。さらにこれらの各コンポーネントには、それぞれ実行を牽引する独自のステークホルダーが存在する。彼らはどのようなビジネスゴールが最も重要であるかについて、ビジネス上のインプットを提供することができる。

新たに任命されたデータガバナンス・リードが、成功するデータマネジメント・プログラムの基盤として包括的かつ横断的なデータ戦略を構築することの重要性について、上級管理職に認識を促し賛同を得るためには、どのようなアプローチを推奨しますか？

新しい**データガバナンス・リード**が上に述べたような人たちとチームを組み、**上級管理職**の意識向上と賛同を得るために参加することをお勧めする。とはいえ新しい**データガバナンス・リード**はこれに集中するべきではなく、むしろ支援するべきだと思う。**データガバナンス**の実務担当者やリーダーはやるべきことが山ほどあり、必ずしも**データ戦略**の構築と「売り込み」の専門家というわけではない。またそのために雇われたわけでもない。**データガバナンス**は強固な**データ戦略**に貢献しそこから利益も得るので、彼らはこの取り組みを支援する必要がある。

メソッドの実装

パート1では、**データ戦略PACメソッド**の最初の2つのコンポーネントである**データ戦略フレームワーク**と**データ戦略キャンバス**のセットについて説明した。パート 2 では、**データ戦略 PAC メソッド**の 3 つ目のコンポーネントである、**データ戦略サイクル**について詳しく説明する。パート1をスキップした場合は、**データ戦略サイクル**の 10 ステップを適用する際の理解を深めるために以前の章を参照してほしい。

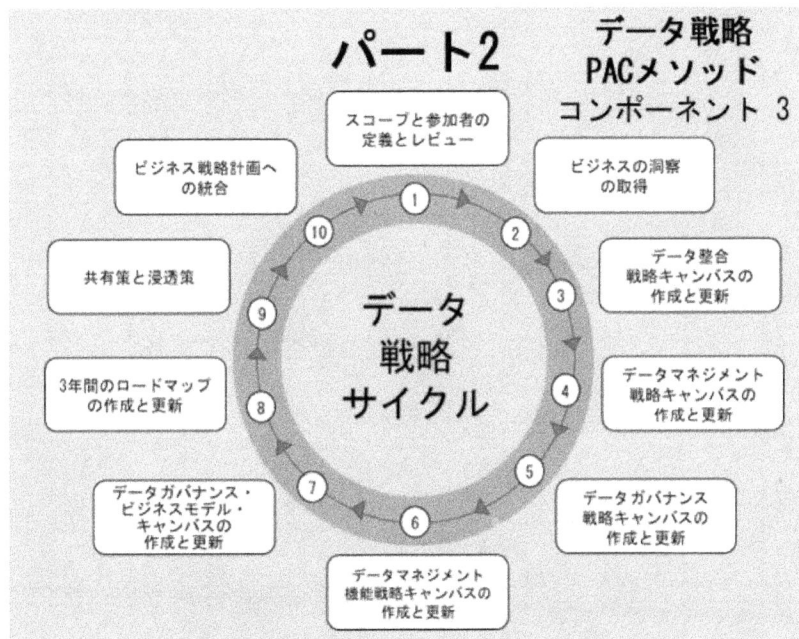

図 24 データ戦略サイクルの 10 ステップ

7. データ戦略 PAC メソッド：
コンポーネント 3 - データ戦略サイクル

あるメソッドを選んで試してみるのは常識だ。失敗したら素直に認めて別の方法を試す。しかし何より大切なのは、何かを試してみることだ。

Franklin D. Roosevelt

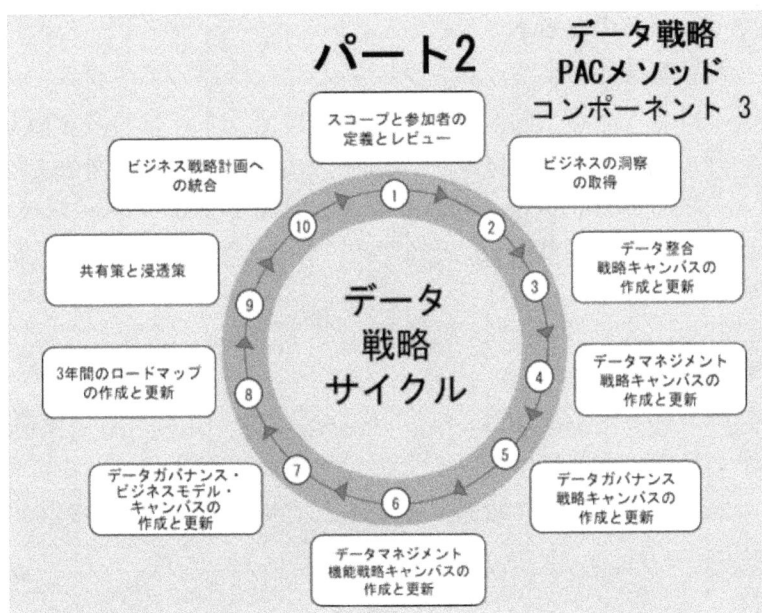

7.1. データ戦略サイクルの 10 ステップの紹介[41]

データ戦略 PAC メソッドの 3 番目のコンポーネントである、**データ戦略サイクル**の 10 ステップを説明する時が来た。これまでの 6 つの章を読んでいれば、このメソッドを理解するのに必要なコンテキストは全て理解いただいている。このメソッドが何を起源にしており、なぜ定義さ

---

[41] Danette McGilvray の TEN STEPS to Quality Data and Trusted Information ™（日本語版は「質の高いデータと信頼できる情報を得るための 10 ステップ」）から着想を得た http://www.gfalls.com/

れたのかを理解しているはずである。メソッドから直接始めても、サイクルのステップを読み進めるうちに前の章への参照が見つかるだろう。これらは詳細で追加のコンテキストへと導いてくれる。

PAC とは、**P**ragmatic（実践的）、**A**gile（アジャイル）、**C**ommunicable（共有可能）の頭文字をとったものである[42]。図 25 はその 3 つのコンポーネントを再掲している：

1. **データ戦略フレームワーク**
   データ戦略フレームワークは 1 つの**データ戦略**ではなく、緊密に連動した**データ戦略**のセットが必要である理由を表している。このフレームワークは**ビジネス戦略**を**データガバナンス・ロードマップ**のマイルストーンへとたどり、さらにそこから**データガバナンスの運用計画**へと繋げていく。第 3 章を参照。

2. **データ戦略キャンバスのセット**
   これらは**データ戦略**を記述する。キャンバスとは、一連のアイデアを 1 枚のスライドに表現するための概念である（画家が絵を描く時に使うキャンバスを模したものだ）。ここではキャンバスは**データ戦略フレームワーク**に含まれる戦略を表している。このコンセプトは Alexander Osterwalder らによる **ビジネスモデル・キャンバス**（Business Model Canvas）から着想を得たものである[43]。各キャンバスの詳細な説明は第 5 章を参照。

3. **データ戦略サイクル**
   企業の戦略計画の中で毎年繰り返さなければならない 10 ステップで構成されている。戦略をビジネス目標に関連付け続けるためである。（年次サイクルに従うことは、サイクルの途中であっても**ビジネス戦略**が変更された場合に**データ戦略**を再検討することを妨げるものではない）。

このメソッドはシンプルであるため、大きな組織でも小さな組織でも有効である。違いがあるとすれば、それは参加者の数だけだ。このメソッドは私が個人コンサルタントとして自分のビジネスで使った時にも効果を発揮した。これは誰のために何をすべきか理解するのに役立ち、他者と効果的なコミュニケーションを取ることができる。大きな組織では、各組織を代表するステークホルダーが**データ戦略キャンバス**を定義しなければならない。これによって第 3 章で述べたように、**データ戦略**は全体的（全組織単位のニーズを考慮する）かつオープンなものになる。

---

[42] https://dictionary.cambridge.org/dictionary/english-spanish/communicable

[43] Alexander Osterwalder https://www.alexosterwalder.com/ ビジネスモデル・キャンバス https://qr.paps.jp/5lkzj

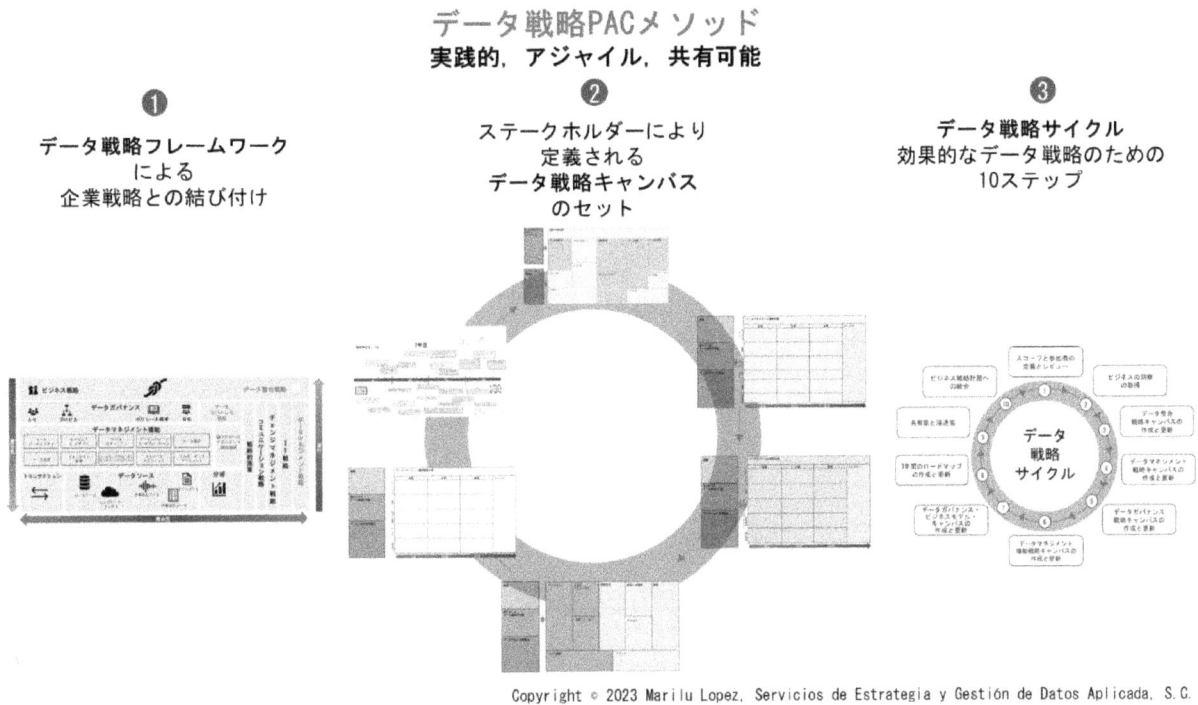

データ戦略PACメソッド
実践的，アジャイル，共有可能

❶
データ戦略フレームワーク
による
企業戦略との結び付け

❷
ステークホルダーにより
定義される
データ戦略キャンバス
のセット

❸
データ戦略サイクル
効果的なデータ戦略のための
10ステップ

図 25 データ戦略 PAC メソッドのコンポーネント

図 26 はさまざまな**データ戦略**を定義する順番を示している。

1. **データ整合戦略**
   この戦略は企業の戦略目標、データ要件、データに関連する問題点に対応するものである。この戦略を定義するために、私たちはこれらのインプットを特定し、優先順位を付ける。

2. **データマネジメント戦略**
   データ整合戦略をインプットとして、この戦略は整備または成熟させるべき（フレームワークの中心にある）**データマネジメント機能**に優先順位を付ける。そしてそれらの機能を適用する組織単位やデータドメインを特定する。

3. **データガバナンス戦略**
   この戦略は確立すべき**データガバナンス・ケイパビリティ**と、ガバナンスの対象（プロセス、レポート、データドメイン、データソース、データリポジトリなど）に優先順位を付ける。

4. **個々のデータマネジメント機能戦略**
   データマネジメント戦略において優先順位が付けられた個々の**データマネジメント機能**には、それぞれの戦略が必要である。

図 24 は**データ戦略**の作成手順を示している。本章ではこれらの各ステップについて説明する。各ステップを実行する前に**上級管理職**の賛同を得る。ほとんどの人が**データ戦略**の策定と情報品質の向上は重要であると言うだろう。しかしこれらに取り組むために専念する時間と資金を割くことについては反発されることが多い。次のような反発が聞かれるだろう：

- 我々は既に**データ戦略**を持っている。データをクラウドに移行中だ。

- **データ戦略**を持つのは良い考えだ。しかし費用がかかりすぎるし、作成に数ヶ月かかる。まずは急いで**マスターデータ**を整備する必要がある。

- 運用は止められない。**データ戦略**を描くために人を割くことはできない。誰か他の人に我々の戦略を描いてもらおう。

- **データ戦略**に価値はない。我々は**データ戦略**なしで何年も運用してきた。

- **データ戦略**は現実的でない。必要なのは現在のデータ問題の解決を急ぐことだ。

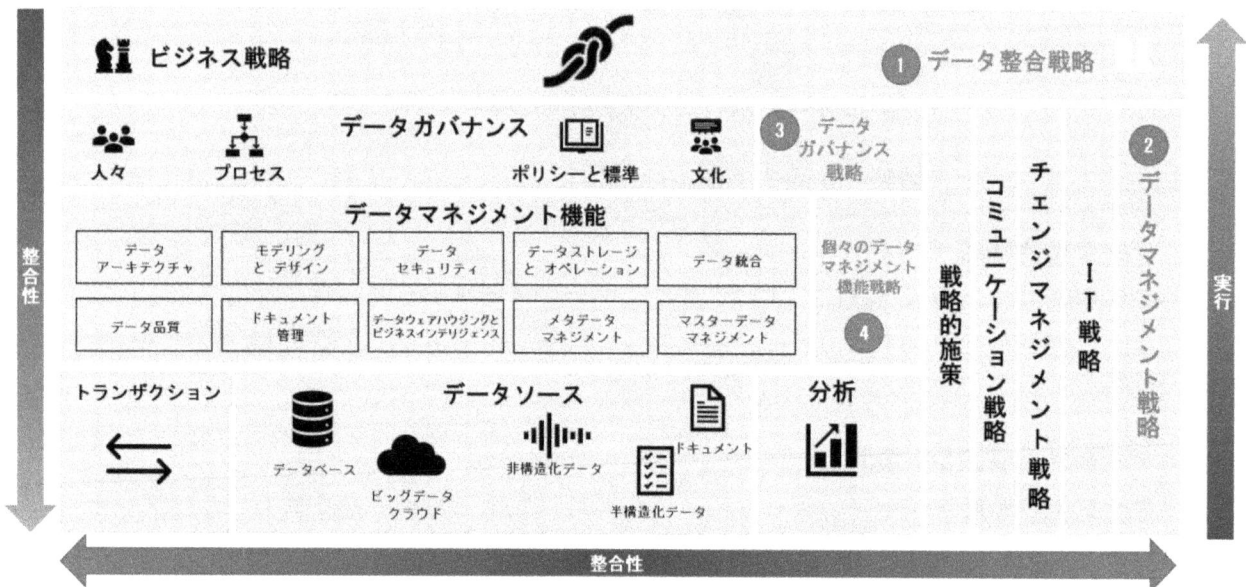

図 26 データ戦略の作成順序

賛同を求める前に、以下のような考え方で意見を主張できるように準備しておくと良い：

- **総合的視点：**効果的な結果を得るためには、**データ戦略**が技術的プラットフォームやソリューションを進化させる方法にとどまってはならない。**データ戦略**はビジネスニーズ、動機、データに関連する問題点、データ関連の望ましくない行動、そして最も重要なこととしては**ビジネス戦略目標**に総合的に取り組む必要がある。またオープンな戦略でなければならない。組織全体のステークホルダーがこの戦略に貢献し、その定義に参

加することでステークホルダーがその実行を支持する理由が生まれる。最後に、組織の誰もが見つけやすく理解しやすいものでなければならない。

- **計画状況**：**データ戦略**の最初の開発サイクルにかかる期間を明確にしたタイムラインを準備する。**データ整合戦略**、**データマネジメント戦略**、**データガバナンス戦略**、**データガバナンス・ビジネスモデル**、および**データガバナンス・ロードマップ**を初めて作成する場合、9 週間あれば完了できる。

- **オープン／包括的**：大規模な組織の場合、特定の人やコンサルタントが**データ戦略**を策定すると実行が難しくなるだろう。ほとんどのステークホルダーはその戦略の策定に関与した場合にのみ、その戦略に共感するからだ。組織全体のステークホルダーを含めるべきだ。

- **証拠による裏付け**：データを修復するためにテクノロジープラットフォームやソリューションに組織が投資したが、期待された結果が得られなかった事例を文書化する。

- **共有可能**：**データ戦略チャーター**と一緒に、実践的なアプローチ、スケジュール、必要なリソース、期待されるメリットを伝えるための 1 ページを準備する。

データ戦略の策定は、IT 施策とデータオペレーションをサポートするための独立した取り組みであってはならない。このプロセスを組織の年次戦略計画に組み込む。**データ戦略**を戦略的ビジネス計画に組み込むことでこのサイクルは終了する。

データ戦略サイクルに入る前に、初めて行う場合と同じように全てのステップを定義する。**データ戦略**は一度策定しても、**企業戦略**に変更があれば更新しなければならない生きた文書である。ここで策定した**データ戦略**を、この後説明する 10 ステップを使用して少なくとも年に一度は見直し、更新してほしい。この年次レビューに要する時間は組織が実行を重ね、成熟するにつれ大幅に短縮される。当然だが既存のキャンバスを変更する方が、最初から作成するよりも簡単だからだ。

7.2. データ戦略サイクルの進め方

7.2.1 ステップ1：スコープと参加者、リソースの定義とレビュー

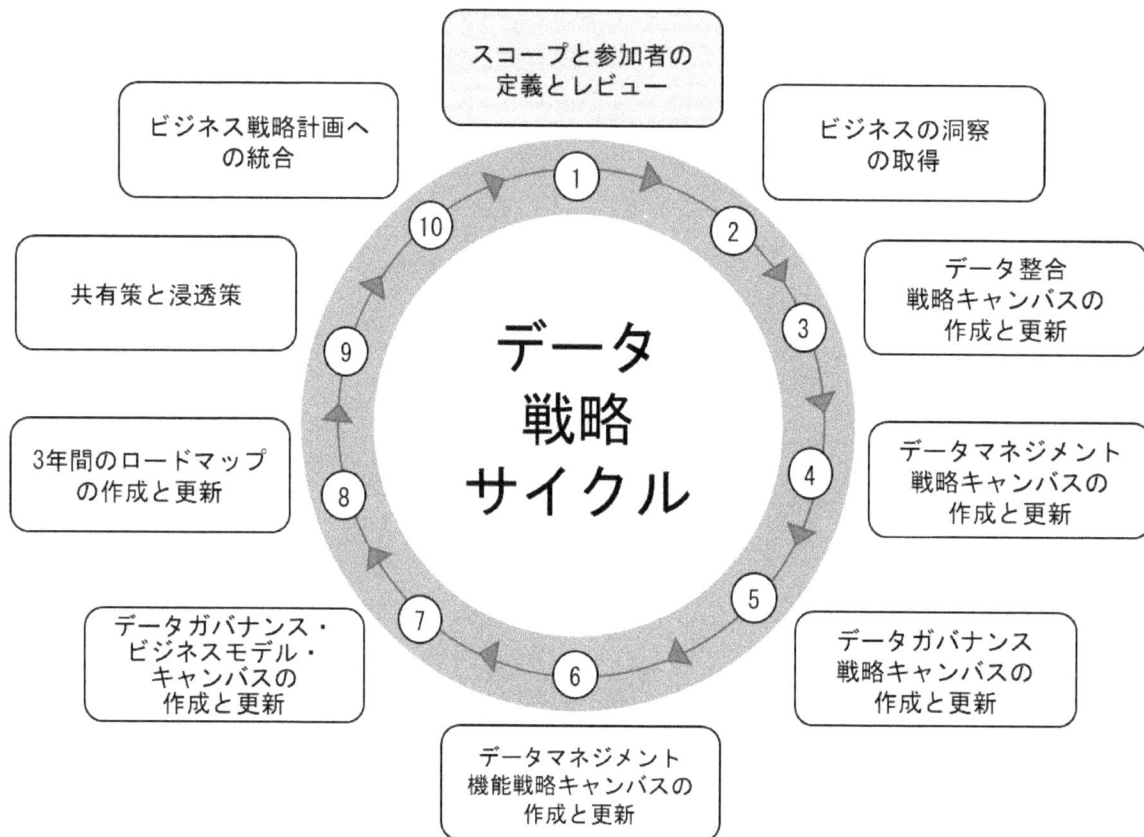

この最初のステップでは、**データ戦略**を定義するステークホルダーを特定することに焦点を当てる。全体的アプローチには、組織全体からのステークホルダーが必要である。大規模な組織、特に多国籍企業の場合は、この時点で施策のスコープを定義する。施策は企業レベルで開始し、事業部門に落とし込むのか、それとも企業による定義をインプットとした、ローカルな施策からとするのか。最適なアプローチを決定するために、まず組織的に強い影響力を持つ**データ戦略**スポンサーが必要だ。この人物がスコープを提案し、経営トップの賛同を得るべきである。

複数のステークホルダーが参加するため、彼らの予定や組織全体のスケジュールに合うよう、慎重に計画を提案する必要がある。

ステップ1 プロセスフロー

1. **データ戦略スポンサーの確保**

   スポンサーはビジネス部門でも IT 部門でもよい。スポンサーの最も重要な特性は、全体的でオープンな**データ戦略**を持つことにコミットしており、資金調達、協業、ステー

クホルダーの関与について他のトップマネジメントに影響を与えることができることである。

2. **スコープの定義と参加者の特定**

できるだけ多くの組織単位が参加することを目指す。ステークホルダーの組織内におけるレベルについてのルールはない。グループには上級管理職と業務担当者の両方を含めることができる。全員がそれぞれの部門のプロセスやデータに関連する問題を知っている必要がある。そして上級管理職が部屋にいるときでも、遠慮なく発言できなければならない。

3. **1 ページのデータ戦略チャーターの作成**

1 ページの**チャーター**では、重要な情報に集中する。**何（What）**が提案されているのか、**なぜ（Why）**提案されているのか、**どのように（How）**実装されるのか、**誰（Who）**が参加する必要があるのか、**いつ（When）**達成されるのか、どのような**メリット**があるのか、といったものだ。**データ戦略**施策の内容、出席者のプロフィール、出席に必要な時間などを伝えるための補足ページを含める。

4. **強固で魅力的なメッセージの準備**

組織全体のあらゆるレベルの人々と共有するための力強いメッセージを準備する。メッセージにフォーカスした短い（3〜5 分）ビデオをスポンサーに録画してもらう。このビデオは新たに参加する人のための会議のオープニングに使用し、ステークホルダーをこの取り組みに引き込む。スポンサーは通常トップマネジメントに属し、非常に込み入ったスケジュールを抱えている。メッセージを録画することで、スポンサーはスケジュールに影響することなく継続的なサポートを提供できる。

5. **ワークショップの形式の決定**

作業は対面形式のワークショップやオンライン会議で行うことができる。オンライン会議は異なる場所にいる人々の参加を可能にする。この形式を決定し、対応するファシリティを手配する

6. **使用するテクニックとツールの決定**

デザイン思考のテクニックはこの作業に非常に効果的である[44]。1969 年に Hebert Simon による「The Sciences of the Artificial」第 3 版（Simon, 2019）で紹介されたものだ。このテクニックにより、共感を生むような環境を作り出す方法で**データ戦略**を定義するために必要な情報を収集できる。現場での会議では「**ブラウンペーパー**」というテクニックが非常に効果的である。会議室の壁を茶色の用紙で覆い、そこにインプットの

---

[44] デザイン思考 https://www.interaction-design.org/literature/topics/design-thinking

ための箱（**質問、動機、ビジネス戦略目標、行動、問題点**）を描いたり、セッションに応じて別のキャンバスを描いたりする。参加者は部屋を移動し、付箋紙に内容を記入する。オフィスによってはこのテクニックに適したガラス張りの会議室がある。バーチャル会議の場合、協業ツールを使って同様の臨場感を実現できる。参加者は自分のアイデアを共有し、各自が全体のアイデアを見てトップ 10 に投票する。ツールを選ぶ際には投票機能があることを確認する。

7. **ワークショップのスケジュール**

できるだけ多くのステークホルダーに積極的に参加してもらうことが目的である。そのため会議に最適な日時を選ぶことが重要である。ステップ 2〜8 に必要な全ての会議のスケジュールを計画する。少なくとも 2 週間前には参加者に開催案内が届くようにする。月末など組織内の重要な日と重ならないようにする。

8. **開催案内での明確かつ魅力的なメッセージの定義**

会議の案内状は、件名から内容まで慎重に作成する。可能であればスポンサーまたは参加者が注目しそうな他の人物から送られるように手配する。

9. **適時性の確保**

イベントの 2 週間前までに案内状を送付しその後リマインダーを送ることで、イベントが常に注目されるようにする。

小規模なビジネス／組織に関する考慮事項：同様の手順がステークホルダーの数が少ない小規模な組織にも適用される。小規模な組織では 1 人の人物が複数の役割を果たすことがある。

表 3 ステップ1のまとめ

ステップ1. スコープと参加者の定義とレビュー	
目標	• 定義されたスコープに基づく。**データ戦略**の策定／レビューにおいて代表されるべき組織単位を特定する • **データ戦略**ワークショップに参加するステークホルダー個人名を特定する。 • 参加者が何を期待されているか分かるように、議題を整理する • スケジュールの競合を避けるよう配慮しながらワークショップを計画する • 参加者の出席を確保するための諸設備と準備チェックリストを管理し、施設やツールを利用できるようにする
目的	• 全組織を代表する主要なステークホルダーの参加を得て、全体的な**データ戦略**を策定するための条件が整っていることを確認する • スポンサーが参加者の組織に強いメッセージを送れるようにする

ステップ1. スコープと参加者の定義とレビュー	
	• データを使用する、またはデータにインパクトを与える組織単位が**データ戦略**に影響を与えられるようにする • 選抜された全ての組織単位からの関与を確保する • **データ戦略**ワークショップの参加者が、各部門のプロセスや既存のデータに関連する問題のタイプに精通していることを確かめ、人々の時間を最大限に活用する • **データ戦略**定義ワークショップを開始するための準備が全て整っていることを確認する
インプット	• スコープの定義（企業／会社／国／子会社） • 組織図 • 既存のガバナンス組織
テクニックとツール	• **データ戦略ステークホルダーピラミッド**（図15） • **ファシリテーション用アンケート** • **データ戦略チャーター** • **準備チェックリスト**
成果物	• **データ戦略チャーター** • **準備チェックリスト** • プロセスに含まれる組織単位のリスト。 • 参加者リスト（組織単位、役割、出席が必要なワークショップ会議など）。 • ワークショップのカレンダー、議題、参加者を募るメッセージ。 • 録画されたスポンサーの魅力的なメッセージ
参加者	• **データガバナンス・リード**または同等の者 • **データ戦略**スポンサー • 最も関連性の高いリーダー管理職を含む**ガバナンス組織**
チェックポイント	• **データ戦略**のスポンサーの確保 • スコープと参加者の定義 • 1ページの**データ戦略チャーター**の作成 • スポンサーが力強く魅力的なメッセージを録画していることの確認 • ワークショップの形式の決定 • 使用するテクニックとツールの決定 • ワークショップの最適なスケジュールの決定 • 開催案内での明確かつ魅力的なメッセージの定義 • 少なくとも2週間前の開催案内の送付 • 招集が了承されていることの確認

7.2.2 ステップ2：ビジネスの洞察の取得

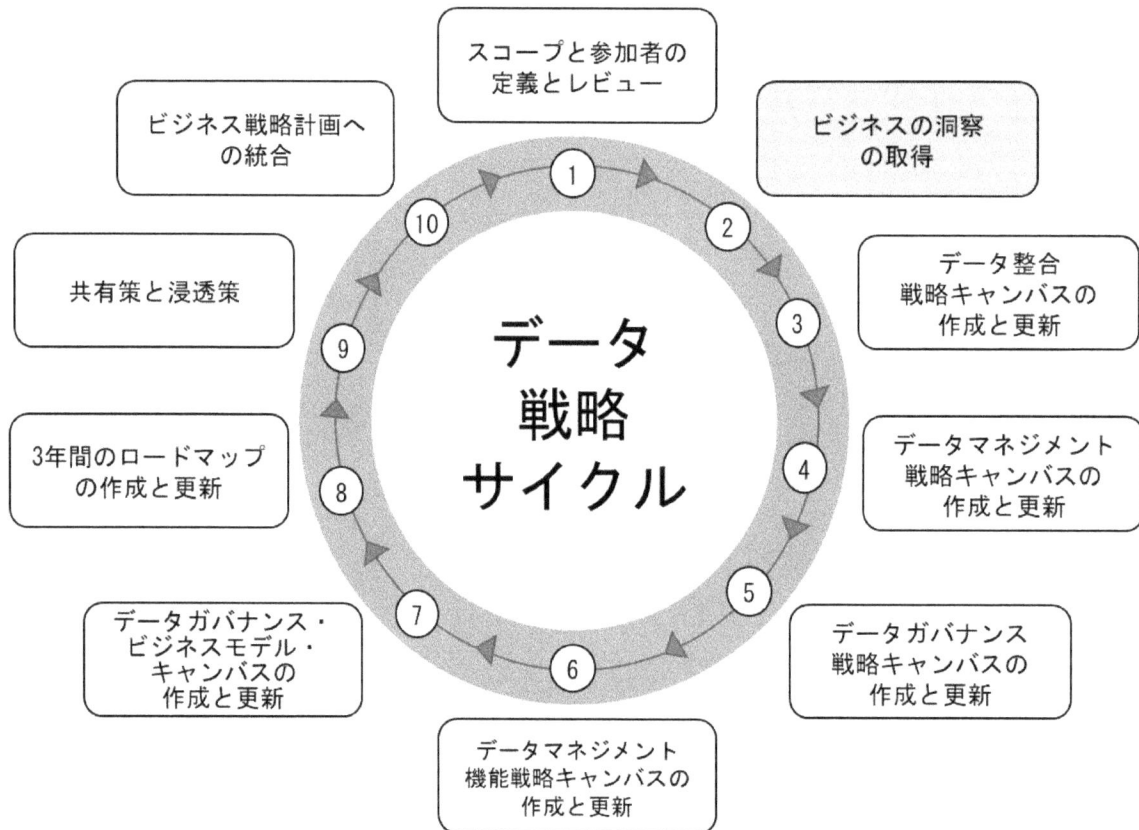

第 2 段階は組織の理解に注力する。理想的には**企業戦略**をレビューすることから始める。この戦略が文書化されていないこともある。文書化されていても必ずしも組織全体で同じように理解されているとは限らない。このステップでは**データ戦略**を作成するための主要なインプットとして、最も重要な**ビジネス戦略目標**について合意を得ることを目指す。

第5章では**データ戦略**の定義におけるその他のインプットについて述べた：

- **ビジネスクエスチョン**

- **データに関連する問題点**

- 動機

- 修正すべき行動

- **戦略的施策**

このステップのゴールは個々のビジネスユニットだけでなく、組織全体の利益のためにこれらのインプットを特定し、さらに優先順位を付けることである。そのためにはステップ 1 で特定した、全てのステークホルダーの積極的な参加が必要である。

この場は組織のステークホルダーとの最初の出会いとなる。そこには経営トップ、ディレクター、業務分野の専門家が混在する。全員が非常に厳しいスケジュールを抱え自分の時間を惜しんでいるため、会議では懐疑的な態度となることが予想される。そのためなぜ彼らを招待したのか、そのグループに何を期待しているのかを説明する簡潔な紹介から始めることが重要となる。

ステップ2 プロセスフロー

1. **最新のビジネス戦略目標の収集**

   このタスクには**データ戦略**の定義を促進するための、コンテキスト情報の収集が含まれる。中規模または大規模な組織では、計画推進チームがビジネス目標に関して最初に接触すべき担当になるかもしれない。あるいは通常 5 年単位で文書化され、毎年更新される**企業戦略**に目標が含まれることもある。運がよければ管理者がこの戦略を組織のイントラネットで公開しているかもしれない。ビジネス目標やその動機以外の文書化された情報を見つけるのは難しいかもしれない。追加情報のほとんどは**ビジネス洞察ワークショップ**で収集することになるだろう。

2. **ツールの準備**

   ワークショップを開催する前に、各アクティビティで使用する**デザイン思考**のツールを準備する必要がある。参加者がアイデアを記入できるようなテンプレートを作るとよい。ディスカッションを開始し要求を表現するために、各トピックについていくつかの基本項目や例を用意しておく。ミーティング中のアクティビティを迅速に行うために、セッションの前に次のような内容をツールに準備すると良い：

   a) **ビジネス戦略目標：** 上記の 1. で見つけたコンテキスト情報を基に、全ての**ビジネス戦略目標**のリストを作成する。**ビジネス洞察ワークショップ**の中で、参加者にこのリストに漏れている目標があれば追加してもらい、まだ優先順位が付けられていなければ目標に上位 3〜5 つの優先順位を付けてもらう。

   b) **ビジネスクエスチョン：** 参加者全員に自身の業務を遂行するうえで抱いているビジネスクエスチョンを挙げてもらう。人によって「ビジネスクエスチョン」の解釈が異なるため、これは難しい作業になる。これを明確にする最善の方法は、参加者が質問を書き込むテンプレートに 3〜5 個の質問例を提示することである。

   c) **データマネジメントの動機：** 参加者に**データマネジメント・プログラム**に着手する、あるいは強化する動機を述べてもらう。組織について学んだことに基づい

て**データマネジメント・プログラム**の動機を3つ特定し、参加者が動機を記入するテンプレートに追加する。

d) **データに対する問題点**：4つ目のアクティビティはデータに対する問題点の全てをリストアップすることである。同じようにテンプレートを準備する。最終的には参加者全員が、投票で上位10個の問題点を選ばなければならない。

e) **修正すべき行動の優先順位付け**：このセクションの最後のアクティビティは、データに関して望ましくない、修正が必要となる行動を特定し優先順位を付けることである。このアクティビティでは、簡単なリストを作成する場所を用意する。いくつかの例（レポート設計者がレポートで使用したデータソースを明示していないなど）を提示しておくとよいだろう。参加者のアイデアでリストを作成したら、上位5つに投票してもらう。

3. **ワークショップの日程調整**

多忙なスケジュールを抱えている人が多いので、十分に余裕をもって全てのワークショップセッションの案内を送付することが重要だ。少なくともキックオフミーティングの2週間前までに案内し、スケジュールを押さえてもらうようにする。

4. **ワークショップの実施**

ワークショップはアジャイルでなければならない。そのためには準備が重要である。タイムキーパーを使うべきだ。最初のセッションには以下のゴールがある：

a) **ビジネス戦略目標のトップ3の優先順位付け**：（2.a）で作成したドラフトの内容とテンプレートを使用し、参加者は必要に応じてリストに追加する。この後、目標の優先順位についてグループの合意を得る。

b) **ビジネスクエスチョンの優先順位付け**：参加者全員にビジネス運営上で疑問を抱いていることを挙げてもらう。（2.b）で作成したドラフトの内容とテンプレートを使用する。参加者全員に組織全体に関連する質問のトップ10に投票してもらう。

c) **データマネジメントの動機の優先順位付け**：参加者に**データマネジメント・プログラム**に着手する、あるいは強化する動機を述べてもらう。上位5つに投票してもらう。

d) **データに対する問題点の優先順位付け**：参加者にデータに対する問題点を挙げてもらう。参加者は容量が不足している、応答時間が長いなどインフラに関する問題から始めるかもしれない。データの品質が低いためにレポートに一貫性がないなど、データそのものに関連する問題を特定するように誘導する必要があるかもしれない。参加者は上位10個の問題点について投票しなければならない。

e) **修正すべき行動の優先順位付け**：最後にインプットとして特定し優先順位付けを行うのは、データに関して望ましくない、修正が必要となる行動である。この

アクティビティのために用意した例は参加者を引き込むのに役立つ。参加者全員のアイデアでリストを作成したら、上位 5 つに投票してもらう。

f) **戦略的施策の特定と優先順位付け**：データマネジメントとデータガバナンス戦略において考慮すべき追加的な要素の 1 つは、進行中または開始間近のプログラムやプロジェクトの優先順位付けリストである。**ビジネス戦略目標**の達成を支援するために組織内で最も優先順位の高いものである。これらの取り組みは、**データマネジメント**の実践によるメリットが期待できる最良の候補となる。

表 4 ステップ 2 のまとめ

ステップ 2. ビジネスの洞察の取得	
目標	• 現在の**ビジネス戦略目標**を特定する • 意思決定につながる主要なビジネスクエスチョンを特定する • **データマネジメント・プログラム**を定義または強化するための、全てのビジネス上の原動力と動機を特定する • 組織内で現在進行中の戦略的施策を全て特定する • 組織におけるデータに関連する問題点を特定する • 望ましくないデータ関連の動作を特定する
目的	• **データ戦略**を定義するために必要な全てのインプットを収集する • 収集したインプットに優先順位を付ける • **データマネジメント**が優先的に焦点を当てるべき点について合意を得る
インプット	利用可能であれば： • 企業戦略計画 • 戦略的施策の一覧 • 規制／法律／監査要件／推進要因 • 既存の**データ戦略**
テクニックとツール	• ブレーンストーミングや投票のためのコラボレーションツール（例：Mural、MS365 ホワイトボードなど） • 対面式ワークショップのための**ブラウンペーパー・テクニック** • **ビジネス戦略目標**、ビジネスクエスチョン、データに関連する行動、データに関連する問題点を収集し、優先順位を付けるワークショップ
成果物	• 優先順位を付けた**ビジネス戦略目標** • 優先順位を付けたビジネス上の主要な質問 • 優先順位を付けた**データマネジメント**におけるビジネス原動力／動機 • 優先順位を付けたデータに関連する望ましくない行動。 • 優先順位を付けたデータに関連する問題点

ステップ2. ビジネスの洞察の取得	
参加者	定義されたスコープと既存の組織によって異なる： <ul><li>**各事業部門**代表者</li><li>**コーポレートガバナンス**代表者</li><li>**法務**代表者</li><li>**戦略計画**代表者</li><li>**情報セキュリティ**代表者</li><li>**エンタープライズアーキテクチャ**代表者</li><li>IT 代表者</li><li>**データガバナンス・リード**とチーム</li></ul>
チェックポイント	<ul><li>インプットとして必要な要素について、既存の文書を全て収集する</li><li>選択したコラボレーションツールまたは**ブラウンペーパー**の素材とテンプレートを準備する</li><li>プロセスにおける位置付けと期待を明確に示した導入用スライドを準備する</li><li>ビジネスの洞察を収集し出席を確保するために、ワークショップの会議スケジュールを確認する</li><li>ビジネスの洞察を収集するための会議を運営する</li><li>ワークショップで収集した情報を分類する</li></ul>

7.2.3 ステップ3：データ整合戦略キャンバスの作成と更新

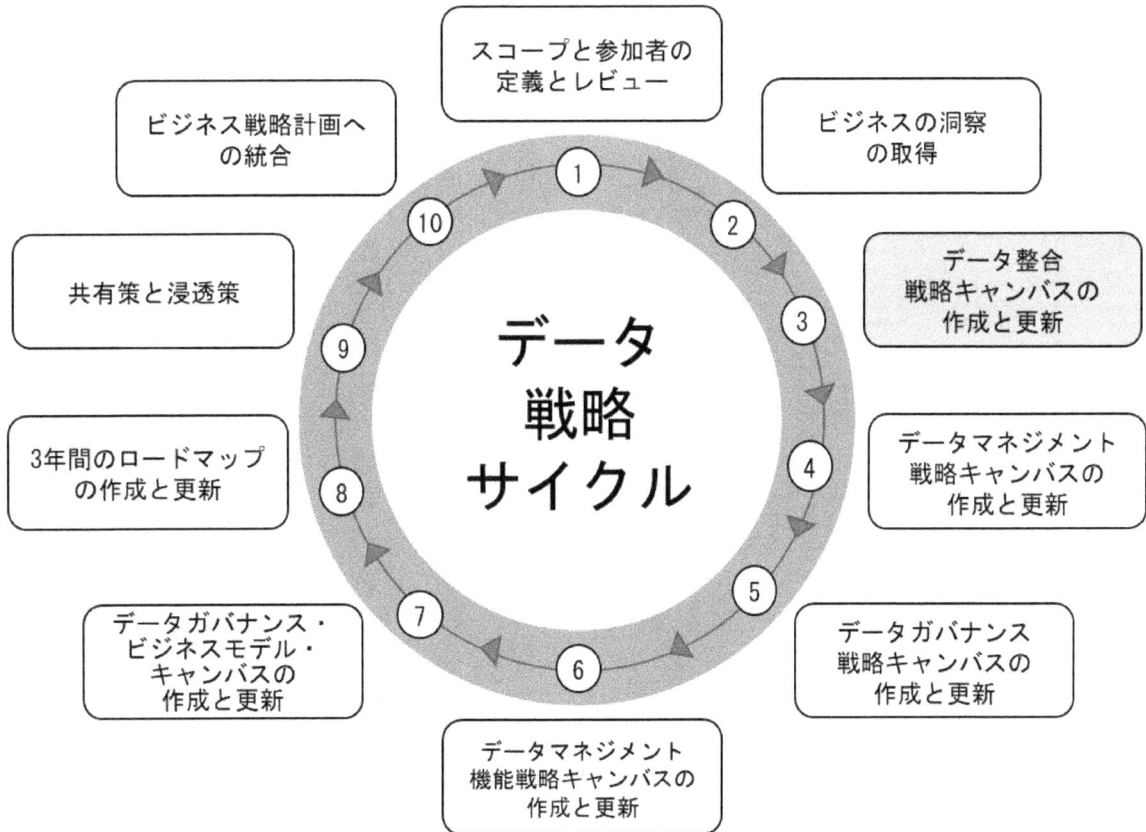

データ戦略の定義を開始するが、ステップ 3 では**データ整合戦略**から始める（図 26）。ステップ 2 では組織全体から代表者を集め、**ビジネス戦略目標**と重要なビジネスクエスチョンに優先順位を付けた。ステップ 3 ではこれらに答えるために必要なデータを特定することに集中する。そのデータが存在するか否かは問わない。ステップ 2 で特定したインプットのうち、この最初の戦略で必要なものは 3 つだけである：

- **ビジネス戦略目標**

- **ビジネスクエスチョン**

- **データに対する問題点**

データ整合戦略は関連するステークホルダー全員が参加するワークショップを通じて定義される（ステップ 2）。ワークショップの準備として、**データガバナンス・リード**は**データ整合戦略キャンバス**の各セルに基本的な内容（リスト）を入力しておく。参加者はこれらのリストに項目を追加（場合によっては削除）する。標準的には完成させるために 2 時間のセッションを 3 回行う。最初の 2 回は各カテゴリーの要素を特定し、優先順位を付ける。3 回目のミーティングでは、それまでのセッションで得た意見を全て盛り込んだキャンバスを出席者に提示する。

この時点でキャンバスを最終的に仕上げるためにさらに調整を加える。チームが最初に実施した**データ戦略サイクル**がバージョン 1 となる。チームがキャンバスの年次レビューに取り組んでいる場合の出発点は既存のキャンバスとなる。最初のミーティングのゴールは、各セルの内容の変更点を特定することだ。2 回目のミーティングでは更新されたキャンバスのレビューがゴールとなる。

年次レビューは戦略が既に存在しているため、一般的に取り組みやすい。それでも環境（社内外）の変化によっては、同じ回数のディスカッションが必要になることもある。

ステップ3 プロセスフロー

1. **データ整合戦略ワークショップ**の準備：

   a. キャンバスへの入力

      i. 注：図 27 は**データ整合戦略キャンバス**に記入し、それを読む際の順序を示している。

      ii. ステップ 2 でキャンバスのセル 1、2、3 の内容を定義した。ワークショップの前に、これらのセルを埋めておく。

      iii. 収集した情報に基づきセル 4-14 の項目リストを作成する。この時点では情報が間違っていたり、不完全だったりしても気にする必要はない。これは出発点にすぎない。年次レビューの一環として**データ整合戦略**を見直す場合は、前年度に承認された内容が出発点となる。

   b. ワークショップのレイアウトやテンプレート、項目リストの内容と共に、選択したコラボレーションツールを準備する。

   c. セッションを始めるためのスライドを準備する。最初のセッションでは施策、参加者の領域、セッションの仕組み、ワークショップのゴールについて説明し、場を整えるのが適切だ。タイムラインを提示し、その中でこのセッションがどの位置にあるのかを示すことも忘れてはならない。それ以降のセッションについては前回のセッションの要約と、今回のセッションのゴールを含めるとよい。

   d. セッションのスケジュールと出席者が確定していることを確認する。セッションを 2 時間以内とするため、各アクティビティに割り当てる時間を明確にしたアジェンダを用意する。タイムキーパーを任命する。

2. **ワークショップの実施：**

   a. セル 4〜8 の内容を埋めるためには少なくとも 2 回のセッションが必要である。最初のセッションでセル 4、5、6 に取り組む。これらのステップでは、データドメイン、データ提供者、データ利用者に焦点を当てる。

   b. 自己紹介のスライドでセッションを開始し、参加者のセッションへの期待値を揃える。

   c. それぞれのセルについて

      i. セルの目的を説明し、その内容の例をいくつか示す。

      ii. 参加者に特定のセルに関する項目のアイデアを個々に書いてもらう。

      iii. 参加者全員が他のステークホルダーからのアイデアを全て読む時間を設け、より関連性の高い 5 つのアイデアに投票する。これにより優先順位が決まる。

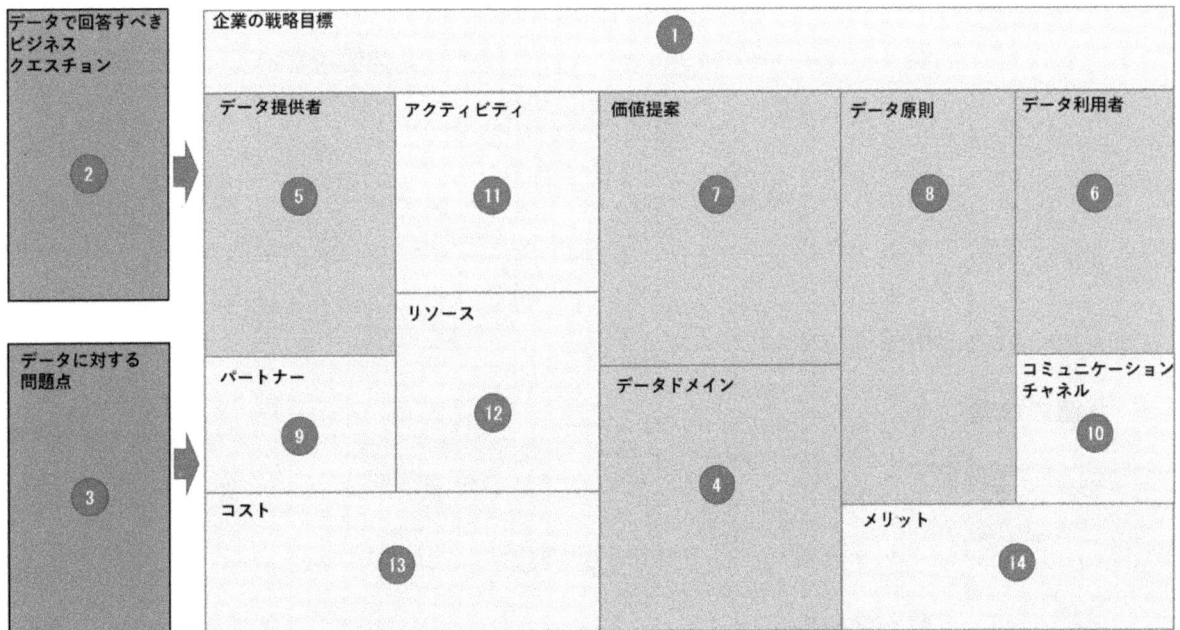

図 27 データ整合戦略キャンバスの記入順序／読む順序

3. **データ整合戦略キャンバスへの入力：**

   a. これは統合の演習である。セル 4〜8 では、ステークホルダーが提案した全てのアイデアを優先順位に従って当てはめる必要がある。前述のようにセル 4〜6 は

データドメイン、データ提供者、データ利用者に焦点を当てる。セル7と8は**データマネジメント**の価値提案とデータ原則に焦点を当てる。この組み合わせにより、ビジネスニーズを満たすためにデータをどのように整合させるかについてのイメージを描くことができる。この旅路を通して収集した全ての資料は、**データ戦略**のこの部分を支える背景となるものである。参照用、参考資料として保存しておく。

b. 組織に関するあなたの知識とステップ1と2で得たインプットに基づき、**データマネジメント・プログラム**に必要な要素に的を絞った9〜14を埋めることができる（各セルの内容については、第5章を参照のこと）。

4. **フィードバックの依頼**：

a. ステークホルダーと3回目のセッションを実施し、**データ整合戦略キャンバス**の完成形を提示する。ステークホルダーと一緒に記入しなかったセル9〜14について、全体的なフィードバックを得る。

b. **データ整合戦略キャンバス**の最終版を作成する。

c. 出来上がったキャンバスに有効な日付とバージョン情報があることを確認する。

d. キャンバスに「ドラフト」を表す透かしを追加する。

e. あなたの統合力と明確さのケイパビリティを試す時だ。キャンバスのドラフトを全てのステークホルダーに送り、最終的なフィードバックを依頼する。フィードバックの提出期限を決め、返事がない場合はその内容を受け入れたものとみなすことを明確に示す。

5. **承認の取得**：

a. 受け取ったフィードバックに基づいて全ての調整を行う。

b. バージョンを更新し、「ドラフト」の透かしを削除する。

c. **データ整合戦略キャンバス**をステークホルダーに送付し、承認を依頼する。承認期限を含める。

d. **ステークホルダー**から全ての承認を集める。

e. 結果をスポンサーに提示し、承認を得る。

6. **ステップ9 共有策と浸透策へ**

表 5 ステップ3のまとめ

ステップ3. データ整合戦略キャンバスの作成と更新	
目標	<ul><li>ビジネスニーズに対応するために必要なデータのタイプを特定する</li><li>データの生成者と利用者を特定する</li><li>データの管理方法の原則を特定する</li><li>**データ戦略**の価値提案を特定する</li><li>持続可能な**データマネジメント・プログラム**を確立するために必要な主要アクティビティを特定する</li><li>**データマネジメント**を実行するための概要レベルのコストとメリットを特定する</li></ul>
目的	本戦略の策定が初回であれ、続く年次の見直しであれ、その目的は以下の通りである：<ul><li>**ビジネス戦略目標**や**ビジネスクエスチョン**、さらにはデータに対する問題点に取り組むために必要なデータ（ドメイン）のカテゴリーを整合させる</li><li>データの生成と使用方法に関して組織が従うべき原則について合意を形成する</li><li>**データマネジメント**が焦点を当てるべきデータのカテゴリーに優先順位を付ける</li><li>データドメインの主な生成者と利用者に優先順位を付ける</li><li>**データ戦略**と**データマネジメント・プログラム**の価値提案に関する合意を形成する</li><li>**データ戦略**を具体化するために必要な、主要なアクティビティとリソースを明示する</li></ul>
インプット	<ul><li>優先順位付けされた**ビジネス戦略目標**</li><li>分類され、優先順位付けされたビジネスクエスチョン</li><li>優先順位付けされた**データマネジメント**の動機</li><li>優先順位付けされたデータに関連する望ましくない行動</li><li>優先順位付けされたデータに対する問題点</li></ul>
テクニックとツール	<ul><li>**データ整合戦略**の見直し／更新のためのワークショップ</li><li>**データ整合戦略キャンバス**のテンプレート</li><li>ブレーンストーミングや投票のためのコラボレーションツール（例：Mural、MS365 ホワイトボードなど）</li><li>対面式ワークショップのための**ブラウンペーパー・テクニック**</li></ul>
成果物	<ul><li>**データ整合戦略キャンバス**</li></ul>

ステップ3. データ整合戦略キャンバスの作成と更新	
参加者	<ul><li>データガバナンス・リードとチーム</li><li>以下の代表者：<ul><li>各事業部門</li><li>コーポレートガバナンス</li><li>法務</li><li>戦略計画</li><li>情報セキュリティ</li><li>エンタープライズアーキテクチャ</li><li>IT</li></ul></li></ul>
チェックポイント	<ul><li>全てのインプットを分類し、優先順位を付ける</li><li>選択したコラボレーションツールまたは**ブラウンペーパー**の素材とテンプレートを準備する</li><li>プロセスにおける位置付けとこのステップへの期待を明確に示した導入用スライドを準備する</li><li>**データ整合戦略キャンバス**にこれまでに確認した情報を記入する</li><li>**データ整合戦略キャンバス**を見直し／更新するためのワークショップが予定されていることを確認する</li><li>**データ整合戦略**の見直し／更新のための会議を運営する</li><li>最終的なフィードバックを得る</li><li>承認を得る</li></ul>

7.2.4 ステップ4 : データマネジメント戦略キャンバスの作成と更新

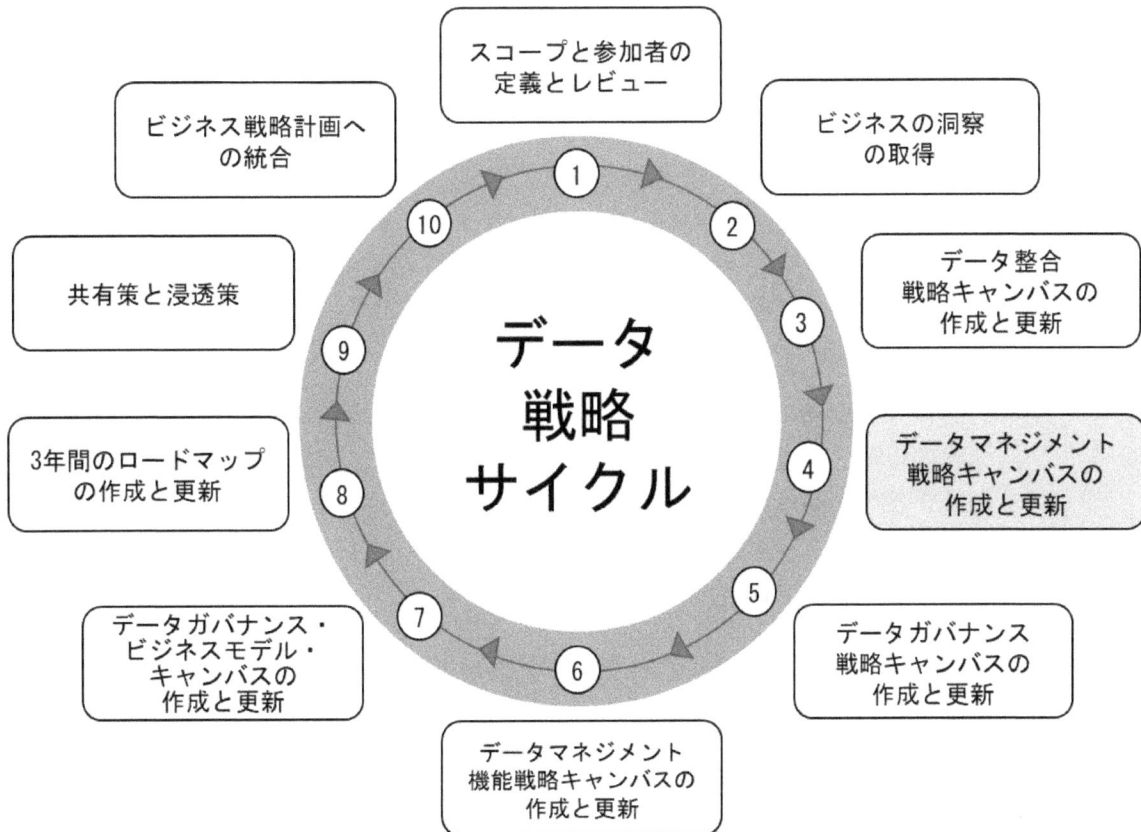

ステップ 4 に到達するまでに、私たちは優れた**データマネジメント・プログラム**が貢献できる**ビジネス戦略目標**を理解する。また**ビジネス戦略目標**をサポートするために必要なデータドメインと、これらのドメインに取り組むべき順番を理解する。ここではプログラムと**ビジネス戦略**をサポートする個々の**データマネジメント機能**を特定し、優先順位を付ける。**データマネジメント機能**に優先順位を付けることは、プログラム全体を構築するための基本である。

ステップ 4 は、**データマネジメント**の原動力や動機（図 28 の 2）に基づいて、**データマネジメント戦略キャンバス**を作成することに注力する。このキャンバスは**データ戦略**を支援するために、優先順位を付けた**データマネジメント**機能に対して今後 3 年の期間で何を達成すべきかの期待値を設定するものである。

ステップ4 プロセスフロー

1. **データマネジメント戦略ワークショップ**の準備

    a. ステップ 2 で作成したインプット、ステップ 3 で作成した**データ整合戦略**、そして全ての関連参考資料に基づいて図 28 に示すキャンバスの各セルの項目リストを作成する。

    i. セル 2-5 の内容はステップ 2 と同じものである。

    ii. 最初のワークショップセッションではセル 1 を記入し、次にセル 6〜14 のリスト案を作成する。

    iii. セル 15〜23 は 2 回目のセッションで扱う。もしそのためのコンテンツがあるのであれば準備する。ただし最初のワークショップが終了するまでは入力はしない。

  b. ワークショップのレイアウトやテンプレート、項目リストの内容と共に、選択したコラボレーションツールを準備する。

  c. セッションを始めるためのスライドを準備する。最初のセッションでは施策、参加者の組織、セッションの仕組み、ワークショップのゴールについて説明し、場を整えるのが適切だ。タイムラインを提示し、その中でこのセッションがどの位置にあるのかを示すことも忘れてはならない。それ以降のセッションについては前回のセッションの要約と、今回のセッションのゴールを含めるとよい。

  d. 現時点での情報に基づき**データマネジメント戦略キャンバス**（図 28）を埋めていく。

  e. セル 1 とセル 6-23 の項目を特定し優先順位を付けるのに十分な時間を確保するため、少なくとも 2 回のワークショップ会議を予定する。

  f. 出席者の確認を行う。

2. **ワークショップの実施**：

  a. 最初のセッションでセル 1 とセル 6〜14 の内容に取り組む。

  b. 自己紹介のスライドでセッションを開始し、参加者のセッションへの期待値を揃える。

  c. セル 1 の場合：

    i. セルの目的を説明し、その内容の例をいくつか示す。

    ii. 参加者に特定のセルに関する項目のアイデアを個々に書いてもらう。

    iii. 参加者全員が他のステークホルダーからのアイデアを全て読む時間を設け、より関連性の高い 5 つのアイデアに投票する。

  d. セル 6-14 についてはあらかじめ記入したキャンバスを使い、会話を導く。

i. 参加者にリストアップされた項目を残すか削除するかを判断してもらい、新しい項目を提案するよう促す。

ii. 参加者に上位 3 つのトピックに投票するよう求める。

3. **データマネジメント戦略キャンバス**のブラッシュアップ：

a. セル 2、3、4、5 をステップ 2 の結果で埋める。

b. これは統合の演習である。キャンバスのセル 1、セル 6〜23 に、ステークホルダーから提案された全てのアイデアをステップ 2 で定義した優先順位に従って当てはめる必要がある（各セルに入れる内容の詳しい説明は第 5 章を参照）。

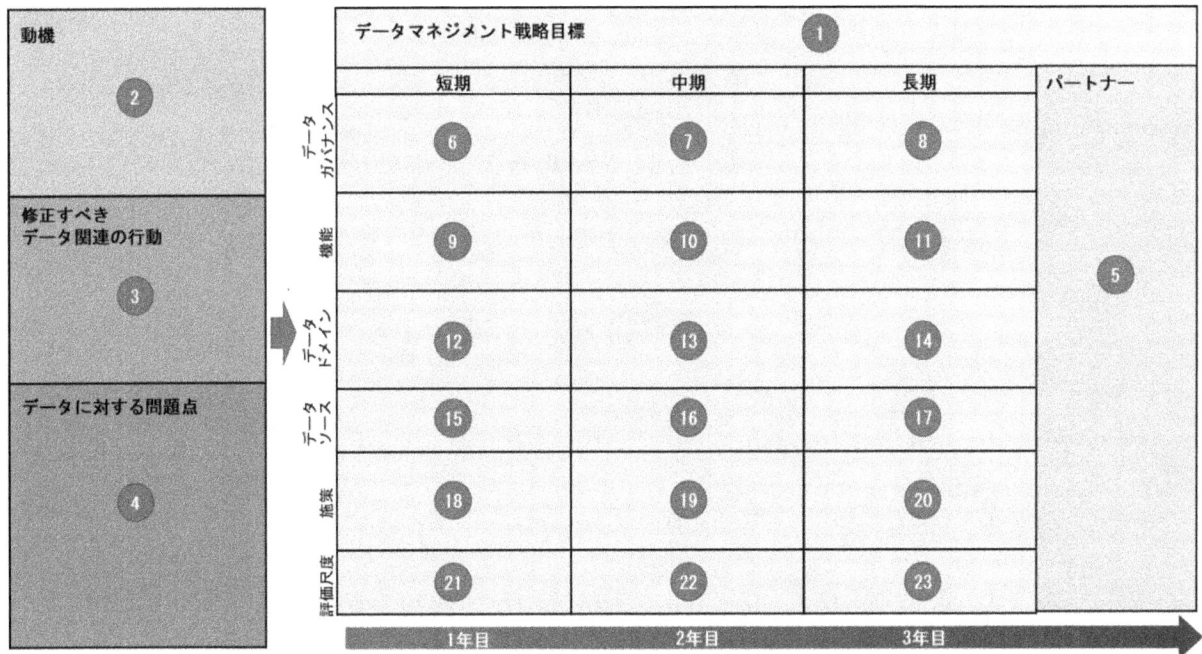

Copyright © 2023 Marilu Lopez, Servicios de Estrategia y Gestión de Datos Aplicada, S.C.

図 28 データマネジメント戦略キャンバスの記入順序／読む順序

4. **フィードバックの依頼**：

a. 出来上がったキャンバスに有効な日付とバージョン情報があることを確認する。

b. キャンバスに「ドラフト」を表す透かしを追加する。

a. キャンバスの定義に参加した全てのステークホルダーに記入済みのキャンバスを送付し、フィードバックを依頼する。フィードバックの提出期限を決め、返事がない場合はその内容を受け入れたものとみなすことを明確に示す。

5. **承認の取得：**

   a. 受け取ったフィードバックに基づいて全ての調整を行う。

   b. バージョンを更新し、「ドラフト」の透かしを削除する。

   c. **データマネジメント戦略キャンバス**を送付し、定義に参加したステークホルダーに承認を依頼する。期限を明記する。

   d. ステークホルダーから全ての承認を集める。

   e. 結果をスポンサーに提示し、承認を得る。

6. **ステップ9 共有策と浸透策へ**

表 6 ステップ 4 のまとめ

ステップ 4. データマネジメント戦略キャンバスの作成と更新	
目標	• **データマネジメント戦略目標**を特定する • ビジネスニーズに対応するために必要な**データガバナンス・ケイパビリティ**を特定する • ビジネスニーズに対応するために必要な**データマネジメント**機能を特定する • **データマネジメント**の実行をテストするための継続的な戦略的施策を特定する • 戦略実行の進捗を測定するための**データマネジメント**評価尺度と KPI を特定する • **データマネジメント戦略**を実行するための主要なパートナーを特定する
目的	• ビジネスの動機、修正すべき行動、問題点に対応するため、統制された方法で取り組むべき**データマネジメント機能**に優先順位を付ける • 選択した**データマネジメント機能**に適用すべき**データドメイン**に優先順位を付ける • 選択した**データマネジメント機能**に適用すべき**データソース**に優先順位を付ける • 選択した**データマネジメント機能**に適用すべき戦略的施策に優先順位を付ける • **データマネジメント戦略**の評価尺度と KPI に優先順位を付ける

ステップ 4. データマネジメント戦略キャンバスの作成と更新	
インプット	<ul><li>**データ整合戦略**</li><li>優先順位付けされた**データマネジメントの動機**</li><li>優先順位付けされた**データに関連する望ましくない行動**</li><li>優先順位付けされた**データに対する問題点**</li></ul>
テクニック とツール	<ul><li>**データマネジメント戦略**の見直し／更新のためのワークショップ</li><li>**データマネジメント戦略キャンバス**のテンプレート</li><li>ブレーンストーミングや投票のためのコラボレーションツール（例：Mural、MS365 ホワイトボードなど）</li><li>対面式ワークショップのための**ブラウンペーパー・テクニック**</li></ul>
成果物	<ul><li>**データマネジメント戦略キャンバス**</li></ul>
参加者	<ul><li>**データガバナンス・リード**とチーム</li><li>各**事業部門**代表者</li><li>**情報セキュリティ**代表者</li><li>**エンタープライズアーキテクチャ**代表者</li><li>IT 代表者</li><li>PMO 代表者</li></ul>
チェックポ イント	<ul><li>選択したコラボレーションツールまたは**ブラウンペーパー**の素材とテンプレートを準備する</li><li>プロセスにおける位置付けとこのステップへの期待を明確に示した導入用スライドを準備する</li><li>**データマネジメント戦略キャンバス**にこれまでに確認した情報を記入する</li><li>**データマネジメント戦略キャンバス**を見直し／更新するためのワークショップが予定されていることを確認する</li><li>**データマネジメント戦略キャンバス**の見直し／更新のための会議を運営する</li><li>最終的なフィードバックを得る</li><li>承認を得る</li></ul>

7.2.5 ステップ5：データガバナンス戦略キャンバスの作成と更新

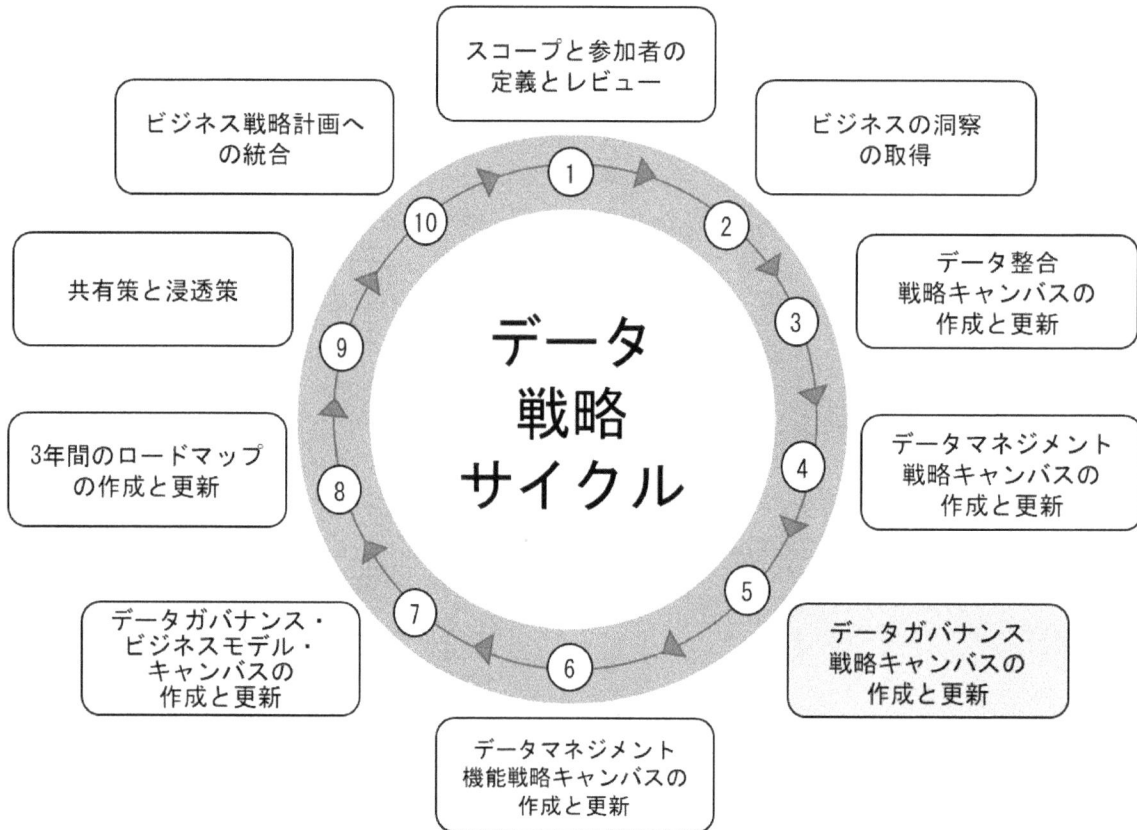

ステップ 4 では**データマネジメント機能**の優先順位付けを行い、**データガバナンス・ケイパビリティ**から開始した。ステップ 5 では、**データガバナンス**の詳細を掘り下げていく。全ての**データ戦略キャンバス**は、**データマネジメント**の実践を通じて長期的に達成するべき内容に対する期待値を設定するものである。**データガバナンス**は最も肝心な**データマネジメント**機能であり、他の機能（**データアーキテクチャ**、**データ品質**、**メタデータマネジメント**、**データ統合**など）の指針となる。このステップでは**データガバナンス**の戦略目標、どのようなケイパビリティを長期的に展開するか、誰がこの機能を実践に導くかを定義する。最も重要な側面の 1 つは、どの対象（ビジネスプロセス、規制報告書、データリポジトリなど）をガバナンスで優先するかを定義することである。

戦略的な**データガバナンス**を計画する前に、ケイパビリティに焦点を当てた**データマネジメント成熟度モデル**を選択することを強く推奨する（第 2 章参照）。

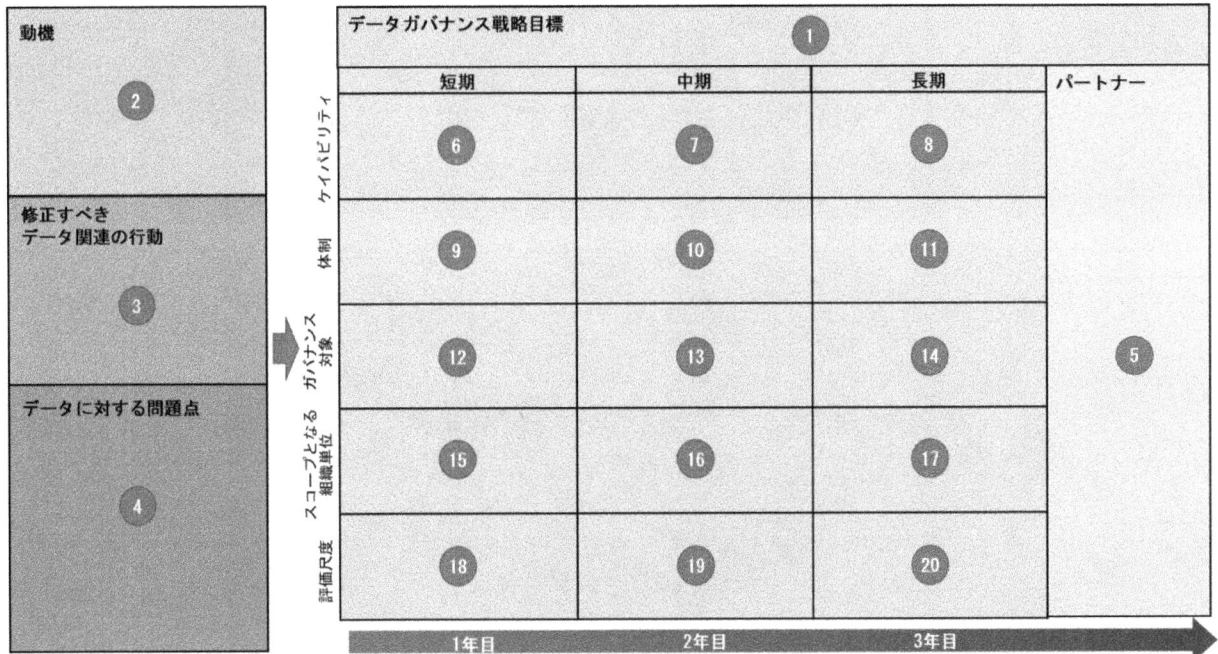

図 29 データガバナンス戦略キャンバスのセルへの記入順序／読む順序

ステップ 5 プロセスフロー

1. **データガバナンス戦略ワークショップ**の準備

   a. ステップ 2 で作成したインプット、ステップ 3 で作成した**データ整合戦略**、ステップ 4 で作成した**データマネジメント戦略**、そして全ての関連参考資料に基づいて図 29 に示すキャンバスの各セルの項目リストを作成する。

      i. ステップ 2 から、セル 2、3、4、5 の内容を得る。

      ii. **データガバナンス**をサポートするパートナー（**プロジェクトマネジメント・オフィス**、**組織内コミュニケーション**、**内部監査**、**コンプライアンス**など）を特定するために、セル 5 を最新化する必要があるかもしれない。

      iii. 最初のワークショップセッションではセル 1 から始め、セル 6〜11 を扱う準備をする。セル 12-20 は 2 回目のセッションで扱う。

   b. ワークショップのレイアウトやテンプレート、項目リストの内容と共に、選択したコラボレーションツールを準備する。

c. セッションを始めるためのスライドを準備する。最初のセッションでは、施策、参加者の組織、セッションの仕組み、ワークショップのゴールについて説明し、場を整えるのが適切だ。これは将来参照するために、全ての演習を文書化するのに役立つ。**データガバナンス・ワークショップ**に参加するステークホルダーは前のステップに参加したので、全ての施策を知っている必要がある。これらのスライドはステップ3と4で使用したものと同じで、時間枠を更新しセッションが順序内のどこにあるかを示している。それ以降のセッションについては前回のセッションの要約と、今回のセッションのゴールを含めるとよい。

d. 現時点での情報に基づき**データガバナンス戦略キャンバス**（図29）を埋めていく。

e. セル1とセル6〜20の項目を特定し優先順位を付けるのに十分な時間を確保するため、少なくとも2回のワークショップ会議を予定する。

2. **ワークショップの実施**:

a. 最初のセッションでセル1、セル6〜11の内容に取り組む。

b. 自己紹介のスライドでセッションを開始し、参加者のセッションへの期待値を揃える。

c. セル1の場合：

  i. セルの目的を説明し、その内容の例をいくつか示す。

  ii. 参加者に特定のセルに関する項目のアイデアを個々に書いてもらう。

  iii. 参加者全員が他のステークホルダーからのアイデアを全て読む時間を設け、より関連性の高い5つのアイデアに投票する。

d. セル6から11についてはあらかじめ記入したキャンバスを使い、会話を導く。

  i. 参加者にリストアップされた項目を残すか削除するかを判断してもらい、新しい項目を提案するよう促す。

  ii. 参加者に上位3つのトピックに投票するよう求める。

3. **データガバナンス戦略キャンバス**のブラッシュアップ：

a. セル2、3、4、5をステップ2の結果で埋める。

b. これは統合の演習である。キャンバスのセル 1、セル 6〜23 に、ステークホルダーから提案された全てのアイデアを彼らが提案した優先順位に従って当てはめる必要がある（各セルに入れる内容の詳しい説明は、第 5 章を参照）。

4. フィードバックの依頼

a. 出来上がったキャンバスに有効な日付とバージョン情報があることを確認する。

b. キャンバスに「ドラフト」を表す透かしを追加する。

c. あなたの統合力と明確さのケイパビリティを試す時だ。キャンバスの定義に参加した全てのステークホルダーに記入済みのキャンバスを送付し、フィードバックを依頼する。フィードバックの提出期限を決め、返事がない場合はその内容を受け入れたものとみなすことを明確に示す。

5. 承認の取得

a. 受け取ったフィードバックに基づいて全ての調整を行う。

b. バージョンを更新し、「ドラフト」の透かしを削除する。

c. **データガバナンス戦略キャンバス**を送付し、定義に参加したステークホルダーに承認を依頼する。期限を明記する。

d. ステークホルダーから全ての承認を集める

e. 結果をスポンサーに提示し、承認を得る。

6. ステップ 9 共有策と浸透策へ

表 7 ステップ5のまとめ

ステップ5．データガバナンス戦略キャンバスの定義と更新	
目標	• **データガバナンス戦略目標**を特定する • ビジネスニーズへの対応、データに関連する行動の修正、データに関連する問題点の修正に必要な、**データマネジメント戦略**で特定された**データガバナンス・ケイパビリティ**を特定し、補完する • **データガバナンス**の実践の実行に必要な組織体制を特定する • ガバナンス対象を特定する（プロセス、レポート、データリポジトリ、データソース、データドメインなど） • **データガバナンス**の実践を適用する事業部門を特定する • 戦略実行の進捗を測定するための**データマネジメント**評価尺度と KPI を特定する • **データガバナンス戦略**を実行するための主要なパートナーを特定する
目的	• 組織内で確立されるべき**データガバナンス・ケイパビリティ**に優先順位を付ける • 組織内で実施する時間と領域に応じて、割り当て／確立される**データガバナンス**の役割とガバナンス組織に優先順位を付ける • 組織内で統制されるデータに関連する対象に優先順位を付ける • **データガバナンス**の実践を実装する組織単位に優先順位を付ける。 • **データガバナンス戦略**の評価尺度と KPI に優先順位を付ける
インプット	• **データ整合戦略** • **データマネジメント戦略** • 優先順位付けされた**データマネジメント**の動機 • 優先順位付けされたデータに関連する望ましくない行動 • 優先順位付けされたデータに対する問題点
テクニックとツール	• **データガバナンス戦略**の見直し／更新のためのワークショップ • **データガバナンス戦略キャンバス**のテンプレート • ブレーンストーミングや投票のためのコラボレーションツール（例：Mural、MS365 ホワイトボードなど） • 対面式ワークショップのための**ブラウンペーパー・テクニック**
成果物	• **データガバナンス戦略キャンバス**
参加者	• **データガバナンス・リード**とチーム • 優先事項として特定された**データマネジメント**機能の代表者（存在する場合）

ステップ 5. データガバナンス戦略キャンバスの定義と更新	
チェックポイント	● 選択したコラボレーションツールまたは**ブラウンペーパー**の素材とテンプレートを準備する ● プロセスにおける位置付けとこのステップへの期待を明確に示した導入用スライドを準備する ● **データガバナンス戦略キャンバス**にこれまでに確認した情報を記入する ● **データガバナンス戦略キャンバス**を見直し／更新するためのワークショップが予定されていることを確認する ● **データマネジメント戦略**の見直し／更新のための会議を運営する ● 最終的なフィードバックを得る ● 承認を得る

7.2.6 ステップ 6：個々のデータマネジメント機能戦略キャンバスの作成と更新

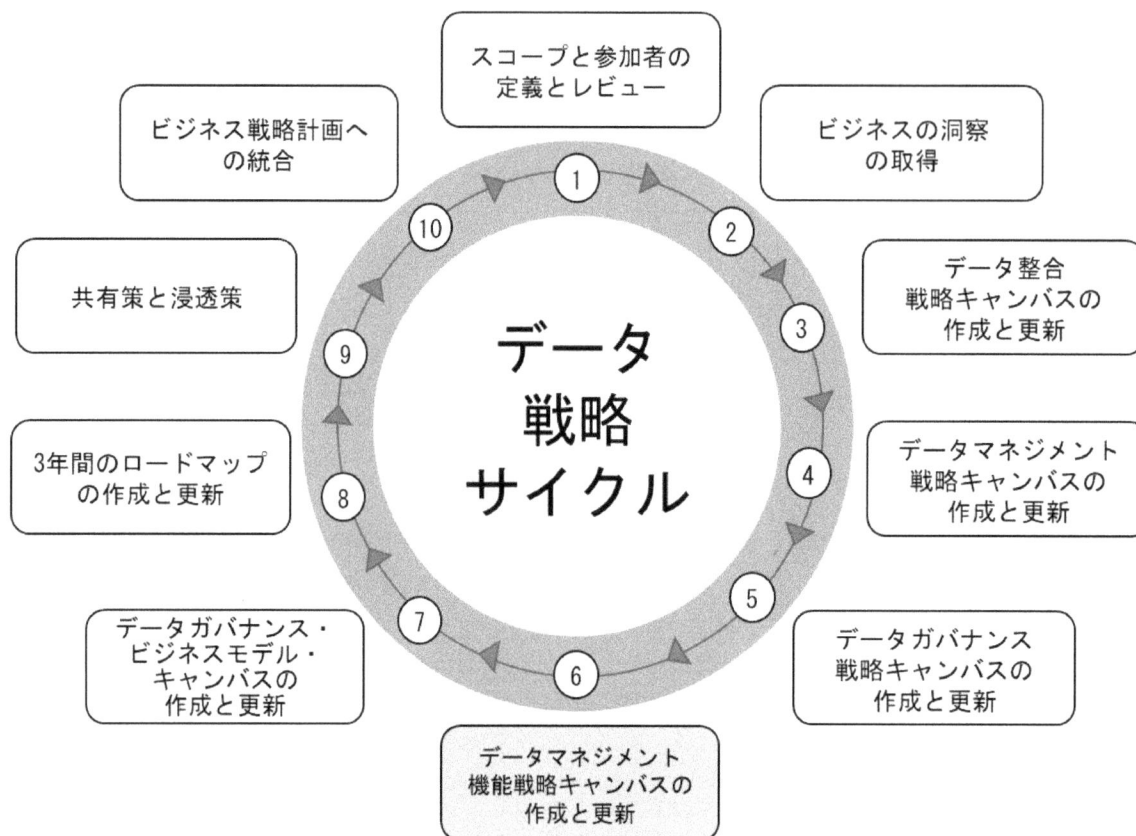

データマネジメント機能は**データマネジメント戦略キャンバス**を作成する過程で優先順位が付けられた。これらの機能の中には既に導入されているものもある。例えば一定レベルの**データストレージとオペレーション**や、**データ統合**は一般的に既に存在する。これらの機能があるからといって成熟している、適切に統制している、戦略的に整合している、ということにはならない。機能によって成熟度は異なる。そのため戦略では、これらの機能を異なる種類のゴールと関連付けることになる。例えば**メタデータマネジメント**が存在しない場合、短期目標は初期のケイパビリティを確立することである。**データストレージ**が既に存在する場合、短期的な目標にはプロセスが適切に管理されるようにポリシーやルールを策定することが含まれる。第 5 章で 3 本脚の椅子に例えて説明したように、一度に取り組む**データマネジメント機能**は 3 つまでとするのが最善であり、**データガバナンス**は常にその 3 つのうちの 1 つである。

データガバナンス戦略についてはステップ 5 で説明した。次にその他の優先的な**データマネジメント機能**の戦略を定義する。個々の**データマネジメント機能戦略キャンバス**（図 30）は、**データガバナンス戦略キャンバス**（図 29）とよく似ている。1 つ目の**データマネジメント戦略キャンバス**を作成すれば、残りは簡単に作成できるようになる。これらは全て同じつながりに

よって結びつけられている：ビジネスの動機、データに対する問題点、修正すべきデータ関連の行動だ。これらの影響のリストはセル 6-20 で展開される。

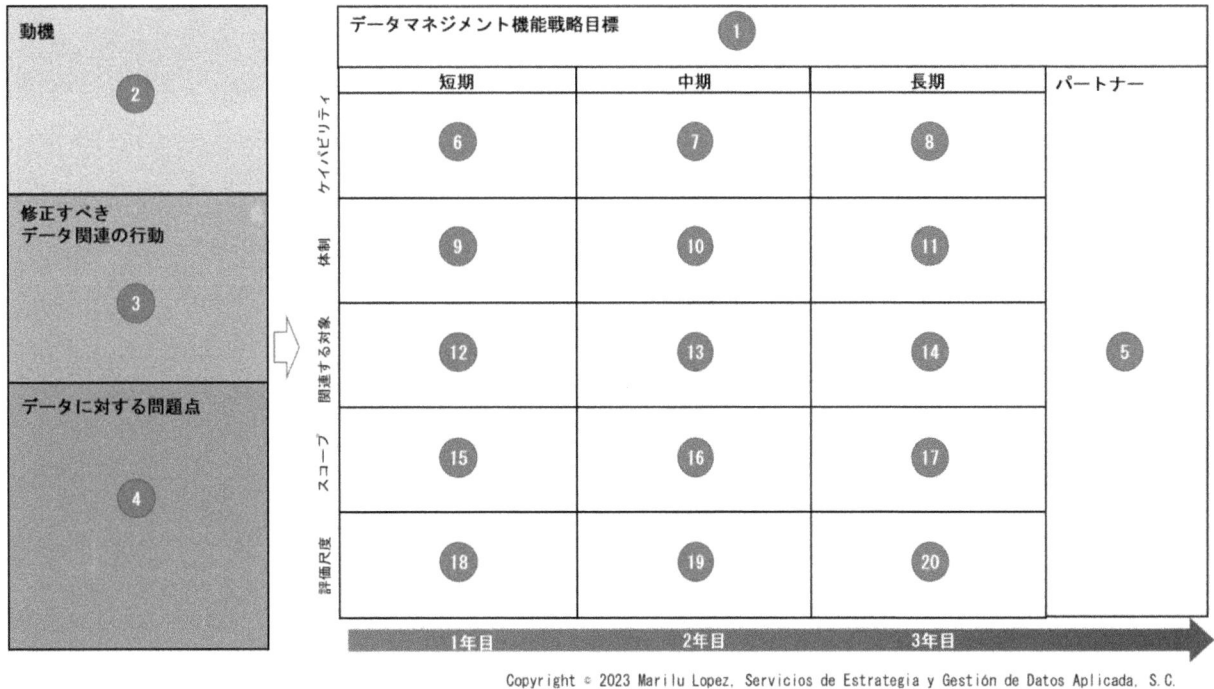

図 30 個々のデータマネジメント機能戦略キャンバスの記入順序／読む順序

ステップ6 プロセスフロー

1. **個々のデータマネジメント機能戦略ワークショップ**の準備

    a. ステップ 2 で作成したインプット、ステップ 3 で作成した**データ整合戦略**、ステップ 4 で作成した**データマネジメント戦略**、ステップ 5 で定義した**データガバナンス戦略**、そして全ての関連参考資料に基づいて、図 30 に示すキャンバスの各セルの項目リストを作成する。

        i. ステップ 2 から、セル 2、3、4、5 の内容を得る。この場合もセル 5 を特定のパートナーで最新化する必要があるかもしれない。

        ii. 最初のワークショップセッションではセル 1 から始め、セル 6〜11 を扱う準備をする。

        iii. セル 12-20 は 2 回目のセッションで扱う。

    b. ワークショップのレイアウト、項目リストの内容と共に、選択したコラボレーションツールを準備する。

c. セッションを始めるためのスライドを準備する。最初のセッションでは施策、参加者の組織、セッションの仕組み、ワークショップのゴールについて説明し、場を整えるのが適切だ。このステップに参加するステークホルダーのほとんどは、これまでのワークショップに参加していないため、その背景の説明が必要でありそれは歓迎される。タイムラインを提示し、その中でこのセッションがどの位置にあるのかを示すことも忘れてはならない。それ以降のセッションについては、前回のセッションの要約と今回のセッションのゴールを含めるとよい。

d. 現時点での情報に基づき個々の**データマネジメント機能戦略キャンバス**（図30）を埋めていく。

e. セル1とセル6〜20の項目を特定し優先順位を付けるのに十分な時間を確保するため、少なくとも2回のワークショップ会議を予定する。

2. **ワークショップの実施**：

a. 最初のセッションでセル1、セル6〜11の内容に取り組む。

b. 自己紹介のスライドでセッションを開始し、参加者のセッションへの期待値を揃える。

c. セル1の場合：

   i. セルの目的を説明し、その内容の例をいくつか示す。

   ii. 参加者に特定のセルに対する項目のアイデアを個々に書いてもらう。

   iii. 参加者全員が他のステークホルダーからのアイデアを全て読む時間を設け、より関連性の高い5つのアイデアに投票する。

d. セル6から11についてはあらかじめ記入したキャンバスを使い、会話を導く。

   i. 参加者にリストアップされた項目を残すか削除するかを判断してもらい、新しい項目を提案するよう促す。

   ii. 参加者に上位3つのトピックに投票するよう求める。

3. **個々のデータマネジメント機能戦略キャンバスのブラッシュアップ**：

a. セル2〜5をステップ2の結果で埋める。セル5はこのステップの最初のセッションで得た追加入力に基づいて変更してもよい。

    b. キャンバスのセル 1、セル 6～23 に、ステークホルダーから提案された全てのアイデアを彼らが提案した優先順位に従って当てはめる必要がある（各セルに入れる内容の詳しい説明は、第 5 章を参照）。

4. **フィードバックの依頼**：

    a. 出来上がったキャンバスに有効な日付とバージョン情報があることを確認する。

    b. キャンバスに「ドラフト」を表す透かしを追加する。

    c. あなたの統合力と明確さのケイパビリティを試す時だ。キャンバスの定義に参加した全てのステークホルダーに記入済みのキャンバスを送付し、フィードバックを依頼する。フィードバックの提出期限を決め、返事がない場合はその内容を受け入れたものとみなすことを明確に示す。

5. **承認の取得**：

    a. 受け取ったフィードバックに基づいて全ての調整を行う。

    b. バージョンを更新し、「ドラフト」の透かしを削除する。

    c. **個々のデータマネジメント機能キャンバス**を送付し、定義に参加したステークホルダーに承認を依頼する。期限を明記する。

    d. **ステークホルダー**から全ての承認を集める。

    e. スポンサーに提示し、承認を得る。

6. **ステップ 9 共有策と浸透策へ**

表 8 ステップ 6 のまとめ

ステップ 6. 個々のデータマネジメント機能戦略の作成と更新	
目標	• **個々のデータマネジメント機能戦略目標**を特定する • ビジネスニーズへの対応、データに関連する行動の修正、データに関連する問題点の修正に必要な**個々のデータマネジメント機能**のケイパビリティを特定する • **個々のデータマネジメント機能**の実行に必要な組織体制を特定する • **個々のデータマネジメント機能**の対象を特定する（プロセス、レポート、データリポジトリ、データソース、データドメインなど） • **個々のデータマネジメント機能**が適用されるスコープを特定する • 戦略実行の進捗を測定するための**個々のデータマネジメント機能**の評価尺度と KPI を特定する • **個々のデータマネジメント機能戦略**の主要なパートナーを特定する
目的	• 組織内で確立されるべき**個々のデータマネジメント機能**に優先順位を付ける • 組織内で実行する時間と領域に応じて、割り当て／確立される**個々のデータマネジメント機能**の役割とガバナンス組織に優先順位を付ける • **個々のデータマネジメント機能**が適用されるデータに関連する対象に優先順位を付ける • **個々のデータマネジメント機能**を展開する組織単位に優先順位を付ける • **個々のデータマネジメント機能戦略**の評価尺度と KPI に優先順位を付ける
インプット	• **データ整合戦略** • **データマネジメント戦略** • **データガバナンス戦略** • **データガバナンス・ビジネスモデル** • 優先順位付けされた**データマネジメント**の動機 • 優先順位付けされたデータに関連する望ましくない行動 • 優先順位付けされたデータに対する問題点
テクニックとツール	• **個々のデータマネジメント・ロードマップ**の見直し／更新のためのワークショップ • **個々のデータマネジメント機能キャンバス**のテンプレート • ブレーンストーミングや投票のためのコラボレーションツール（例：Mural、MS365 ホワイトボードなど） • 対面式ワークショップのための**ブラウンペーパー・**テクニック

ステップ 6. 個々のデータマネジメント機能戦略の作成と更新	
成果物	• **個々のデータマネジメント機能キャンバス**
参加者	• **データガバナンス・リードとチーム** • **個々のデータマネジメント機能チーム**
チェックポイント	• 選択したコラボレーションツールまたは**ブラウンペーパー**の素材とテンプレートを準備する • プロセスにおける位置付けとこのステップへの期待を明確に示した導入用スライドを準備する • **個々のデータマネジメント機能キャンバス**にこれまでに確認した情報を記入する • **個々のデータマネジメント機能キャンバス**を見直し／更新するためのワークショップが予定されていることを確認する • **個々のデータマネジメント機能キャンバス**の見直し／更新のための会議を運営する

7.2.7 ステップ 7 : データガバナンス・ビジネスモデル・キャンバスの作成と更新

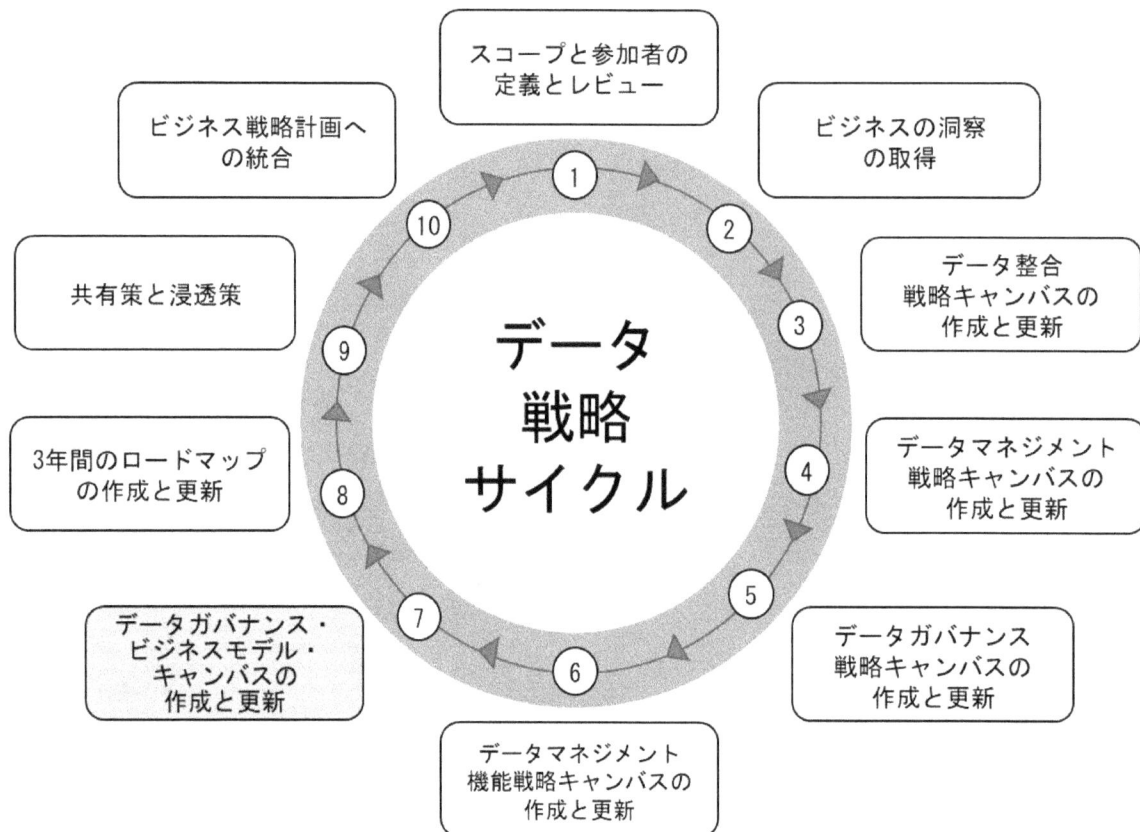

スコープと参加者の
定義とレビュー

ビジネス戦略計画へ
の統合

ビジネスの洞察
の取得

データ整合
戦略キャンバスの
作成と更新

共有策と浸透策

データ
戦略
サイクル

10

1

2

9

3

8

4

データマネジメント
戦略キャンバスの
作成と更新

3年間のロードマップ
の作成と更新

7

6

5

データガバナンス
戦略キャンバスの
作成と更新

データガバナンス・
ビジネスモデル・
キャンバスの
作成と更新

データマネジメント
機能戦略キャンバスの
作成と更新

第5章ではAlexander Osterwalderの**ビジネスモデル・キャンバス**が持つ力と、なぜそれが**データ戦略キャンバス**の主なインスピレーションの源となったのかについて述べた。この**ビジネスモデル・キャンバス**は大小の組織だけでなく、組織内のあらゆる種類の個別の機能にも適用することができる。どのような機能にもサービスを提供する顧客が存在し、その顧客に対する価値提案があり、その価値提案を実現するためのアクティビティがある。これがこのキャンバスを使用して全ての**データマネジメント機能**をモデル化できる理由だ。**データガバナンス**は核となる**データマネジメント機能**である。**データガバナンス**に対するアプローチを持つことは、他の**データマネジメント機能**を正式に体系化するために不可欠であるため、このサイクルのステップを説明するためにキャンバスを使用する。他の**データマネジメント機能**も全て、独自の**ビジネスモデル・キャンバス**がある。これらのビジネスモデルを文書化することは、チーム作りに大きく貢献する。なぜならそれによって何をするのか、誰のためにするのか、誰がその過程で支援するのか、どれくらいのコストがかかるのか、どのようなメリットがあるのかが明確になるからである。

図 31 はステップ 2 で特定され優先順位付けされたインプットを加えた、一般的な**ビジネスモデル・キャンバス**を示している。

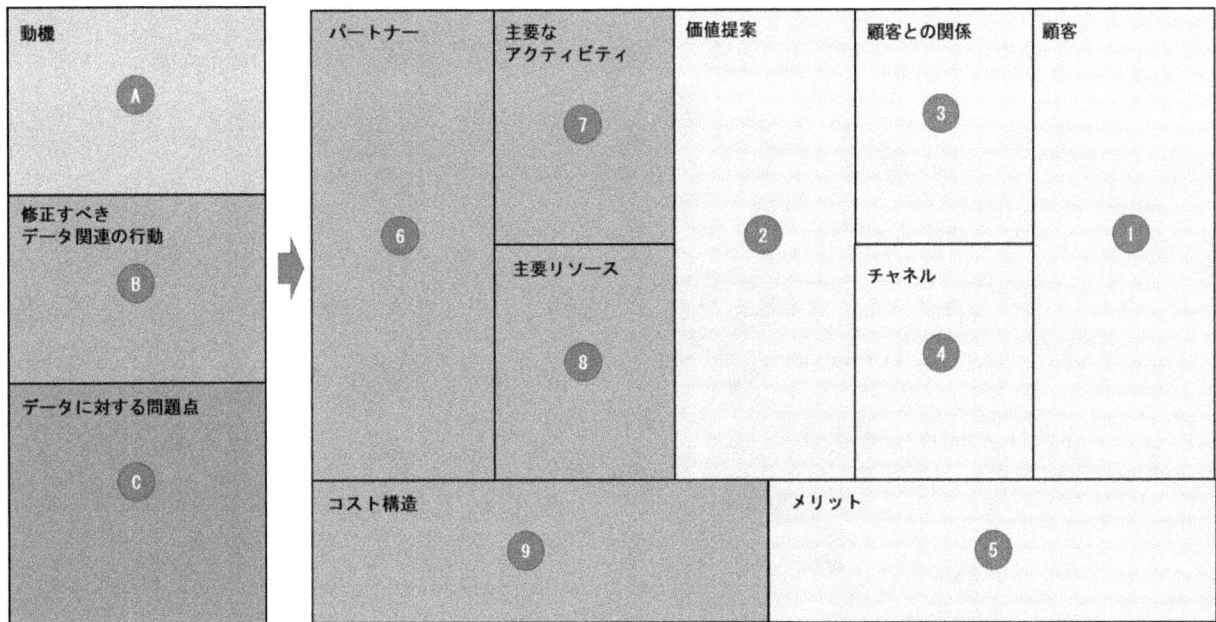

図 31 データガバナンス・ビジネスモデル

ステップ7 プロセスフロー

1. **データガバナンス・ビジネスモデル・ワークショップ**の準備：

    a. ステップ 2、ステップ 3 で作成した**データ整合戦略**、ステップ 4 で作成した**データマネジメント戦略**、ステップ 5 で定義した**データガバナンス戦略**、そして全ての関連参考資料に基づいて図 31 に示すキャンバスの各セルの項目リストを作成する。

        i. ステップ 2 からセル A、B、C の内容を得る。

        ii. 最初のワークショップセッションではセル 1 から始め、セル 1～5 を扱う準備をする。

        iii. セル 6-9 は別のセッションが必要かもしれない。

    b. ワークショップのレイアウト、項目リストの内容と共に、選択したコラボレーションツールを準備する。

    c. セッションを始めるためのスライドを準備する。参加するステークホルダーが前のステップに参加していたとしても、このセッションのために更新したプレゼンテー

ションを行い、将来の参照のための文書として残しておくと有用である。タイムラインを提示し、その中でこのセッションがどの位置にあるのかを示すことも忘れてはならない。それ以降のセッションについては前回のセッションの要約と、今回のセッションのゴールを含めるとよい。

    d. この時点での情報に基づき、**データガバナンス・ビジネスモデル・キャンバス**（図31）を埋めていく。

2. ワークショップの実施

    a. セル1とセル6〜9の項目を特定し、優先順位を付けるのに十分な時間を確保するため、少なくとも2回のワークショップ会議を予定する。

    b. 最初のセッションでセル1〜5の内容に取り組む。

    c. 自己紹介のスライドでセッションを開始し、参加者のセッションへの期待値を揃える。

    d. セル1の場合：

        i. セルの目的を説明し、その内容の例をいくつか示す。

        ii. 参加者に特定のセルに対するアイテムのアイデアを個々に書いてもらう。

        iii. 参加者全員が他のステークホルダーからのアイデアを全て読む時間を設け、より関連性の高い5つのアイデアに投票する。

    e. セル6から11についてはあらかじめ記入したキャンバスを使い、会話を導く。

        i. 参加者にリストアップされた項目を残すか削除するかを判断してもらい、新しい項目を提案するよう促す。

        ii. 参加者に上位3つのトピックに投票するよう求める。

3. **データガバナンス戦略キャンバス**のブラッシュアップ：

    a. セル2〜5をステップ2の結果で埋める。

    b. これは統合の演習である。キャンバスのセル1、セル6〜23に、ステークホルダーから提案された全てのアイデアを彼らが提案した優先順位に従って当てはめる必要がある（各セルに入れる内容の詳しい説明は、第5章を参照）。

4. **フィードバックの依頼**：

　　a.　出来上がったキャンバスに有効な日付とバージョン情報があることを確認する。

　　b.　キャンバスに「ドラフト」を表す透かしを追加する。

　　c.　あなたの統合力と明確さのケイパビリティを試す時だ。キャンバスの定義に参加した全てのステークホルダーに記入済みのキャンバスを送付し、フィードバックを依頼する。フィードバックの提出期限を決め、返事がない場合はその内容を受け入れたものとみなすことを明確に示す。

5.　**承認の取得**：

　　a.　受け取ったフィードバックに基づいて全ての調整を行う。

　　b.　バージョンを更新し、「ドラフト」の透かしを削除する。

　　c.　**データガバナンス・ビジネスモデル・キャンバス**を送付し、定義に参加したステークホルダーに承認を依頼する。期限を明記する。

　　d.　ステークホルダーから全ての承認を集める。

　　e.　スポンサーに提示し、承認を得る。

6.　**ステップ 9 共有策と浸透策へ**

表 9 ステップ 7 のまとめ

ステップ 7.　データガバナンス・ビジネスモデル・キャンバスの作成と更新	
目標	・　**データガバナンスの顧客**を特定する ・　**データガバナンスの価値提案**を特定する ・　**価値提案**を提供する**データガバナンス・サービス**を特定する ・　**データガバナンス・チーム**と顧客とのコミュニケーションチャネルを特定する ・　顧客からの関心を維持するために、関係を継続する方法を特定する ・　**価値提案**を届けるのに必要な主要アクティビティを特定する ・　**価値提案**を届けるのに必要な主要リソースを特定する ・　**データガバナンス・チーム**が**データガバナンス**の実践を展開するための支援をする、主要パートナーを特定する ・　**データガバナンス**実践の開発と維持にかかるコストを概要レベルで明示する ・　**データガバナンス**実践のメリットを概要レベルで明示する

ステップ7. データガバナンス・ビジネスモデル・キャンバスの作成と更新	
目的	• **データガバナンス・チーム**が何を行うのか、どの社内顧客のために活動するのか、組織全体に対して明確な期待値を設定する
インプット	• **データ整合戦略** • **データマネジメント戦略** • 優先順位付けされた**データマネジメント**の動機 • 優先順位付けされたデータに関連する望ましくない行動 • 優先順位付けされたデータに対する問題点
テクニックと ツール	• **データガバナンス・ビジネスモデル**の見直し／更新のためのワークショップ • **ビジネスモデル・キャンバス**のテンプレート • ブレーンストーミングや投票のためのコラボレーションツール（例：Mural、MS365 ホワイトボードなど） • 対面式ワークショップのための**ブラウンペーパー・**テクニック
成果物	• **データガバナンス・ビジネスモデル・キャンバス**
参加者	• **データガバナンス・リード**とチーム
チェックポイント	• 選択したコラボレーションツールまたは**ブラウンペーパー**の素材とテンプレートを準備する • プロセスにおける位置付けとこのステップへの期待を明確に示した導入用スライドを準備する • **データガバナンス・ビジネスモデル・キャンバス**にこれまでに確認した情報を記入する • **データガバナンス・ビジネスモデル・キャンバス**を見直し／更新するためのワークショップが予定されていることを確認する • **データガバナンス・ビジネスモデル**を見直し／更新するための会議を運営する

7.2.8 ステップ8：3年間のロードマップの作成と更新

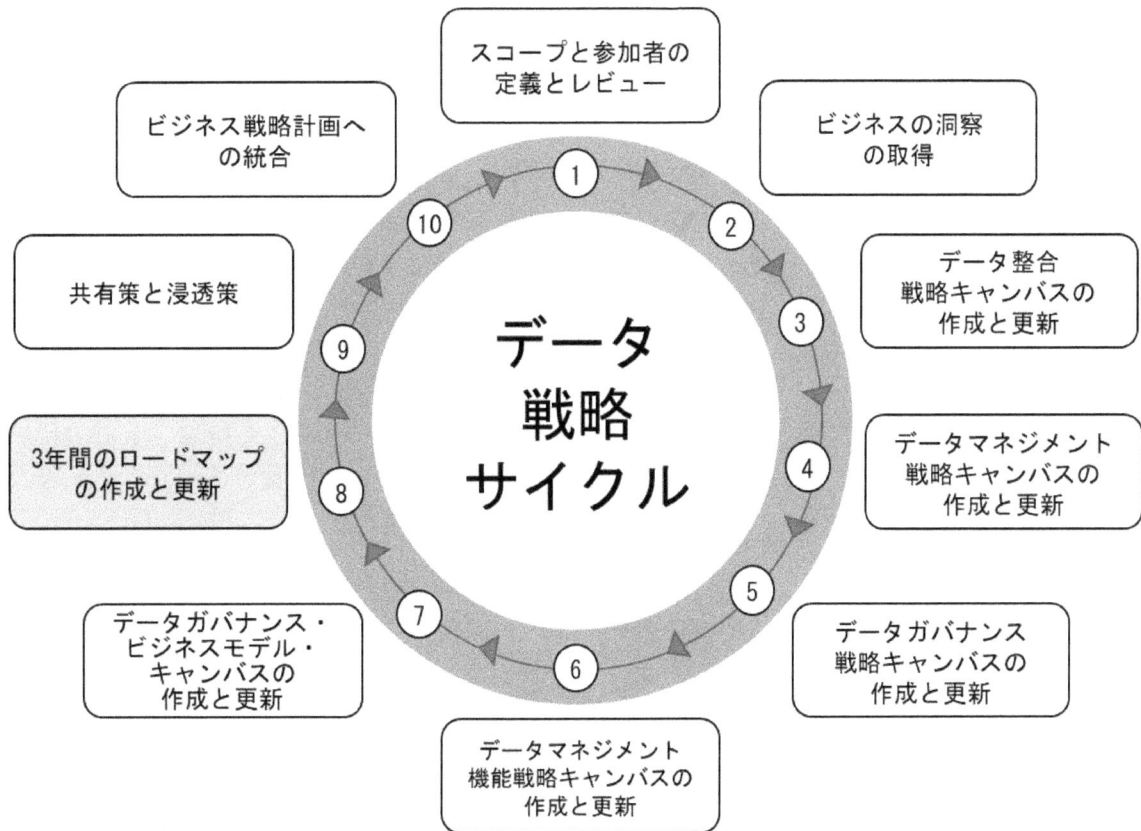

スコープと参加者の
定義とレビュー

ビジネス戦略計画へ
の統合

ビジネスの洞察
の取得

10

1

2

データ整合
戦略キャンバスの
作成と更新

共有策と浸透策

9

3

データマネジメント
戦略キャンバスの
作成と更新

データ
戦略
サイクル

3年間のロードマップ
の作成と更新

8

4

5

データガバナンス
戦略キャンバスの
作成と更新

データガバナンス・
ビジネスモデル・
キャンバスの
作成と更新

7

6

データマネジメント
機能戦略キャンバスの
作成と更新

一連の**データマネジメント戦略キャンバス**（**データマネジメント戦略**、**データガバナンス戦略**、**個々のデータマネジメント機能戦略**）を策定することは、**データマネジメント・プログラム**を通じて長期的に何を達成するかという期待値を管理するために不可欠だ。しかし各時点で何を期待するかを明確に示す最良の方法はロードマップである。**データガバナンス・チーム**は他の**データマネジメント**機能の定義を統括する役割を担っているため、最初に策定すべきロードマップは**データガバナンス・ロードマップ**である（図32、33、34）。このロードマップと**データマネジメント機能戦略**が定義されれば、各機能のロードマップを作成することができる。

ロードマップのマイルストーンは**データマネジメント戦略**と**データガバナンス戦略**から直接導き出されており、緑色（③）で示されたマイルストーンは**データガバナンス**の運用を表している。これは期待値を設定し管理する上で重要である。**データガバナンス**のケイパビリティを確立するためだけに1年や2年を費やすのではないことは明らかだ。並行して**データマネジメント戦略**および**データガバナンス戦略**で確立された優先事項に従って、ガバナンスの運用を開始する。

そのためには正式なケイパビリティベースの**データマネジメント成熟度モデル**が不可欠である。明確に定義されたケイパビリティと成熟度レベルの目標を組み合わせることで、ロードマップ

のマイルストーンに確かな根拠を与えられる。こうすることで年次のゴールと優先順位を付けたケイパビリティの進捗を表すことができる。

1 年目のロードマップはベースラインの成熟度アセスメントによって決定された成熟度レベルから始まる。1 年目の終わりには、計画されたマイルストーンに基づき組織が到達を期待する成熟度レベルが示される。

2年目のロードマップは1年目のロードマップ終了時に測定された成熟度レベルから始まる。そして終了時に、計画されたマイルストーンに基づいて予想される成熟度レベルを示す。この成熟度レベルが3年目のロードマップの出発点となる。

データガバナンスの運用を開始してから 1 年後にデータマネジメントの成熟度アセスメント（理想的には主観を排除するため、認識だけでなく証拠に基づくこと）を実施し、実際に到達した成熟度を判断する。この情報を基にロードマップを調整する。

ステップ8 プロセスフロー

1. **データガバナンス・ロードマップ・ワークショップ**の準備：

   a. ステップ3で作成した**データ整合戦略**、ステップ4で作成した**データマネジメント戦略**、ステップ5で作成した**データガバナンス戦略**、そして選択した**データマネジメント成熟度モデル**が示す**データガバナンス・ケイパビリティ**に基づいて、3年間のロードマップのドラフト版を作成する。最新の評価に基づく現在の成熟度レベルも入力する。

   b. **データガバナンス・ケイパビリティ**のマイルストーンを設定することから始める。

   c. **データマネジメント戦略**から短期、中期、長期に分類した優先事項に関するマイルストーンを決定し、ロードマップに沿って設定する。

   d. **データガバナンス戦略**についても同様に短期、中期、長期に分類した優先事項に関連するマイルストーンを決定し、ロードマップに沿って設定する。

   e. **データマネジメント戦略**および**データガバナンス戦略**を作成するために提供されたインプットに基づき、**データガバナンス**が機能していることを示すマイルストーンを特定する（**ビジネス用語集**の発行、**データガバナンス**委員会の初回ミーティング、データソース照会サービスの確立、一連のポリシーの初回承認など）。

2. **ワークショップの実施**：

   a. **データガバナンス・ロードマップ**を完成させ洗練させるための十分な時間を確保するために、少なくとも 2 回のワークショップ会議を予定する。

   b. 最初のセッションで**データガバナンス・ロードマップ**に沿ったマイルストーンのリストを補完し、必要な作業に対する認識を高める。現実的であること。初年度に計画するマイルストーンが多すぎるチームが多い。そして達成できなかった場合、落胆することになる。過剰なコミットメントをしないようにする。

   c. 2 回目のセッションでロードマップを練り直し、必要なマイルストーンが全て文書化され、3 年間にわたって無理なく達成可能な形で配分されていることを確認する。この配分は**データマネジメント戦略**および**データガバナンス戦略**で定義された優先順位に整合していなければならず、同時に依存関係も考慮しなければならない。

3. **承認の取得**：

   a. 受け取ったフィードバックに基づいて全ての調整を行う。

   b. バージョンを更新し、「ドラフト」の透かしを削除する。

   c. **データガバナンス・ロードマップ**をスポンサーに送付し、ステークホルダーに承認を依頼する。

4. **ステップ 9 共有策と浸透策へ**

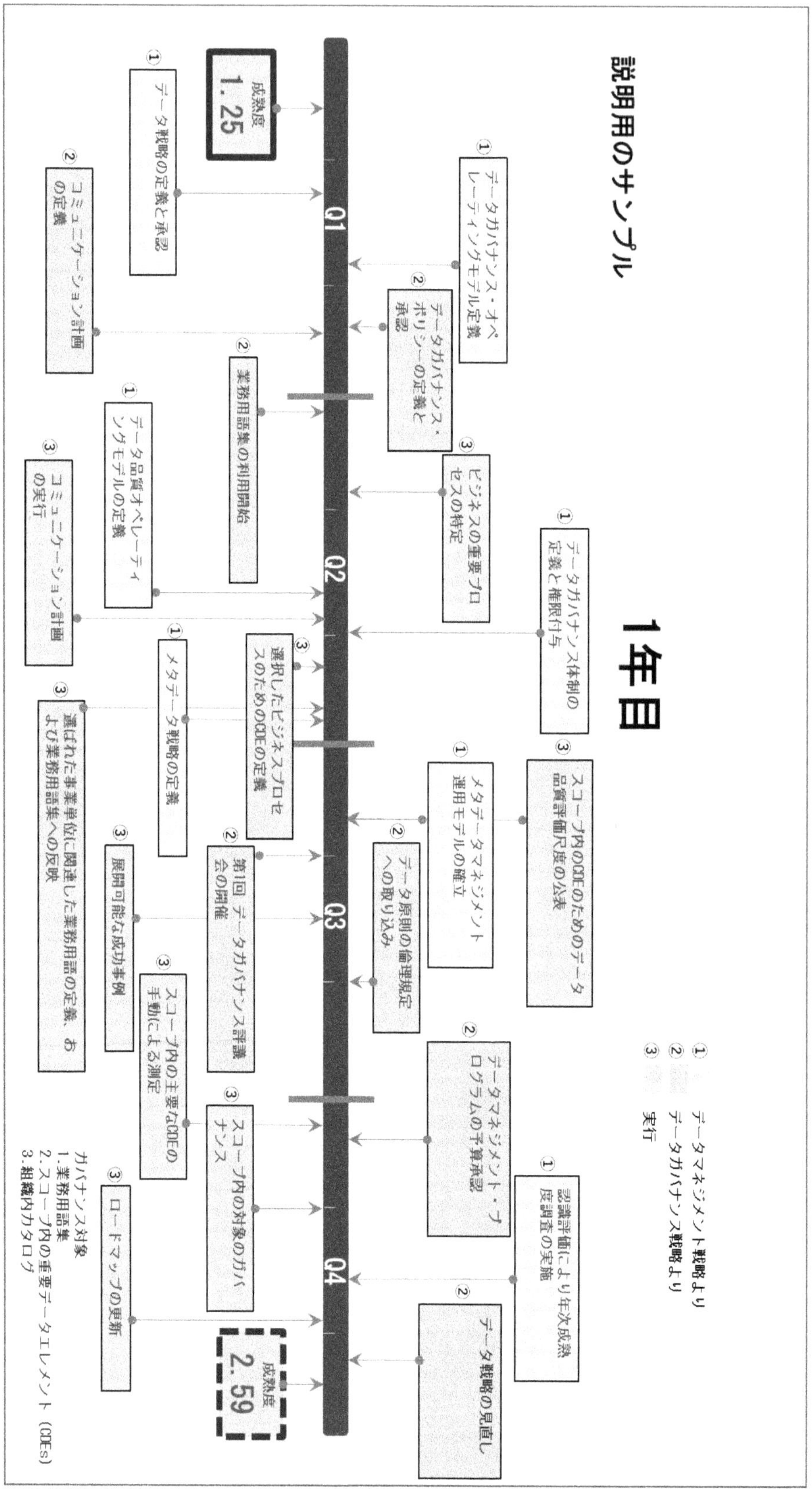

図 32　1年目のデータガバナンス・ロードマップ

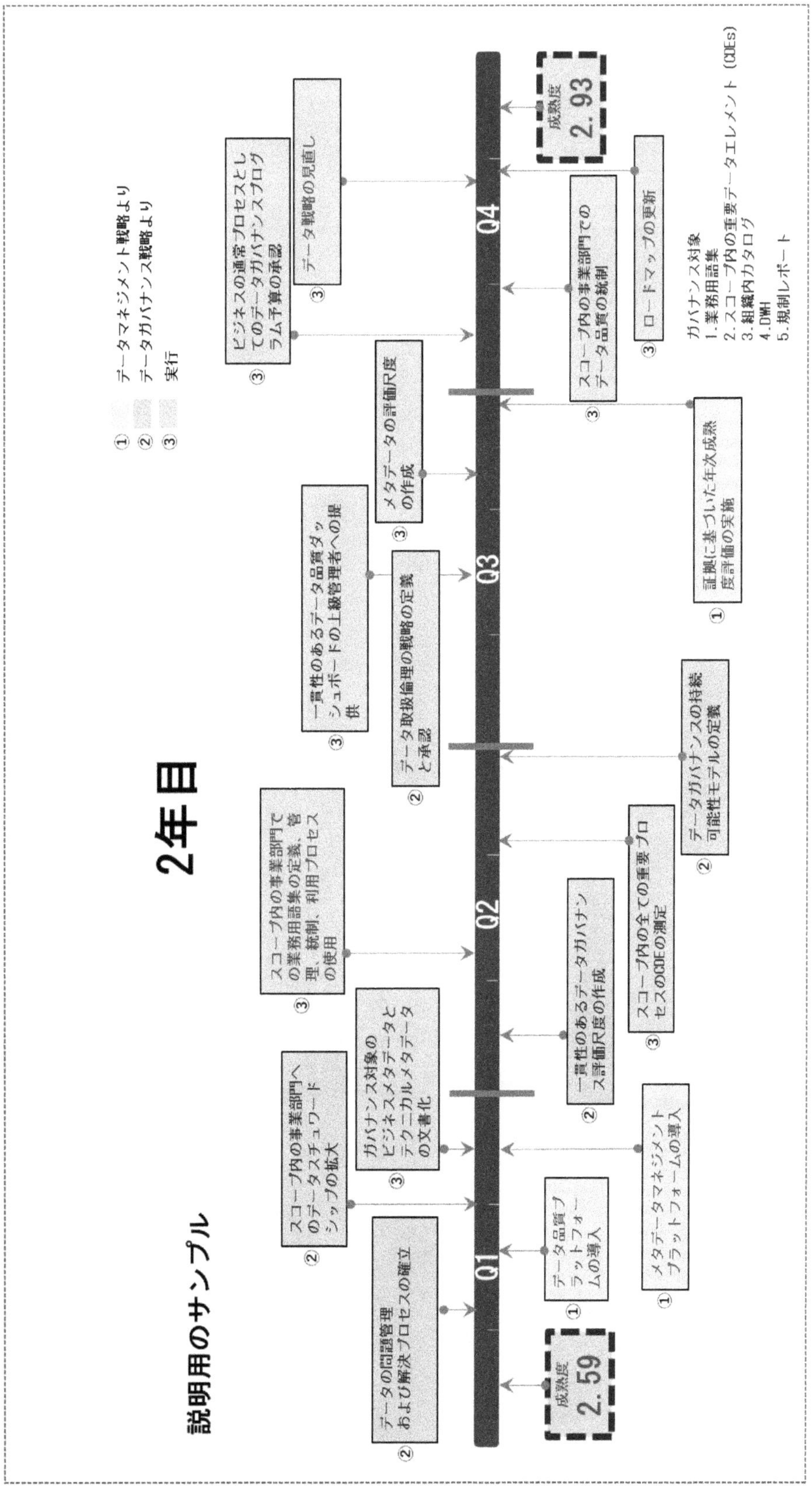

図 33 2年目のデータガバナンス・ロードマップ

説明用のサンプル

3年目

① データマネジメント戦略より
② データガバナンス戦略より
③ 実行

② 事務部門のガバナンス対象の定義

① ドキュメント管理戦略の定義と承認

成熟度 2.93

③ スコープ内の重要プロセスのCDEの測定

② スコープ内の事業部門へのスチュワードシップの展開

③ ガバナンス対象のビジネスメタデータとテクニカルメタデータの文書化

② データガバナンス・プロセスの見直しと強化

② データ取扱倫理の監査

② データガバナンス・ポリシーの法令遵守の監査

③ データマネジメント予算の承認

③ データ戦略の見直し

① 証跡に基づいた年次アセスメント

③ ロードマップの更新

③ データガバナンスの全組織への実装

ガバナンス対象
1.業務用語集
2.スコープ内の重要データエレメント (CDEs)
3.組織内カタログ
4.DMM およびデータレイク
5.規制レポート
6.信頼できる正式なデータソース

成熟度 3.46

Q1 Q2 Q3 Q4

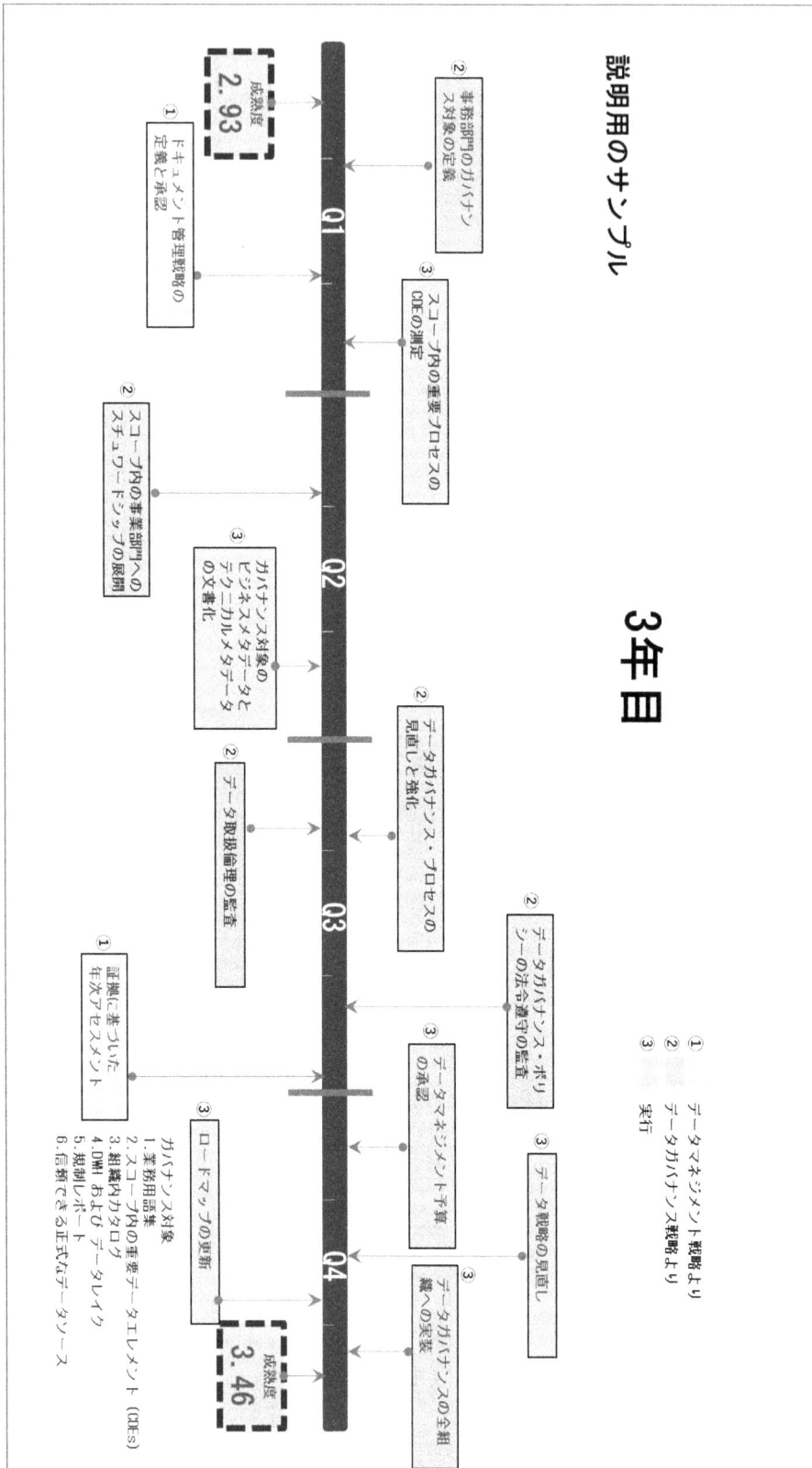

図 34 3年目のデータガバナンス・ロードマップ

表 10 ステップ 8 のまとめ

ステップ 8. 3 年間のロードマップの作成と更新	
目標	<ul><li>**データマネジメント戦略**および**データガバナンス戦略**に基づき、今後 3 年間で達成すべきマイルストーンを特定する</li><li>確立されるべきケイパビリティのマイルストーンに基づいて、各年度に期待される**データマネジメント**成熟度レベルを設定する</li></ul>
目的	<ul><li>**データマネジメント戦略**と**データガバナンス戦略**の実行の一環として、何をいつまでに達成するかについて組織全体にわたる明確な期待値を設定する</li></ul>
インプット	<ul><li>**データ整合戦略**</li><li>**データマネジメント戦略**</li><li>**データガバナンス戦略**</li><li>**データガバナンス・ビジネスモデル**</li><li>優先順位付けされた**データマネジメント**の動機</li><li>優先順位付けされたデータに関連する望ましくない行動</li><li>優先順位付けされたデータに対する問題点</li></ul>
テクニックとツール	<ul><li>**データマネジメント・ロードマップ**の見直し／更新のためのワークショップ</li><li>**データガバナンス・ロードマップ**の見直し／更新のためのワークショップ</li><li>**データマネジメント・ロードマップ**のテンプレート</li><li>**データガバナンス・ロードマップ**のテンプレート</li><li>ブレーンストーミングや投票のためのコラボレーションツール（例：Mural、MS365 ホワイトボードなど）</li><li>対面式ワークショップのための**ブラウンペーパー**・テクニック</li><li>**運用計画**とリンクさせるマッピングメソッド</li></ul>
成果物	<ul><li>**データマネジメント** 3 年間ロードマップ</li><li>**データガバナンス** 3 年間ロードマップ</li></ul>
参加者	データマネジメント・ロードマップ：<ul><li>データマネジメント・リード</li><li>データガバナンス・リードとチーム</li><li>優先順位付けされた**データマネジメント**機能</li></ul>データガバナンス・ロードマップ：<ul><li>データガバナンス・リードとチーム</li></ul>

ステップ8. ３年間のロードマップの作成と更新	
チェックポイント	• 選択したコラボレーションツールまたは**ブラウンペーパー**の素材とテンプレートを準備する • プロセスにおける位置付けとこのステップへの期待を明確に示した紹介資料を準備する • **データマネジメント・ロードマップ**のドラフトを作成し、議論を開始する • **データマネジメント**と**データガバナンス**のロードマップを見直し／更新するためのワークショップが予定されていることを確認する • **データマネジメント**と**データガバナンス**のロードマップを見直し／更新するための会議を運営する

7.2.9 ステップ 9 : 共有策と浸透策

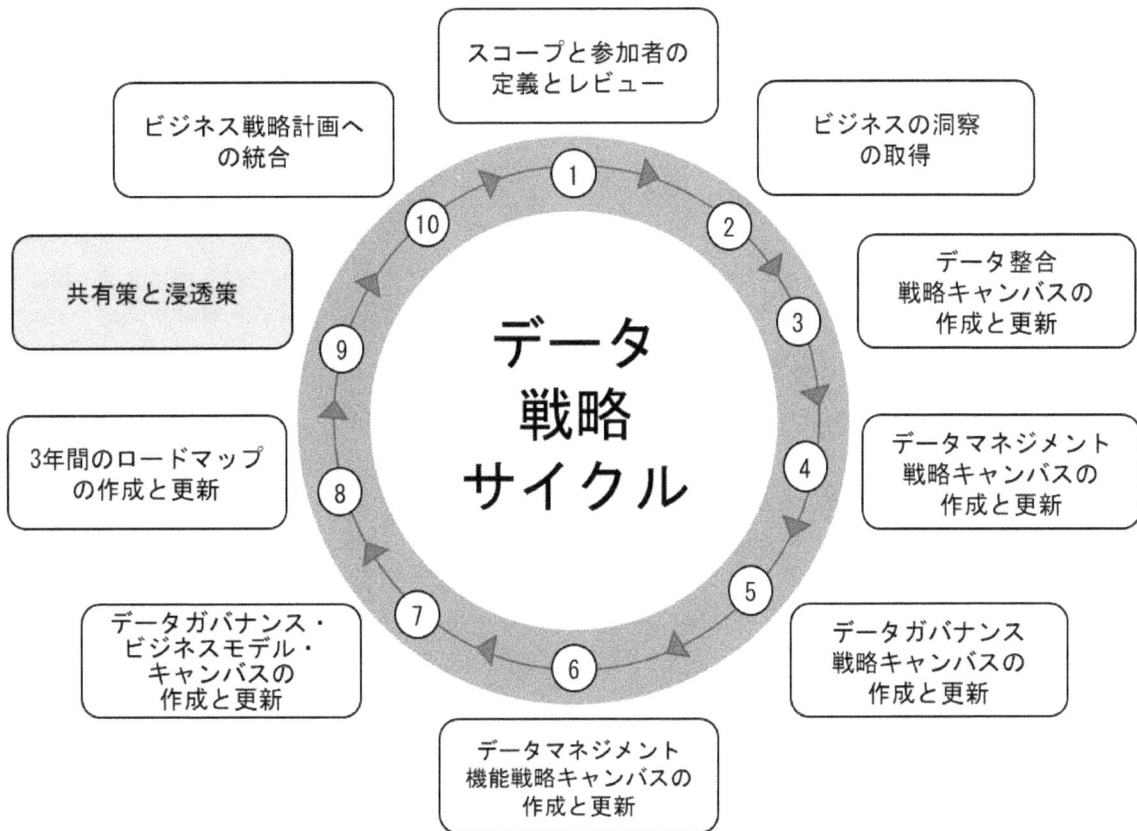

このパズルの基本的なピースはコミュニケーションである。コミュニケーションを円滑にするためにキャンバスを使うことの利点は、これまで述べてきた。キャンバスを作っても、引き出しにしまっておいてはキャンバスの価値はない。**データ戦略**施策は継続的なプロセスであり、組織全体に広く共有されなければならない。成功させるためには明確な**コミュニケーション戦略**が必要である。この戦略は目標から始まる。**データマネジメント**で何が起きているのかについて、情報を提供し続ける必要のあるさまざまな関係者を特定する。その関係者に共有するためのコミュニケーション媒体の手段を考慮する。電子的なもの（例：イントラネット、E メール）だけでなく、このトピックを発表できるさまざまなフォーラムや**データ戦略**を共有できる社内イベントも活用する。企業や組織内に広報部門があれば、その取り組みに関して連携をはかる。

データガバナンスを導入する際にはコミュニケーションはほとんど考慮されず、また**データマネジメント**を議論する際にはさらに考慮されない。しかし成功のためにコミュニケーションは不可欠である。データをガバナンス対象にすることの意味、**データマネジメント機能**の実施内容と監視内容、提供されるサービス、サービスに期待できることなど、**コミュニケーション計画**がないと多くのステークホルダーがこれらを理解できないことになる。

共有策と浸透策のステップでは**データ戦略**のマーケティングを定義する。そのためには以下を考慮しなければならない：

- 対象となる参加者

- 共有すべきメッセージの種類

- さまざまなコミュニケーション媒体の利用可能性と有効性

- **コミュニケーションフォーラム**（運営委員会や常任委員会など）

- **組織文化**

- コミュニケーションポリシー

- コミュニケーションキャンペーン計画

コミュニケーションは全て人を相手にするものであることを忘れてはならない。メッセージをステークホルダーに伝えることが重要だ。利用可能なコミュニケーションチャネルを特定することは重要だが、それ以上に重要なのはそれがどの程度効果的であるかを理解することである。例えば社内ウェブサイトがあっても、社員がほとんど参照しないのであれば効果的なチャネルとは言えない。利用したいのであれば参照すべき理由を与えることだ。E メールは手軽で一般的なコミュニケーションチャネルである。しかしたいていの人は読まないメールをたくさん受け取る。E メールを使うことにはあなたのメッセージが見られずに消えてしまうリスクがある。メッセージの数が多ければ無視されるだろう。**データマネジメント**や**データガバナンス**を目的としたウェブサイトが既にあれば、そこは**データ戦略**の取り組みやその状況、作成されたさまざまなキャンバスに関する情報を掲載するのに最適な場所になる。まだサイトがない場合は、この取り組みの一環としてサイトを立ち上げるとよいだろう。いずれにせよその存在を人々に知らせ、利用を促進しなければならない。

ステップ9 プロセスフロー

1. **コミュニケーション戦略の定義**：

    a. 達成したい戦略目標

    b. 共有したい関係者

    c. 利用可能なコミュニケーション・チャネル

    d. コミュニケーションを支援するパートナー

    e. 共有したいメッセージの種類

      i.   認識向上：**データマネジメント**の欠如がもたらす影響に関する社内の解説動画

      ii.   情報提供：**データ戦略**要素の定義

     iii. 取り組みの進捗状況：**データ戦略**実行の進捗に関する最新情報

2. **組織内コミュニケーションチームの関与**：

   a. **コミュニケーション戦略**を実行するための、最も効果的なコミュニケーションチャネル。

   b. 組織内コミュニケーションチームの参加レベル

   c. 共有メッセージに必要な承認レベル

   d. 最高のコミュニケーションキャンペーン

   e. 組織内コミュニケーションチームからのメッセージが伝わらなかった場合に従うべき方針

   f. 自チームが組織内コミュニケーションチームと交わすことができる運用上の相互作用

3. **新しいアイデアの探求**：

   a. 昼食中の学習ミーティング（対面またはバーチャル）

   b. 社内ポッドキャスト（成功事例を話せるステークホルダーの招待）

   c. **データ戦略知恵袋**（注目を集める魅力的なデザインの短い情報メッセージ）

4. **データ戦略スポンサーのコミュニケーションへの関与**：

   a. スポンサーに**データ戦略**に関する強いメッセージを録画させる

   b. スポンサーが**データ戦略**の進捗状況を発表するために、運営委員会へ常時参加することを定着させる

5. **コンテンツグリッド（内容構成表）によるメッセージ内容の定義**：

   a. メッセージの種類

   b. メッセージの目的

  c. コピー（実際に送信されるメッセージ）

  d. とってほしい行動

  e. メッセージの伝達日

6. **コミュニケーション計画の作成**

  a. あらゆるコミュニケーションチャネルと創造的な代替手段の検討

  b. 現在進行中または計画中の組織的コミュニケーションキャンペーンの検討

  c. 承認までの時間への対応の検討

7. **コミュニケーション計画の実行**

表 11 ステップ9のまとめ

ステップ9.　共有策と浸透策	
目標	• **コミュニケーション戦略**の確立 • 組織内コミュニケーションチームの巻き込み • **データ戦略**への貢献の成果を全てのステークホルダーが確認することの徹底 • **データ戦略**について組織全体への周知の徹底 • **データ戦略**キャンバスの見つけやすさ、アクセスしやすさの向上
目的	• **データ戦略**が全組織にオープンであることの確認 • **データマネジメント**と**データガバナンス**・プログラムによって達成されることについて、組織全体の期待値を設定
インプット	• **データ整合戦略** • **データマネジメント戦略** • **データガバナンス戦略** • **データガバナンス・ビジネスモデル** • **個々のデータマネジメント機能戦略**
テクニックとツール	• **コンテンツグリッド** • 幹部報告会 • **コミュニケーション戦略**テンプレート
成果物	• **データマネジメント・コミュニケーション戦略** • **データ戦略**コンテンツグリッド • コミュニケーションコンテンツ

ステップ 9. 共有策と浸透策	
参加者	• 組織内コミュニケーションチーム • データガバナンス・リードとチーム
チェックポイント	• コミュニケーション**戦略**の定義 • **組織内コミュニケーションチーム**の関与 • データに関する問題とその影響に関する適切な情報の収集 • **コンテンツマトリックス**の準備 • コミュニケーション**計画**の定義 • 承認の取得 • 計画の実行

7.2.10 ステップ 10 : 既存のビジネス戦略計画への統合

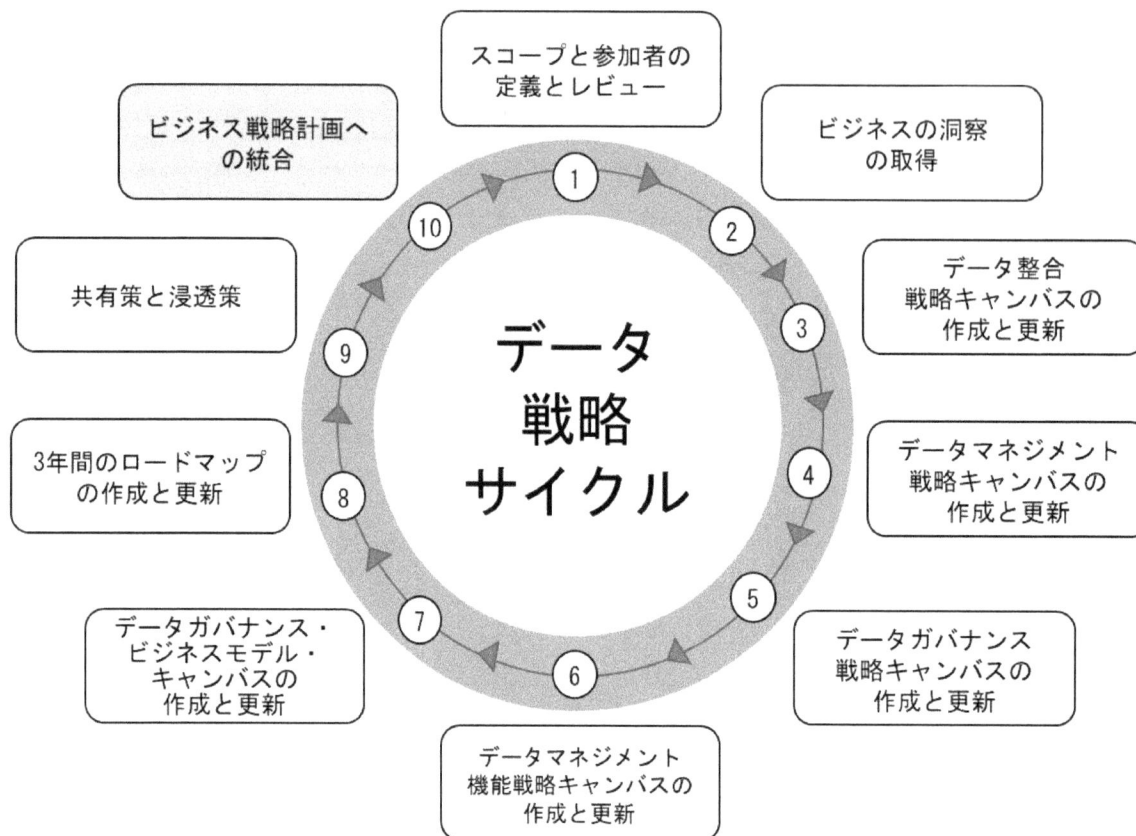

成熟した**データマネジメント・プログラム**には持続可能性という重要な特性がある。これは**データマネジメント**の実行を支える年度予算があることを意味する。年度予算の要件は、継続的かつ進化するケイパビリティの展開においてよく理解されなければならない。最も避けたいことは、プログラム内の全てのプロジェクトで**データマネジメント**をゼロから説明することだ。その代わりにステップ 10 では、**データマネジメント**のゴールと施策を戦略計画に統合し、これらが常に計画サイクルの一部となることを目指す。

このステップのもう 1 つの基本的な裏付けは、**データ戦略**を**企業戦略**と整合させるということである。年次戦略計画の一環として主要なステークホルダーはビジネス環境を分析し、組織の戦略的方向性を設定する。データをこのプロセスの一部として扱うべきで、**データマネジメント**のスポンサーは自分の意見を意思決定の場で表明する必要がある。これを実現するためには、強力なビジネスケースを通じてリーダーたちを戦略立案と財務に巻き込む必要がある。

ステップ 10 プロセスフロー

1. ビジネスケースの作成：

    a. データに関連する上位の問題点の影響の定量化

  b. 最優先のビジネスクエスチョンに対応できないことによる機会損失費用の定量化

  c. **データ戦略**が存在しないことによる影響の定量化（購入した技術的プラットフォームを十分に活用しなかった過去の事例に基づく）

  d. 情報を見つけられなかった場合のコストの定量化

  e. 単なるコスト削減にとどまらない、正確な洞察を得ることによるビジネス価値の観点から見た**データ戦略**を持つメリットの定量化

2. **短期的**に特定された、各**データマネジメント**施策に対する**チャーター**の作成

3. **データガバナンスの導入とサポート**、ならびに**特定された各チャーター**に対応するための**年度予算**の作成

4. 以下に基づいたエグゼクティブサマリーの作成：

  a. **データ戦略チャーター**

  b. 参加する組織単位

  c. **データガバナンス・ロードマップ**

  d. **データ戦略キャンバスへのリンク**

  e. **年度予算**

5. **戦略計画チームの関与**：

  a. **データ戦略**スポンサーに**データ戦略**施策を紹介させる

  b. いつ、誰に、どのように**データ戦略**の進捗状況を報告するか合意する。

  c. フィードバックを収集する

  d. **データ戦略**プロセスを企業計画プロセスにどのように組み込むかについて、概要レベルのプロセスを定義する。

  e. 提案されたプロセスに関するフィードバックを得る

  f. 承認を得る

  g. **ステップ9**に戻り、最終的なプロセスを共有する

表 12 ステップ 10 のまとめ

ステップ10.　既存のビジネス戦略計画への統合	
目標	• データ戦略を企業戦略計画に組み込む • データ資産は他の資産と同様に扱われるべきであるという認識を持たせる • データマネジメントは継続的な予算が必要となるプログラムであるという認識を醸成する
目的	• 経営企画への関与 • 財務への関与
インプット	• データ整合戦略 • データマネジメント戦略 • データガバナンス戦略
テクニックとツール	• 幹部報告会
成果物	• 年次データ戦略見直しのスケジュール
参加者	• データ戦略スポンサー • データガバナンス・リードとチーム • 経営企画 • 財務
チェックポイント	• ビジネスケースの文書化 • データ戦略プロセスと承認されたデータ戦略に関する経営幹部へのプレゼンテーションの準備 • 企業戦略計画チームの関与 • データ戦略を企業戦略計画に組み込む方法についての合意の確立 • 財務チームの巻き込み • データ戦略に基づいて、データマネジメントの年間予算の管理方法についての合意

7.3.　ツールについて一言

これまで紹介したキャンバスは全てパワーポイントのテンプレートを利用しており、簡単に始めることができる。既にお気づきかもしれないが、キャンバスを表現するにはより優れた、よりダイナミックな、よりアジャイルな方法がある。ほとんどのエンタープライズアーキテクチャ・ツールでは、カスタマイズされたキャンバスを作成し、他のエンタープライズ系の成果物（企業戦略、ビジネスプロセス、役割、ガバナンス機関、アプリケーションアーキテクチャ、

テクノロジーアーキテクチャなど）とリンクすることができる。これらのツールを使用することにより、キャンバスの内容を記録し、いつ、誰が、どのように作成したかを文書化できる。これらはオンライン上でのトレーサビリティも提供されており、あるオブジェクトが変更されると、リンク先のオブジェクトにも変更が反映される。**エンタープライズアーキテクチャ・ツール**がない場合は、オープンソースを利用するという方法もある。**データ戦略キャンバス**を作成したら、そのようなツールで各キャンバスを画像としてエクスポートし、組織内のコミュニケーションを促進できる。

またワークショップでの情報の収集と利用を簡素化する、コラボレーションツールという方法も検討することができる。

7.4.　全ての点をつなげる

データ戦略 PAC メソッドの 3 つのコンポーネントは全てつながっている。いつでもその間をたどれるようにしておく必要がある。例えば**データ戦略**の運用計画を作成する時に、各アクティビティをロードマップのマイルストーンにマッピングする。ロードマップのマイルストーンは、**各データ戦略キャンバス**が情報源となっている。各**データ戦略キャンバス**の内容は、**データ戦略サイクル**の第 2 ステップで定義されたインプットに対応する。ビジネスクエスチョン、動機、修正すべき行動、データに対する問題点である。**データ戦略サイクル**を進めるにつれて、このような相互の関連性に気づき、全てが理にかなっていることに気づくだろう。ステークホルダーとコミュニケーションを取る際にはこの関連性に注目して、ゴールとその達成に必要な詳細を理解できるようにする。

効果的な**データ戦略**を維持することは継続的なプロセスだ。**データ戦略キャンバス**を作成した時点で作業が終わるわけではない。その時点から実行するための大変な作業が始まるのである。この作業には戦略がデータ関連のアクティビティを導き、戦略が組織のデータからより多くの価値を引き出すことを可能にするよう監督することを含む。

7.5.　キーコンセプト

データ戦略サイクルは少なくとも年に 1 回実施しなければならない 10 ステップからなる 1 セットであり、最終的には組織の年次戦略計画に**データ戦略**の見直しを含めることになる。これはデータと情報を戦略的資産として管理することに大きく貢献する。

7.6. 覚えておくべきこと

1. 　　最初の成功要因はさまざまな組織単位を代表する主要なステークホルダーが、**データ整合戦略**の定義に参加することである。彼らの意見と優先順位付けによって、残りの**データ戦略**が推進されるからだ。

2. 2つ目の成功要因は各ワークショップ会議の効果的な準備と、セッション中の時間管理である。

3. 3つ目の成功要因は重要度はやや下がるが、この旅路に参加する全てのステークホルダーとの効果的なコミュニケーションを維持し、彼らの貢献がどのように**データ戦略**に関わり、時間の経過と共にどのように実行されるかを認識できるようにすることである。

7.7. データ戦略に関するインタビュー

専門家にインタビュー: Danette McGilvray[45]

Danette McGilvray は国際的に高く評価されている**データ品質**の専門家である。彼女は**データ品質**と**データガバナンス**を通じて組織のビジネス価値を高めるリーダーやスタッフを指導している。このアプローチはセキュリティ、アナリティクス、**デジタルトランスフォーメーション**、人工知能、データサイエンス、コンプライアンスなどの目的に特化した取り組みにおけるデータの利活用に貢献している。

Danette は Granite Falls Consulting, Inc. の社長兼代表であり、テクノロジーの適切な利用と、効果的なコミュニケーションとチェンジマネジメントを通じたデータマネジメントの人的側面への取り組みに尽力している。

Danette は、Executing Data Quality Projects: Ten Steps to Quality Data and Trusted Information™, 2nd Ed. (Elsevier/Academic Press, 2021) (訳注：「データ品質プロジェクト実践ガイド：質の高いデータと信頼できる情報を得るための 10 ステップ」として日本語版が日経 BP 社より出版されている) の著者である。この本は多くの国のさまざまな業界で成功裏に使用されてきた実証済みの方法論を紹介している。彼女の著書はしばしば「古典的名著」と評されたり、ソーシャルメディア上の会話で「トップ 10」に入るデータマネジメント本として注

---

[45] Danette McGilvray https://www.linkedin.com/in/danette-mcgilvray-bb9b85/

目されたりしている。「リーダーのためのデータ宣言」（dataleaders.org を参照）の共著者であり、21 カ国語への翻訳を監修してきた。

データ品質コンサルタントとしての豊富な経験を踏まえて、顧客の組織においてデータ関連業務を導き、ビジネス戦略に対応するための横断的なデータ戦略が、適切に定義されていたことはどのくらいあるのでしょうか？？

データ品質やガバナンスのニーズについて組織から支援を依頼された時、私はしばしば 2 つの内の 1 つに気づく：

- 組織全体にデータマネジメントのサイロはあるが、横断的な**データ戦略**はない。

- 包括的な横断的な**データ戦略**（多くの場合、新たに定義されたもの）があるが、その戦略を実行するための実践的な手順はない。

1 つ目の例の場合、横断的な**データ戦略**を策定することで、既に行われている作業をまとめることができる。そうすることで組織は相乗効果を得ることができ、取り組みを調整し、リソースを最大限に活用し、重複作業を止めることができる。

2 つ目の例の場合は「悪魔は細部に宿る」と言われるように、綿密な実行計画が不可欠であり、適切な知識とスキルを持つ適任者を関与させる必要がある。さらに人的要因に注意を払うことが、導入が成功するか**データ戦略**が無駄に終わるかの分かれ目になることが多い。

データ品質プログラムの成否におけるデータ戦略の役割は何だと思いますか？

横断的かつ統合的な**データ戦略**は、**データ品質**プログラムが適合する包括的なフレームワークを提供する。これにより**データ品質**プログラムの立ち上げと維持が容易になる。なぜなら高品質で信頼できるデータに必要な全てのケイパビリティ、役割、プロセス、テクノロジーなどが特定され、それらの関係が明確になるからだ。データに関する全てのことは、**データ戦略**を含め、まず組織のビジネスニーズから始めなければならない。ビジネスニーズとは組織にとって最も重要なものを意味する。製品やサービスを提供し、顧客を満足させ、リスクを管理し、ビジネス価値を高め、戦略を実行し、ゴールを達成し、問題に対処し、機会を活用することである。データのどの側面を扱うにせよ、ビジネスニーズとそれを支えるデータを把握する必要がある。

私は**データ品質**を総合的に捉えている。つまりデータマネジメントのあらゆる側面が高品質で信頼できるデータを目的にしているということだ。メタデータ、アーキテクチャ、マスターデータ・マネジメントなども同様だ。**データ品質**とはデータのライフサイクル全体を通じて、データ、プロセス、人、テクノロジーを統合することを意味する。全体的な視点では、人的要因、コミュニケーション、倫理に取り組む。データの信頼性構築に不可欠なことだ。**データ戦略**がこの分野をリードすべきである。

データ戦略が存在しなくてもデータ品質プログラムの構築は可能だが、より時間がかかってしまう。データがビジネスニーズを満たすためには、前述した全ての要素が連携しなければならない。データ戦略があることで、データ品質プログラムの構築が効率化される。データ戦略は基礎的かつ長期的なものである。そしてその戦略のさまざまな部分（データ品質プログラムを含む）が継続的に予算化され、適切な注目を集める可能性を高める。

あなたの視点からデータ戦略の策定と維持は誰が推進すべきであり、どのステークホルダーがこのプロセスに参加する必要があると思いますか？

チーフ・データ・オフィサー（CDO）は、データ戦略の策定と維持を推進する上で最適な立場にある。これは CDO が組織内の経営層またはそれに準ずる上級リーダーの役職にあることを前提としている。CDO はデータ戦略に対する結果責任を負い、他の経営幹部や取締役会からの支援を確保する必要がある。CDO は戦略の主導やステークホルダーからのインプットを促進する責任があるが、その一部を委譲することができる。組織により異なるが、このような責任ある役割にはデータガバナンス、データ品質、データマネジメントにおける最上位の全社的データ担当者が該当する可能性がある。

前述したように私たちがデータに関心を持つのは、それがビジネスニーズをサポートするからに他ならない。このためさまざまなビジネス機能から経営幹部もしくは上級リーダーを参加させることが不可欠である。

データを管理することは適切な情報技術（IT）なしには成り立たないため、IT グループの適切な経営幹部や上級リーダーが戦略策定の一翼を担うことも極めて重要である。

適切に運営されたデータガバナンス・プロセスにより、データ戦略の策定と維持が可能になる。意思決定の権限を持つ者と、適切な意思決定を行うための知識を持つ者が（ビジネス、データ、テクノロジーの観点を代表して）一堂に会することになる。

新たに任命されたデータガバナンス・リードが、成功するデータマネジメント・プログラムの基盤として包括的かつ横断的なデータ戦略を構築することの重要性について、上級管理職に認識を促し賛同を得るためには、どのようなアプローチを推奨しますか？

データ戦略に対する認識と賛同を得るためには「なぜ」が重要である。なぜ気にしなければならないのか、なぜこれが重要なのか、時間をかけて関連する事例を集め、データ戦略を支持する場合の彼らのメリットを示す。ここで役立つビジネスインパクト・テクニックと呼ばれるものがいくつかある。いくつか挙げると、エピソードを集めデータとデータ戦略を関係者に生き生きと伝えるストーリーを語ること、データ戦略の役割やビジネスニーズとデータの関係を示す「点と点をつなげる」こと、データ戦略を持たないことのリスクを示すことなどである。

良いデータの重要性を既に理解している人を見つけてほしい。彼らは多くの場合、品質の低いデータの苦痛を既に感じており、品質の高いデータの欠如が事業計画にいかに悪影響を及ぼしたかを目の当たりにしている。

まずあなたと一緒に働きたい人たちと一緒に働くことだ。あなたが成功すれば、後から参加できる人たちを引き寄せる。声高に反対する人がいる場合は、その反対を理解すること。彼らにはあなたが対処できる正当な懸念があるかもしれない。そのような反対派に影響を与えることができる人、あるいは少なくとも彼らが声を荒げるのを止めさせられる人を見つけてほしい。

組織のあらゆるレベルにおいて、データに友好的なパートナーや協力者のネットワークを構築する。彼らに伝える言葉を与え、耳を傾けるよう促し、彼ら自身のネットワークからの行動を要請する。あなた 1 人で全ての人に働きかけることはできない。

コミュニケーション／意識向上／チェンジマネジメント計画を策定し、実行する。組織内でそのようなスキルを持つ人と協力する。人々との協働や人的要因への取り組みは、**データ戦略**業務の妨げになるものではない、業務上不可欠なものだ。そしてそれは成功のために必要なことだ！

7.8. クロージングメッセージ

この本は**データマネジメント**分野の洞察に満ちた書籍や専門家たちからの影響を受けて執筆された。もしこれがあなたにとってインスピレーションの源となるなら、この本を書いたことは十分に価値のあることだったと言える！

テンプレートや研究事例、キャンバスの例など、この本のサポートウェブサイトをぜひご覧いただきたい。

7.9. サポートウェブサイト

このサポートサイトには以下を掲載している（訳注：一部日本語版も提供されている）：

- この本で使用した図の抜粋
- すぐに使えるテンプレート
- キャンバスのサンプル
- 本のテーマに関連したリソース
- **データ戦略 PAC メソッド**に関する意見・感想・体験談の記入サイト

https://segda.mx/

参照リンク：

https://www.linkedin.com/in/marilul/

marilu.lopez@segda.com.mx

https://segda.com.mx/

用語集

このセクションでは、本書で使用される用語のうち、意味を明確にしておくことが重要なものを列挙する。ここでは、イタリック体が示された出典からの定義を表し、通常のフォントが本書内での意味を表すという慣例に従っている。

PAC		Pragmatic（実践的）、Agile（アジャイル）、Communicable（共有可能）。本書で紹介するデータ戦略メソッドの特徴。
PMO		*Project Management Office（プロジェクトマネジメント・オフィス）*。通常、データガバナンス・チームのパートナーに適している。
アジャイル	Agile	*迅速かつ容易に動けること（出典：オックスフォード辞典）*。データ戦略 PAC メソッドの特徴であり、データ戦略を迅速かつ容易に作成できるようにすること。
エンティティ	Entity	ビジネス上、重要であり、取得する価値があるとみなすものに関する情報の集合。名詞または名詞句は、特定のエンティティを識別する。who, what, when, where, why, how のいずれかに分類される（出典：(Hoberman, 2016)）。
企業戦略	Enterprise Strategy	ビジネスを運営するための最上位レベルの指針。
キャンバス	Canvas	絵を描くのに使われるキャンバス（テントや帆などを作るのに使われる、丈夫で重くてざらざらした素材）（出典：オックスフォード辞書）。複雑なアイデアや概念をわかりやすくまとめた 1 枚のスライド。ビジネスモデル・キャンバス、データマネジメント・キャンバスなど。
共有可能	Communicable	*誰かが他の人に考えを伝えることができること（出典：オックスフォード辞典）*。データ戦略 PAC メソッドの特徴であり、読みやすく理解しやすいこと。

ケイパビリティ	Capability	何かをするために必要な能力や資質（出典：オックスフォード辞典）。特定の行動を実行する能力で、通常はプロセスに関するもの。ケイパビリティは、通常業務の一部として確立できるものである（例：プロセス、一連の方針、役割の定義と指定など）。
コミュニケーションチャネル	Communication Channels	組織内／企業内でメッセージを伝達するためのあらゆる手段。物理的または電子的な掲示板、共有スペース、電子メール、ランチミーティング、タウンホールミーティングなど。
実践的	Pragmatic	固定概念や理論にとらわれず、実用的かつ合理的な方法で問題を解決すること（出典：オックスフォード辞典）。
重要データエレメント	Critical Data Element	*重要なビジネス要素に合致し、かつ重要であるとみなされるデータエレメント（出典：EDMC DCAM）*。重要データエレメント（CDE）が必要なデータ品質レベルを満たさない場合、業務上、財務上、または評判に影響を与える恐れがある。
浸透策	Socialize	アイデア、提案、施策、進行中の取り組みの進捗状況を共有するために誰かと会うこと。
成果物	Artifact	*人が作った物（出典：オックスフォード辞典）*。実践が確立されていることの証拠として使用できる対象物。データマネジメント成熟度評価の一環として、証拠に基づいて成熟度を証明するために使用される。成果物には、文書、電子メール配信リスト、議事録、プロセス文書などがある。
戦略	Strategy	戦略とは、組織が利用できる**最上位レベルの指針**。**明確な目標達成**のためのアクティビティに焦点を当て、一連の決定や不確実性に直面した時に方向性と具体的な指針を提供する（出典：（Aiken & Harbour, 2017））。
戦略的施策	Strategic Initiative	スポンサーシップと可視性を持つ、組織の最上位レベルのプログラム（プロジェクトの集合）。合併買収、デジタルトランスフォーメーションまたはカルチャートランスフォーメーション、新システム取得、システム移行など。

大企業／組織	Large business/organization	従業員またはボランティアが 1500 人以上。国内企業または多国籍企業。
中堅企業／組織	Medium business/organization	従業員またはボランティアが 50 人以上 1,500 人未満。国内企業または多国籍企業
中小企業／組織	Small business/organization	従業員またはボランティアが 50 人以下。
データ	Data	万物に関する事実そのものを表現する役割を持ち、組織にとって重要な資産である（出典：DMBOK 2）。
データガバナンス	Data Governance	データ資産の管理に関する権限、統制、共同意思決定（計画、監視、強制）の行使（出典：Data Governance Institute, Gwen Thomas）。
データガバナンス・ケイパビリティ	Data Governance Capabilities	データガバナンスの実践を確立するための一連の能力（データガバナンス戦略の策定、役割と責任の定義、資金調達プロセスの確立など）。
データガバナンス戦略目標	Data Governance Strategic Objectives	データガバナンスの実践の導入と実行をガイドする最上位レベルのステートメント。
データガバナンスの実践	Data Governance Practice	データガバナンス・ケイパビリティの継続的な実行。
データ原則	Data Principles	*原則：何かの基本となる法律、ルール、理論（出典：オックスフォード辞典）。*データ原則とは、データ資産に関連する組織内の人々の行動をガイドするために、データ整合戦略で定義されるルールである。

データ資産	Data Asset	データで構成されるあらゆるエンティティ。例えばデータベースはデータレコードで構成されるデータ資産である。データ資産はシステムまたはアプリケーションの出力ファイル、データベース、文書、またはウェブページなどがある。データ資産には、アプリケーションからデータにアクセスするために提供されるサービスも含まれる。例えばデータベースから個々のレコードを返すサービスはデータ資産となる。同様に特定の照会に応答してデータを返すウェブサイト（例：www.weather.com）もデータ資産となる。（出典：NIST CSRC）
データ戦略	Data Strategies	組織においてデータ関連のゴールを達成しビジネスの戦略的目標の実現に貢献するために、リソースを合理的かつ統合的に活用する方法を示す最上位のガイダンス。
データ戦略サイクル	Data Strategy Cycle	データ戦略PACメソッドの3番目のコンポーネント。データ戦略の策定に関わるスコープと参加者の定義から、さまざまな種類のデータ戦略の策定、コミュニケーション、そしてビジネス戦略計画への統合まで、10ステップで構成される。これは企業戦略と整合性のあるデータ戦略を維持するための年次サイクルである。
データ提供者	Data Providers	データを作成する内部組織単位または外部エンティティ（組織／企業）。
データドメイン	Data Domain	組織に関連する事柄（顧客、製品、従業員など）を記述するデータの論理的なグループ。
データに関連する行動	Data-related behaviors	データに関わる人々が行う体系的な行為で、データマネジメントの実践と健全なデータ文化のためになるものとならないもの。
データに対する問題点	Data pain-point	データに関連する問題から派生する、組織における負の影響。
データマネジメント	Data Management	データとインフォメーションという資産の価値を提供し、管理し、守り、高めるために、それらのライフサイクルを通して計画、方針、スケジュール、手順などを開発、実施、監督すること（出典：DMBOK 2）。

データマネジメント機能	Data Management Functions	一体となって連携することで、データマネジメント機能を構成するさまざまな分野（データガバナンス、データアーキテクチャ、データモデリング、データストレージ、データセキュリティ、データ統合、ドキュメント・コンテンツ管理、マスターデータ、リファレンスデータ、データウェアハウジング、メタデータマネジメント、データ品質管理）を表す。
データマネジメント戦略目標	Data Management Strategic Objectives	データマネジメント・プログラムをガイドする最上位のステートメント。
データ利用者	Data Consumers	データを利用する個人、チーム、システム。この用語はデータ生成者（データを作成する人）とデータを使用する人を区別するために使用される。あるプロセスのデータ利用者は、別のプロセスのデータ生成者となる可能性もある（出典: (Sebastian-Coleman, 2022)）。
デザイン思考	Design Thinking	デザイン思考とは、チームが使用する非線形で反復的なプロセスであり、ユーザーを理解し、思い込みに挑戦し、問題を再定義し、革新的な解決策を生み出してプロトタイプとテストを行う。共感、定義、アイデア、プロトタイプ、テストの 5 つのフェーズからなり、曖昧な問題や未知の問題に取り組む際に特に有効である。（出典：Interaction Design Foundation)
ドメイン	Domain	ある属性に割り当て可能な全ての値の完全な集合。（出典: (Hoberman, 2016)）
パートナー	Partners	組織内の役割とデータへの依存度に基づいて、データマネジメント・プログラムの良い協力者となる組織単位やステークホルダー。
ビジネス戦略目標	Business Strategic Objectives	組織や企業を導くための最上位のガイダンスであり、ビジネスの成果を達成するための計画の一部として実施される。

参考文献

Aiken, P., & Harbour, T. (2017). *Data Strategy and the Enterprise Data Executive.* Technics Publications.

Alexander Osterwalder. (2005). *Canvas.* Retrieved from Strategyzer: https://www.strategyzer.com/library/the-business-model-canvas

Britannica Dictionary. (2022). Retrieved from https://www.britannica.com/dictionary/capability

DAMA International. (2010,). *Data Management Dictionary.* Retrieved from DAMA International: Https://dama.org

DAMA International. (2017). *Data Management Body of Knowledge.* Technics Publications.

DAMA International. (2017). *The DAMA Guide to the Data Management Body of Knowledge (DAMA-DMBOK).* Bradley Beach, NJ: Technics Publications, LLC.

Data Literacy Project. (2021). *The Seven Principles of Data Literacy.*

DATAVERSITY. (2021, October 12). Retrieved from Data Topics: https://www.dataversity.net/data-management-vs-data-strategy-a-framework-for-business-success/

Edvinsson, H. (2020). *Data Diplomacy.* New Jersey: Technics Publications.

Enterprise Data Management Council. (2021). *DCAM Data Management Capability Assessment Model 2.2.* EDM Council.

Gartner Group. (2018). Getting Started With Data Literacy and Information as a Second Language: A Gartner Trend Insight Report.

Geeks for Geeks. (2021, November). *Geeks for Geeks What is Semi-structured data?* Retrieved from Geeks for Geeks: https://www.geeksforgeeks.org/what-is-semi-structured-data/

Hoberman, S. (2016). *Data Modeling Made Simple.* New Jersey: Technics Publications, LLC.

Inmon, W., Lindstedt, D., & Levins, M. (2019). *Data Architecture A Primer for the Data Scientist Second Edition.* London: Elsevier.

Knight, M. (2021). *What is Data Strategy.* Los Angeles, California: DATAVERSITY.

Manifesto, T. L. (2016). *Leader's Data Manifesto.* Retrieved from Dataleaders.og: https://dataleaders.org/manifesto/

Merrian Webster Dictionary.（2022）. *Merriam Webster Dictionary - Capability*. Retrieved from Merriam Webster Dictionary: https://www.merriam-webster.com/dictionary/capability

Plotkin, D.（2021）. *Data Stewardship, second edition.* London: Elsevier.

Sebastian-Coleman, L.（2022）. *Meeting the Challenges of Data Quality Management.* London: Elsevier.

Seiner, R. S.（2014）. *Npn-Invasive Data Governance.* Basking Ridge, NJ: Technics Publications, LLC.

Simon, H.（2019）. The Sciences of the Artificial Third Edition. Boston: The MIT Press.

Stadler, C., Hautz, J., Matzler, K., & Friedrich von den Eichen, S.（2021）. *OPEN STRATEGY: Mastering Disruption From Outside the C-suite.* London: England.

TechTarget.（2022）. *What is digital transformation?* Retrieved from Techtarget Search CIO: https://www.techtarget.com/searchcio/definition/digital-transformation

Wallis, I.（2021）. Data Strategy: from definition to execution. BCS.

Wikipedia.（2022）. *Digital Transformation*. Retrieved from Wikipedia English: https://en.wikipedia.org/wiki/Digital_transformation

索引

翻訳者紹介

木山靖史（きやま やすし）
翻訳リーダーおよび監修

DAMA 日本支部会長。慶應義塾大学商学部卒業。味の素に入社後、営業、マーケティングを経て情報企画に転じ、EDI、MDM、EAI、ERP 導入プロジェクト、事業 KPI のためにグループ各社のデータを供給する DATA HUB の構築、運営に従事し、データマネジメントプロジェクト導入に携わった。退職後は、DMBOK の各章を補完する海外の良書の翻訳を進めている。

宮治徹（みやじ とおる）
翻訳担当

DAMA 日本支部副会長。横浜国立大学教育学部卒業。新卒で日本アイ・ビー・エムに入社後、通信メディア業界を中心とした大規模 SI プロジェクトを歴任。アーキテクトとして主にデータベースの設計や実装を担当。2022 年に退職後はフリーランスとして IT プロジェクトの支援やデータマネジメントのコンサルティング活動を行っている。

吉村泰生（よしむら　たいせい）
翻訳担当

DAMA 日本支部理事。KPMG コンサルティング所属。早稲田大学理工学部卒業。IT コンサルティング企業・プラントエンジニアリング企業において、システム開発のデータベース設計・上流工程を経験後、データ統合（MDM・Datahub）・全社データモデル策定等を中心としたデータマネジメント活動に従事。2011 年に DAMA 日本支部に参加、2017 年からは DAMA 日本支部理事として、主に DAMA 本部との調整や海外トレンドのリサーチを担当。

データ戦略の策定 － データガバナンス確立のために

2025 年 8 月 10 日　第 1 版 第 1 刷発行

編著者 Marilu Lopez
監訳者 木山靖史・宮治徹・吉村泰生
発行者 Steve Hoberman
発売　Technics Publications, 115 Linda Vista, Sedona, AZ 86336 USA
カバーデザイン Christian Inchaustegui
編集 Laura Sebastian-Coleman

ISBN, 印刷版	978-1-634-62771-9
ISBN, Kindle 版	978-1-634-62781-8
ISBN, PDF 版	978-1-634-62772-6

©2025 Technics Publications
Printed in Japan